Inhalt

Zu diesem Heft

Liebe Leserinnen und Leser!

Kann denn Kirche sündig sein? Die Erfahrung der eigenen Schuldverstrickungen wird in den Kirchen zunehmend wahrgenommen. Aber welche Möglichkeiten bieten sich in den einzelnen Traditionen, diese Erfahrung auch theologisch zu reflektieren? Es ist zu beobachten, dass diese Diskussion mit zunehmender Ernsthaftigkeit geführt wird. Manchmal erwächst die Motivation hierzu aus eigener Einsicht, manchmal wirkt sie allerdings auch eher wie von außen aufgezwungen. Die mediale Öffentlichkeit verlangt zunehmend öffentliche Reuebekenntnisse – nicht nur von den Kirchen, was zuweilen gar in Treibjagden ausartet. Führt das am Ende zu einer Inflation von Schuldbekenntnissen, auch in den Reihen der Kirchen?

In diesem Heft sind Beiträge zu exemplarischen Kontexten zusammengetragen, in denen diese Phänomene reflektiert werden. Der mennonitische kanadische Theologe *Jeremy M. Bergen* sieht die Gefahr der trivialisierenden Überdehnung von kirchlichen Schuld- und Reuebekenntnissen durchaus auch als einen Grund für die Schwierigkeiten, von der Sünde der Kirche zu sprechen. Hinter den Kulissen der Diskussion erkennt er allerdings ein echtes Ringen um das Verständnis wahrhaftiger und Zukunft erschließender Reue im Heiligen Geist, in der allein sich die Heiligkeit der Kirche widerspiegeln könne. In der protestantischen Leichtigkeit, von der Sünde auch der Kirche zu sprechen, könne durchaus eine Tendenz zur Sünden-Inflation liegen, denn wo alles und jeder ganz allgemein sündig ist, kann das Verständnis von der Realität der Sünde an konkreter Bodenhaftung verlieren. Der Beitrag führt uns zudem in eine internationale und interkonfessionelle, höchst differenzierte Debatte über die ekklesiologische Dimension der Sünde ein.

Daran kann die römisch-katholische Theologin aus Münster, *Julia Enxing*, anknüpfen, wenn sie die Lehre ihrer Kirche konkret vor dem Hintergrund der Erfahrungen sexuellen Missbrauchs durch Amtspersonen reflektiert. Sie schlägt vor, die Differenz von himmlischer und irdischer Kirche fruchtbar zu machen für ein nicht-abstraktes ekklesiologisches Konzept. Letztlich geht es um die Frage, wie die Zeichen des Ursprungs einer aus der Sendung Gottes hervorgehenden Kirche durch das Dunkel des Irrtums und der Schuldverstrickung durch die Kontinuität des Lebens ihrer Glieder hindurchgetragen wird. Können wir gerade so von einer „größeren Wertigkeit der Heiligkeit" der Kirche und von dem endgültigen Sieg Gottes über die Sünde sprechen – wie auch die neue Kirchenstudie der Kommission für Glauben und Kirchenverfassung „Die Kirche"? Eine Soteriologie der Verantwortung, auf die *Ulrike Link-Wieczorek* in diesem gemeinsamen Beitrag aufmerksam macht, könnte für ein solches Konzept hilfreich sein. Es führt aus den Aporien eines kausalmechanistischen Schuld-Begriffes heraus, der unseren Sinn auf individuelle, persönliche Verursachung von Sünde lenkt, die auf die Kirche als Mono-Subjekt angewandt wiederum in die Abstraktion führte.

Der katholische Doktorand *Matías Omar Ruz* macht dies am Beispiel der römisch-katholischen Kirche in Argentinien zur Zeit der Militärdiktatur deutlich. Im Gegensatz zum realitätsfernen Ideal der *societas perfecta* erweist sich Kirche hier faktisch als ein Gebilde verschiedener Gruppen und Strömungen, die jeweils unterschiedlich mit den politischen Mächten verstrickt sind. Ruz meint, dass jetzt die Zeit der kritischen und selbstkritischen Aufklärung gekommen sei. Zusätzlich ist jedoch eine ausdrückliche seelsorgerliche Zuwendung sowohl gegenüber den Opfern als auch den Tätern nötig. – Darauf macht auch *Curt Stauss* aufmerksam, der Beauftragte der EKD für Seelsorge und Beratung von Opfern der SED-Kirchenpolitik. Theologisch gelte es, den Zuspruch der Vergebung Gottes nicht mit einem Leben jenseits der Schuld gleichzusetzen, sondern als Ermöglichung eines Lebens mit der Schuld.

Von konkreter Versöhnungsarbeit in einem anderen europäischen Kontext berichtet *Daniel Buda*, rumänisch-orthodoxer Theologe und Referent im Ökumenischen Rat der Kirchen: Das „Healing of Memories"-Projekt zwischen einer Vielzahl verschiedener Kirchen im südosteuropäischen Raum. Ein Kern aus rumänisch-orthodoxer, römisch-katholischer, griechisch-katholischer, reformierter und zwei lutherischen Kirchen weitete sich im Laufe der Zeit auf weitere orientalisch-orthodoxe und freikirchliche

Kirchen der Region und wurde schließlich unter Beteiligung von Juden und Muslimen zu einem interreligiös arbeitenden Projekt. Gegenseitige Darstellung und Diskussion der je eigenen Perspektiven auf die gemeinsam erlebte und doch vielfach trennende und schmerzende Vergangenheit stehen im Zentrum dieser Versöhnungsarbeit.

Von Gerechtigkeit war bisher so gut wie gar nicht die Rede. Glücklicherweise wird diese Lücke unter der Rubrik „Junge ÖkumenikerInnen" von der frisch examinierten Hamburger Studentin der Evangelischen Theologie *Bente Petersen* gefüllt. Hier finden wir erneut die Beispiel-Kontexte Argentinien und die ehemalige DDR wieder, nun als ein Fokus für ein theologisches Verständnis von restaurativer Gerechtigkeit in Versöhnungsprozessen.

Wir freuen uns, den Text des Schuldbekenntnisses publizieren zu dürfen, das der Osnabrücker Bischof *Franz-Josef Bode* in einem Adventsgottesdienst 2010, dem „Jahr der Enthüllungen" in der deutschen katholischen Kirche, gesprochen und mit einer Prostration verbunden hatte. Unter „Dokumente und Berichte" finden sich weitere Materialien zum Themenfeld, diesmal stark homiletisch orientiert und hoffentlich auch anregend für die pfarramtliche Praxis: Die Predigt des anglikanischen Pfarrers *Michael Lapsley* während des Abschlussgottesdienstes der ÖRK-Vollversammlung in Busan. Eine weitere Predigt stammt von Superintendent *Helmut Aßmann* aus Hildesheim. Sie führt uns in beeindruckender Weise die lutherische Ausrüstung im Kampf gegen Anfechtung und Theodizee-Verzweiflung vor. Ein Gedenkgottesdienst des katholischen Theologen *Engelbert Felten* für den in Buchenwald ermordeten Pfarrer Paul Schneider schließt sich an. Weiterhin erinnert die Schlusserklärung einer internationalen Konferenz zur Rezeption der Theologie Dietrich Bonhoeffers an den Genozid und die zu bewältigende Versöhnungsarbeit in *Ruanda*, und eine Projektskizze für ein neues deutsches *Healing of Memories*-Projekt zwischen Landes- und Freikirchen, das sich mit der gemeinsamen Vergangenheit im 19. Jahrhundert beschäftigen soll.

Mit den besten Wünschen für eine bereichernde Lektüre
grüßen im Namen des gesamten Redaktionsteams
Ulrike Link-Wieczorek und Fernando Enns

Die reuige Kirche in der Geschichte

Theologische Reflexionen

Jeremy M. Bergen[1]

Das Phänomen einer öffentlichen kirchlichen Reue gehört zu den bemerkenswerten Entwicklungen des Kirchenlebens im 20. Jahrhundert:[2] 1945 veröffentlichte die Evangelische Kirche in Deutschland die bahnbrechende Stuttgarter Schulderklärung. Anlässlich der Eröffnung der zweiten Sitzungsperiode des Zweiten Vatikanischen Konzils bat Papst Paul VI. um Gottes Vergebung für die Verantwortung von Katholiken an der Spaltung der Christenheit. Im Jahr 2000 wurde auf der Generalkonferenz der *United Methodist Church* ein Bußgottesdienst wegen des Rassismus in der Kirche gefeiert. In einem denkwürdigen Gottesdienst während des Jubeljahres 2000 bat Papst Johannes Paul II. Gott um Vergebung, unter anderem für die im Dienste der Wahrheit begangenen Sünden sowie für die Sünden, die die Einheit der Kirche zerrissen haben, und der begangenen Sünden gegen das Volk Israel. Die Generalsynode der Kirche von England entschuldigte sich 2006 für ihre Mitschuld an der Sklaverei. Der Lutherische Weltbund bat 2010 die Mennoniten um Vergebung für die Verfolgungen in der Reformationszeit. – Dies sind nur einige Beispiele. Viele Kirchen haben sich mit konkretem, historischem Unrecht und mit von ihnen verworfenen Glaubensinhalten und -praktiken auseinandergesetzt und sind mit zahlreichen Bekenntnissen, Schulderklärungen, Entschuldigungen und Bitten um Vergebung an die Öffentlichkeit getreten.

---

[1] Jeremy M. Bergen ist Assistant Professor of Religious Studies and Theology am mennonitischen Conrad Grebel University College, University of Waterloo, Canada. Er wurde mit einer Arbeit zu diesem Thema promoviert: *Jeremy M. Bergen:* Ecclesial Repentance: The Churches Confront Their Sinful Pasts, London 2011.

[2] Siehe *Bergen,* Ecclesial Repentance. Darin analysiere ich die Entwicklungen im 20. und 21. Jahrhundert und entwerfe einen theologischen Bezugsrahmen.

Es sind die Kirchen selbst, die hier – oft auf nationaler/konfessioneller Ebene, manchmal aber auch auf internationaler oder eher lokaler Ebene – ihre Reue bekunden, wobei manche Kirchen klarstellen, dass sie dies für die Sünden ihrer Mitglieder tun, während andere Kirchen die Kirche selbst als sündhaft bezeichnen. Zwar haben Kirchen auch in der Vergangenheit Elemente ihrer Praxis revidiert und damit implizit ein früher übliches Verhalten verworfen, aber öffentliche Schuldbekenntnisse für konkrete geschichtliche Verfehlungen sind bis zur Zeit des Zweiten Weltkrieges im Grunde nicht zu beobachten.

Die Neuheit dieses Phänomens und die Tatsache, dass Kirchen als Kirchen Schuld bekennen, macht die Reflexion über die Zeugnisse kirchlicher Reue zu einer vielversprechenden Aufgabe für die Ekklesiologie, besonders auch in methodischer Hinsicht. Die Theologie untersucht hier, wie die Kirche sich selbst kritisch reflektiert und beobachtet, wie neue Formen des Selbstverständnisses und der Selbstbestimmung der Kirche entstehen. Öffentliche Reue wird Teil des öffentlichen Zeugnisses der Kirche. Wenn eine Kirche eine Aussage über ihre Vergangenheit macht und bestimmte Urteile über Aspekte dieser Vergangenheit fällt, dann sagt sie immer auch etwas über das Wesen der Kirche, die diese Vergangenheit hat. Das so entstehende Bild von der Kirche, das im Nachdenken über die Logik und die Struktur der kirchlichen Reue entsteht, ist notwendig das einer pilgernden Kirche durch die Zeiten.

Eine Ekklesiologie, die als wissenschaftliche Disziplin ihr Augenmerk auf die geschichtliche Identität der Kirche richtet, auf die wirkliche Kirche im Gegensatz zu der Kirche als Ideal oder Abstraktion, ist in den letzten Jahren von verschiedenen Theologen entwickelt worden,[3] mit einer als „Ekklesiologie und Ethnographie"[4] bezeichneten Forschungsagenda. In dem Maße, in dem eine konkrete Geschichte der Sünde und der Buße für diese Sünde Teil der geschichtlichen Identität der Kirche wird, und in dem Maße, in dem das Ziel der Ekklesiologie praktische Reformen im Lichte be-

---

[3]   Zu den wichtigsten Beiträgen dieser Richtung gehören *Nicholas M. Healy:* Church, World and the Christian Life: Practical Prophetic Ecclesiology, Cambridge 2000, und *Michael Jinkins:* The Church Faces Death: Ecclesiology in a Postmodern Context, Oxford 1999.

[4]   Dieser Forschungsansatz war Thema einer Reihe von Konferenzen und führte zu Publikationen wie etwa *Pete Ward* (ed.): Perspectives on Ecclesiology and Ethnography, Grand Rapids 2012, und der wissenschaftlichen Zeitschrift Ecclesial Practices. Siehe https://ecclesiologyandethnography.wordpress.com (aufgerufen am 06.02.2014). Eine kritische und konstruktive Einschätzung dieser Entwicklungen gibt *Theodora Hawksley:* Metaphor and Method in Concrete Ecclesiologies, in: Scottish Journal of Theology 66 (2013), 431–447.

stimmter Umstände anregen will, wird eine streng biblische oder dogmatische Darstellung des Kircheseins – was Healy als *blueprint ecclesiology*[5] bezeichnet – nicht mehr ausreichend sein. Gefragt ist vielmehr eine pneumatologische Perspektive auf die Kirche, auf die Kirche in der Geschichte und auf das Wirken des Geistes im Handeln der Kirche sowie das Wirken des Geistes trotz der Kirche.[6]

Das Wirken des Geistes mag in den Stimmen derjenigen, gegen die sich die Kirche versündigt hat, offenbar werden, ebenso wie in der Entscheidung einer Kirche, öffentlich Schuld zu bekennen für bestimmte Aspekte ihres Handelns oder ihres Glaubens. Nach Christopher Brittain sollte ein „Urteilen über das Wirken des Geistes die Aufmerksamkeit für die lebendige Erfahrung der heutigen Kirche mit einschließen: ihre Herausforderungen und ihr Scheitern, ihre Freuden und Erfolge".[7] Bescheidenheit und Vorsicht sind hier offensichtlich geboten. So wie die Kirchen heute Reue zeigen für etwas, von dem sie einstmals geglaubt haben, dass es das Evangelium fordere oder zumindest gestatte, so ist es auch möglich, dass eine heutige Reue später als inadäquat oder sogar sündig eingeschätzt werden wird.

Was die Kirche über sich selbst aussagt, ist nicht *per se* schon Ethnographie. Der Abstand gegenüber der Kirche (gleichwohl nicht mit Objektivität gleichzusetzen), den eine ethnographische Beschreibung herstellt, ist Voraussetzung für eine reichere Beschreibung der Kirche in der Geschichte. Es gibt bereits einige Untersuchungen über die Auswirkungen von offiziellen kirchlichen Entschuldigungen auf Personen, denen durch die Kirche Leid zugefügt worden ist,[8] und auch über ethnographische Beschreibungen von kirchlichen Gemeinschaften, in denen es um Bekennen und Buße geht,[9] aber es bleibt noch viel zu tun.[10]

---

[5] *Healy,* Church, World and the Christian Life, Kap. 2.

[6] Healy ist zu Recht kritisch gegenüber theologischen Darstellungen der konkreten Kirche, die dazu tendieren, das Wirken des Geistes mit der Praxis der Kirche in eins zu setzen, zumindest wenn sie nicht auch den Verzerrungen oder Mängeln einer bestimmten Praxis nachgehen und Wege des Geistes beschreiben, die über die Kirche hinweggehen und sich auch gegen sie richten. *Nicholas M. Healy:* Practices and the New Ecclesiology: Misplaced Concreteness? In: International Journal of Systematic Theology 5 (2003), 287–308.

[7] "… discernment of the Spirit's activity should include attention to the lived experiences of the contemporary church: its challenges and failings, as well as its joys and successes." *Christopher Craig Brittain:* Why Ecclesiology Cannot Live by Doctrine Alone, in: Ecclesial Practices 1 (2014), 28.

[8] *Alain Paul Durocher:* Between the Right to Forget and the Duty to Remember: The Politics of Memory in Canada's Public Church Apologies, unveröffentl. Ph. D. Dissertation, Graduate Theological Union, Berkeley, CA, 2002.

Wenn Kirchen für geschichtliches Unrecht Reue bekunden, sind nach meiner Ansicht nach der Konsistenz, der Kohärenz und der Beziehung zur umfassenderen theologischen Tradition zu fragen. Im Rahmen einer Ekklesiologie, die als eine Disziplin verstanden wird, die sich sowohl mit dem konkreten geschichtlichen Charakter der Kirche beschäftigt als auch mit der Zusage der bleibenden Gegenwart des Heiligen Geistes, werde ich im Folgenden drei weitere Themen als Antworten auf drei kritische Fragen entfalten, die in diesem Zusammenhang oft gestellt werden. Erstens: Was ist die biblische Grundlage? Zweitens: Ist es überhaupt möglich oder glaubwürdig, dass eine Kirche für etwas Buße tut, das vor Jahrhunderten geschehen ist? Drittens: Kann die Kirche sündigen?

1. Biblische Grundlagen

Wenn Kirchen über die biblische Grundlage ihrer Akte der Reue nachdenken, neigen sie eher dazu, sich auf die je spezifische Sünde zu konzentrieren als auf die Tatsache, dass sie als Kirche Reue zeigen. Eine Ausnahme bildet das von der Internationalen Theologischen Kommission der römisch-katholischen Kirche für den von Papst Johannes Paul II. berufenen „Tag der Vergebung" erarbeitete Vorbereitungsdokument „Erinnern und Versöhnen. Die Kirche und ihre Verfehlungen in der Vergangenheit".[11] Die Internationale Theologische Kommission bezieht sich darin auf Beispiele aus der Bibel, wo ein ganzes Volk seine Sünden und die seiner Vorfahren bekennt. Im Hinblick auf das Bußgebet des Esra: „Seit den Tagen unserer Väter bis heute sind wir in großer Schuld" (Esra 9,7) heißt es etwa: „Sehr häufig werden die Sündenbekenntnisse, die die Schuld der Vorfahren erwähnen, ausdrücklich auf die Irrtümer der gegenwärtigen Generation bezogen und mit ihnen in Verbindung gebracht."[12] Die Reue einer institutionellen Gemeinschaft wird allerdings nur in Bezug auf die alttestamentlichen Texte diskutiert. Das Dokument behauptet, „dass es kein explizites

---

[9]   *Jennifer M. McBride:* The Church for the World: A Theology of Public Witness, Oxford 2012, Kap. 67.

[10]   Es gibt eine wachsende, multidisziplinäre Literatur über kollektive und politische Entschuldigungen, von denen sich einige Werke direkt mit kirchlichen Entschuldigungen befassen, andere behandeln vergleichbare Themen. Ein Beispiel dafür ist *Danielle Celermajer:* The Sins of the Nation and the Ritual of Apologies, Cambridge 2009.

[11]   Erinnern und Versöhnen. Die Kirche und ihre Verfehlungen in der Vergangenheit; in: www.vatican.va/roman_curia/congregations/cfaith/cti_documents/rc_con_cfaith_doc_20000307_memory-reconc-itc_ge.html (aufgerufen am 06.02.2014).

[12]   Erinnern und Versöhnen, 2.1.

Zeugnis gibt, nach dem die ersten Christen aufgefordert werden, Sünden und Fehler aus der vergangenen Geschichte zu bekennen".[13]

Die Briefe an die sieben Gemeinden in der Offenbarung des Johannes 2–3 werden merkwürdigerweise nicht beachtet, obwohl sie eine Grundlage für die feierliche Bitte des Papstes um Vergebung bilden; in „Erinnern und Versöhnen" wird dieser Text nur als ein Zeichen für „die Wirklichkeit der Sünde und des Bösen ... für das innere Leben der Kirche" erwähnt,[14] obwohl er doch die gemeinsame Basis für die gegenwärtige Praxis vieler Kirchen bildet.

In fünf der sieben Briefe werden die Gemeinde und nicht nur Einzelpersonen in der Gemeinde oder ein Kollektiv von Personen zur Buße aufgerufen. In jedem der Briefe wird die Aufforderung an den Seher von Patmos wiederholt, an den Engel einer Gemeinde in einer bestimmten Stadt zu schreiben. Zwar herrscht kein wissenschaftlicher Konsens darüber, was der „Engel" in diesem Kontext bedeutet, doch stimmen die verschiedenen Interpretationen in der Annahme überein, dass mit der Ansprache dieses „Engels" (in der zweiten Person Singular) eine bestimmte und besondere Gemeinde/Kirche in ihrer Ganzheit angesprochen ist. Ganz allgemein besteht eine „Gleichwertigkeit von Kirchen und Engeln",[15] und es ist die Kirche, die zur Umkehr aufgerufen wird. „Erinnern und Versöhnen" reflektiert Offb 2–3 im Kontext eines aktuellen Schuldbekenntnisses für Fehler der *Vergangenheit* im Gegensatz zu *weiterhin bestehenden* Sünden. Im Allgemeinen ist solch eine Unterscheidung sicher sinnvoll, es ist aber zu bedenken, dass sich Reue immer auf Sünden bezieht, die in gewissem Sinne zum Zeitpunkt des Aktes der Reue selbst vergangen sind, aber in gewisser Weise aufgrund der von ihnen ausgehenden Wirkungen auch gegenwärtig sind.

Die angesprochenen Gemeinden sind jeweils lokal und einzigartig. Sie unterscheiden sich nicht nur geographisch voneinander, sondern auch hinsichtlich der Zusammensetzung ihrer Mitglieder, ihrer Einstellungen, ihrer geschichtlichen Entwicklung, der Versuchungen, denen sie ausgesetzt sind, und ihrer Sünden. Die jeweilige Besonderheit der Versammlungen geht aus der Tatsache hervor, dass nicht alle zur Umkehr aufgerufen sind, auch wenn dies nicht bedeuten muss, dass es in diesen Kirchen Mitglieder gibt, die ohne Sünde wären. Kirchliche Reue mag also nicht für jede Kirche er-

---

[13] Ebd., 2.2.
[14] Ebd.
[15] "An equivalency of churches and angels", *David E. Aune:* Revelation 1–5, Word Biblical Commentary, 52, Dallas 1997, 109. *Everett Ferguson:* Angels of the Churches in Revelation 1–3: Status Quaestionis and Another Proposal, in: Bulletin for Biblical Research 21 (2011), 371–386, gibt einen Überblick und eine Einschätzung der verschiedenen Interpretationen.

forderlich sein; sie ist möglicherweise kein Allheilmittel. Es ist allerdings zu bedenken, dass in ihrer Siebenzahl diese lokalen Gemeinden für die Kirche im Allgemeinen stehen (vgl. Offb 2,23). Sie werden zunächst als „die sieben Gemeinden in der Provinz Asien" (1,4) angesprochen und in der Folge dann als jeweils besondere Gemeinden. Joseph Mangina weist darauf hin, dass der Form nach die sieben Gemeinden zwar jeweils individuell angesprochen werden, dass sie aber zugleich in gemeinschaftlicher Verantwortung zusammengeschlossen sind. Was die eine Gemeinde betrifft, betrifft alle.[16]

Und doch, die Gemeinden/Kirchen, die zur Reue aufgerufen sind, sind dennoch Kirchen. Das Urteil mag streng ausfallen – Christus warnt, wenn die Gemeinde in Ephesus nicht bereue, werde ihr Leuchter weggestoßen werden und die Gemeinschaft werde als Kirche nicht weiterbestehen (2,5) – aber der Geist hat sie nicht verlassen. Der Geist bleibt bei den Kirchen gerade durch seinen Ruf zu Reue und Umkehr und verleiht womöglich auch die Kraft dazu. Der Gemeinde in Laodizea sagt der erhöhte Christus: „Sei nun eifrig und tue Buße. Siehe, ich stehe vor der Tür und klopfe an. Wenn jemand meine Stimme hören wird und die Tür auftun, zu dem werde ich hineingehen und das Abendmahl mit ihm halten und er mit mir" (3,19b–20). Buße tun ist nicht das Ende, sondern vielmehr der Anfang eines Prozesses. Der Aufruf, Christus im Wort und in der Eucharistie zu empfangen, ist nicht nur ein jeweils singuläres, sondern ein stets neues Geschehen.

2. Gemeinschaft der Heiligen: Die Frage nach der stellvertretenden Buße

Ist es für eine heutige Kirche möglich, glaubwürdig etwas zu bereuen, das vor Jahrhunderten geschehen ist? Können Lutheraner heute um Vergebung bitten für etwas, das von ihren geistigen Vorfahren vor 500 Jahren getan worden ist? Wie kann ein Kirchenführer, der persönlich in keiner Weise mit den Geschehnissen verbunden ist, eine Sünde im Namen seiner Kirche bekennen? Hinter diesen Fragen nach kirchlicher Reue als legitimer und schlüssiger Praxis steht oft der Verdacht, es könne hier darum gehen, sich als heutige Generation zynisch auf Kosten der Toten in ein gutes Licht zu rücken.

[16] *Joseph L. Mangina:* Revelation, Brazos Theological Commentary on the Bible, Grand Rapids 2010, 54–55.

Die Kirche ist eine Gemeinschaft der Heiligen, in der die heute lebenden Christen mit allen anderen Christen, seien sie tot oder lebendig, über Raum und Zeit hinweg verbunden sind. In „Taufe, Eucharistie und Amt" heißt es: „Durch ihre eigene Taufe werden Christen in die Gemeinschaft mit Christus, miteinander und mit der Kirche aller Zeiten und Orte geführt."[17] Die zentrale Stellung Christi ist hier wesentlich. Der lebendige Christus ist die letztendliche Basis für die Fortdauer seines Leibes in der Zeit; Christen sind miteinander verbunden und zusammen Glieder in dem einen Geist (1 Kor 12,13; Eph 4,25), insofern Christus diese Gemeinschaft stiftet. In Christus werden „jene" in der Vergangenheit vergegenwärtigt, so dass die Kirche füglich „wir" sagen kann. Darum ist es dem Teil der Gemeinschaft, der sich heute öffentlich äußern kann, möglich und gestattet, in Demut für die Gesamtheit zu sprechen.

Gemeinschaft mit Christus hat ihre besondere und eigene Grundlage. Weil die Taufe eine Taufe der Umkehr zur Vergebung der Sünden ist, gründet die Gemeinschaft mit Christus in der Vergebung. „Die Gemeinschaft der Heiligen ist die Gemeinschaft der gerechtfertigten Sünder", heißt es in dem katholisch-lutherischen Studiendokument „Communio Sanctorum".[18] Während die Sünden der Kirche ihr Zeugnis beschädigen, beschädigt die *Reue* der Kirche für Sünden in der Vergangenheit nicht die Gemeinschaft der Heiligen, sondern verweist auf ihre eigentliche Grundlage.

Die Reue der Kirche drückt zudem die Verbundenheit zwischen Vergangenheit und Gegenwart aus und stärkt sie. Im Sinne von Robert Jensons Darstellung, wie die Kirche der Gegenwart in ihrer zeitlichen Kontinuität in der Dreieinigkeit Gottes gründet,[19] könnte der Heilige Geist als die göttliche Wirkmacht beschrieben werden, die eine narrative Lösung der Spannungen, die durch die Sünden der Kirche aufgebrochen sind, vorwegnimmt und bewirkt. Der Geist eröffnet nicht einfach einen vorgegebenen Weg, sondern schafft – im Lichte der gegenwärtigen geschichtlichen Lage der Kirche – eine dramatische Kontinuität (womöglich eine nur vorläufige „Lösung"), die es der Kirche dann ermöglicht, zu erkennen, was gegenwärtig nötig ist.[20] Kirchliche Reue könnte sehr wohl jene Praxis sein, durch die

---

[17] Taufe, Eucharistie und Amt. Frankfurt a. M./Paderborn 1982, II, D, 6.

[18] Communio Sanctorum. Die Kirche als Gemeinschaft der Heiligen, *Bilaterale Arbeitsgruppe der Deutschen Bischofskonferenz und der Kirchenleitung der Vereinigten Evangelisch-Lutherischen Kirche Deutschlands,* Paderborn/Frankfurt a. M. 2000, Nr. 90.

[19] *Robert W. Jenson:* Systematic Theology: The Triune God, Vol. 1, Oxford 1997, Kap. 13; siehe auch *Robert W. Jenson:* Unbaptized God: The Basic Flaw in Ecumenical Theology, Fortress 1992, Kap. 10.

[20] Ebd., 145.

eine sündige Vergangenheit voll in die Identität der Kirche in Gott mit einbezogen wird, gerade weil die Kirche dadurch dem Urteil, der Reform, der Vergebung und der Versöhnung geöffnet wird.

Wenn das lutherische Schuldbekenntnis gegenüber den Mennoniten in Stuttgart 2010 wirklich das Werk des Geistes war, dann dadurch, dass der Geist die Kirche noch mehr an die Vergebung Christi gebunden hat, und durch Christus an alle Glieder der Gemeinschaft der Heiligen. Es geht nicht einfach darum, eine institutionelle Kontinuität in „objektiven Begriffen" zu definieren (im Sinne der Maßstäbe einer gesetzlichen Haftung) und sich in der Folge dann für die Vergangenheit zu entschuldigen. Vielmehr wird bei der Bekundung kirchlicher Reue das Band der Vergebung in Christus, das die Grundlage der Gemeinschaft der Heiligen bildet, ausgeweitet auf die Vergebung der Sünden der Kirche als solcher, und dadurch die Möglichkeit geschaffen, dass ein vormals verdunkeltes Zeugnis sichtbar gemacht werden kann.

In kirchlicher Reue muss deutlich sein, dass weder die Kontinuität der Kirche durch die Zeiten noch die Verantwortung für die Sünden der Vergangenheit irgend etwas mit einer biologischen Abstammung zu tun haben. Die Radikalität einer solchen Gemeinschaft der Heiligen zeigte sich z. B. bei der Begegnung des damaligen Generalsekretärs des Lutherischen Weltbundes, Ishmael Noko, mit dem Präsidenten der Mennonitischen Weltkonferenz, Danisa Ndlovu, die beide in Simbabwe geboren sind und keine genealogischen Beziehungen zum Europa des 16. Jahrhunderts haben. Mit ihrer Umarmung gaben diese zwei Kirchenführer das Versprechen, dass die zwei Geschichtsstränge, die jeder von ihnen repräsentierte, sich jetzt erweitern würden – Mennoniten und Lutheraner würden nun versuchen, ihre jeweilige Geschichte als eine gemeinsame, wenn auch differenzierte Geschichte von Sünde, Reue und Vergebung zu sehen.[21]

Die Dimensionen einer Gemeinschaft der Heiligen, die sich durch Akte kirchlicher Reue eröffnen, können auch im Hinblick auf strittige Fragen der Beziehung zwischen Kirche und Welt hilfreich sein. In seinem jüngsten Buch über die Sünden der Kirche vertritt Ephraim Radner die Ansicht, dass die Unfähigkeit der Kirche, die ihr gegebene Einheit zu verwirklichen, und die Unfähigkeit der Kirchen, die dadurch hervorgerufene Gewalt zu beherrschen, zur Entstehung des freiheitlichen demokratischen Staates geführt hätten.[22] William Cavanaugh vertritt hingegen die Ansicht,

---

[21]   Vgl. *Jeremy M. Bergen:* Lutheran Repentance at Stuttgart and Mennonite Ecclesial Identity, in: Mennonite Quarterly Review 86 (2012), 315–338.

[22]   *Ephraim Radner:* A Brutal Unity: The Spiritual Politics of the Christian Church, Waco 2012, 49.

dass der Anspruch des Staates, gegenüber religiöser Gewalt die Rolle des Friedensstifters einzunehmen, tatsächlich nur ein *Mythos* sei, um die Legitimität des Staates zu rechtfertigen.[23] Diese Differenz wird noch grundsätzlicher, wenn beide ihre theologischen Schlussfolgerungen aus der Tatsache ziehen, dass die heutige Kirche durch das Entstehen des modernen Staates politisch marginalisiert wurde. Cavanaugh ruft zum Widerstand auf und zur Entwicklung einer alternativen, in der Eucharistie wurzelnden Politik. Radner argumentiert, dass angesichts des Versagens der Kirchen Christen die Kontrollfunktionen des freiheitlichen demokratischen Staates als etwas Positives begrüßen sollten. Die Kirche „braucht den freiheitlichen Staat … damit dieser den umfassenden Rahmen für Eigenverantwortlichkeit gewährleistet",[24] Kirchen sollten „ihre Praxis stärker und nicht weniger an den Notwendigkeiten einer stabilen und verlässlichen Demokratie orientieren",[25] und diese Anpassungen sollte als Gabe Gottes betrachtet werden.

Aufgrund meiner eigenen täuferisch-mennonitischen Bindungen neige ich eher zur Auffassung Cavanaughs, dessen Vorstellungen von einer kirchlichen Politik auch die Auffassung einschließt, dass die sichtbare Heiligkeit der Kirche sich auch in ihrer Reue zeige.[26] Dennoch sollte die Einsicht Radners, dass die Sünden der Kirche auf irgendeine Weise eine grundsätzliche Veränderung ihrer geschichtlichen und theologischen Identität bewirkt haben, in einer – wenn auch modifizierten Form – im Begriff der Gemeinschaft der Heiligen bewahrt werden. Wenn die in Zeit und Raum ausgedehnte Gemeinschaft der Heiligen in der Vergebung Christi ihren Grund hat, dann *könnten* die Gemeinschaften, an denen gesündigt worden ist (etwa weil sie eine ethnische Minorität sind), die Vermittler der Vergebung Christi sein und insofern eine zentrale Bedeutung für das gegenwärtige Sein dieser Gemeinschaft haben. (Ich betone, das „könnten Vermittler der Vergebung sein", denn die Kirche muss darauf bedacht sein, weder nichtchristlichen Gruppen christliche Auffassungen von Vergebung aufzuzwingen noch von einer gemeinschaftlichen Vergebung als Selbstverständlichkeit auszugehen.) Die Einheit der Gemeinschaft der Heiligen in ihrer zeitlichen Dimension zeigt sich darum in der Verantwortlichkeit für not-

---

[23]   Diese These äußerte *William T. Cavanaugh* zuerst in "A Fire Strong Enough to Consume the House: The Wars of Religion and the Rise of the State", in: Modern Theology 11 (1995), 397–420. *Cavanaugh* entwickelte die These dann in vielen seiner nachfolgenden Werke weiter.

[24]   *Radner,* A Brutal Unity, 22.

[25]   Ebd., 55.

[26]   S. *William T. Cavanaugh:* The Sinfulness and Visibility of the Church: A Christological Exploration, in: Migrations of the Holy, Grand Rapids 2011, 165.

wendige Beziehungen, in denen auf das Wort des anderen gehört wird, in denen um Vergebung gebeten wird, und in denen man sich mit einer Vielzahl von Gemeinschaften, von denen manche ganz sicher nicht der Kirche angehören, gemeinsam in Projekten engagiert. Solche Formen der Verantwortlichkeit können die Kirche vor Triumphalismus bewahren und zugleich offen halten für die Entwicklung einer anderen Form der Politik, die im fortwährenden Empfang des Leibes und des Blutes Christi gründet.

3. Heiligkeit und Sünde. Kann die Kirche sündigen?

Die Frage, ob die Kirche als solche sündigt, wird oft im Lichte der geglaubten Heiligkeit der Kirche betrachtet. In der jüngsten Studie der Kommission für Glauben und Kirchenverfassung heißt es: „Die Kirche ist heilig, weil Gott heilig ist … Dennoch hat die Sünde, die im Widerspruch zu dieser Heiligkeit steht und dem wahren Wesen und der wahren Berufung der Kirche zuwiderläuft, das Leben von Gläubigen immer wieder entstellt."[27]

Römisch-katholische und protestantische Ekklesiologien gehen gewöhnlich auseinander, wenn es um die Frage geht, ob die Kirche sündigen kann. Die offizielle katholische Lehre setzt die Sündlosigkeit der Kirche als solcher in den Gegensatz zur Sündigkeit ihrer Glieder,[28] obgleich durch individuelle Sünde die ganze Kirche verletzt werden kann.[29] Protestantische Ekklesiologien neigen eher dazu, die Kirche als zugleich heilig und sündig anzusehen.[30] Beide Sichtweisen aber tendieren dazu, von der nicht reduzierbaren geschichtlichen Identität der Kirche abzusehen. Die protestantische Neigung, aus der allgemeinen Sündhaftigkeit auf die Sündhaftigkeit der Kirche zu schließen, kann von konkreten geschichtlichen Sünden ablenken. Da für Protestanten die Sündigkeit der Kirche tendentiell ein Glaubensgrundsatz ist, und die Kirche daher stets Gottes Vergebung suchen muss, kann dies dazu führen, die konkrete Sünde in der Geschichte zu ver-

---

[27] Die Kirche: Auf dem Weg zu einer gemeinsamen Vision. Studie der Kommission für Glauben und Kirchenverfassung No. 214, Genf 2013, Nr. 22. Vgl. dazu auch den Beitrag von *Julia Enxing* und *Ulrike Link-Wieczorek* in diesem Heft, 182–200, hier 188–190.

[28] Zweites Vatikanisches Konzil, Unitatis Redintegratio. Dekret über den Ökumenismus (1964), Nr. 3; *Papst Johannes Paul II.:* Apostolisches Schreiben Tertio Millennio Adveniente. An die Bischöfe, Priester und Gläubigen zur Vorbereitung auf das Jubeljahr 2000 (1994), Nr. 33. Vgl. zum Folgenden auch *Enxing/Link-Wieczorek* in diesem Heft, 190–195.

[29] Erinnern und Versöhnen, Nr. 1.3, 3.3.

[30] Siehe z. B. *David S. Yeago:* Ecclesia Sancta, Ecclesia Peccatrix: The Holiness of the Church in Martin Luther's Theology, in: Pro Ecclesia 9 (2000), 331–354.

kennen. Ein konkretes historisches Interesse setzt sich sogar dem Verdacht aus, eine Entlastungsstrategie oder Selbstrechtfertigung zu sein. Andererseits führt die römisch-katholische Auffassung, wonach Sünde immer individuell ist, dazu, die geschichtliche Besonderheit individueller Sünde zu betonen. Ein Gegensatz zwischen sündhaften Personen und einer sündhaften Kirche dagegen würde das bislang vorherrschende geschichtliche Bild der Kirche verändern.

Dietrich Bonhoeffers theologische Überlegungen zu Kirche, Schuld und christlicher Nachfolge zeigen die Möglichkeiten und Gefahren aus einer protestantischen Perspektive auf. Nach Bonhoeffer befindet sich die Kirche, die allein alle Sünde als Abfall von Gott begreift, im Prozess der Gleichgestaltung mit Christus, indem sie die Schuld der Welt annimmt und die Sünden der Welt als ihre eigenen bekennt.[31] Doch obwohl die Kirche zum Schuldbekenntnis „ohne Seitenblicke auf die Mitschuldigen"[32] aufgerufen ist, besteht die Gefahr, dass sie nicht angemessen zwischen jenen Sünden unterscheidet, die sie stellvertretend auf sich nimmt und denen, die sie im Besonderen begangen hat. Die Kirche könnte versucht sein, sich selbst wie Christus zu sehen: ohne Sünde, aber willens die Sünden der anderen auf sich zu nehmen, um der Erlösung willen. Wenn die Kirche der Versuchung erliegt, ihre Reue „abzukürzen", indem sie sie aus ihrem Bekenntnis zu Christus gewinnt und nicht aus einem geduldigen Erforschen ihrer eigenen wirklichen Geschichte im aufmerksamen Hören darauf, was der Geist in einem bestimmten geschichtlichen Augenblick sagt, wird es ihr sicher nicht gelingen, ihre Buße durch konkrete Reformen, die sich auf ein *konkretes* Versagen beziehen, zu verwirklichen.

Obwohl es ihr nicht explizit um die hier erörterten Themen geht, zeigt Jennifer McBrides jüngstes Werk doch, wie von Bonhoeffers Gedanken ausgehend die Kirche ermutigt werden könnte, ihre eigenen besonderen Sünden zu bekennen.[33] Zunächst schlägt sie die Wiederbeschäftigung mit Bonhoeffer als Gegenmittel zu gegenwärtigen Tendenzen mancher Kirchen vor, auf triumphalistische und/oder moralistische Weise öffentlich Zeugnis abzulegen. Das Sündenbekenntnis der Kirche sollte öffentliches Zeugnis zu dem Christus sein, der das Fleisch der Sünde annahm und sich selbst zu den Sündern rechnete. Bonhoeffer zeichnet ein komplexes Bild von Jesus

---

[31] *Dietrich Bonhoeffer:* Schuld, Rechtfertigung, Erneuerung; in: Ethik, DBW 6, München 1992, 125–136.
[32] Ebd., 126.
[33] *Jennifer M. McBride:* The Church for the World: A Theology of Public Witness, New York 2011.

Christus als jemand, der selbst die Buße Gottes verkörpert, und die Kirche dabei in diese Bewegung mit einbezieht. Zweierlei könnte hier als Korrektiv dienen:

Zunächst einmal ist Reue die Form der radikalen Identifikation der Kirche mit der Welt bzw. in der Begrifflichkeit Bonhoeffers, mit dem Vorletzten um des Letzten willen. Die Kirche „bezeugt Christus auf eine nicht-triumphalistische Weise, wenn sie den Anspruch auf eine besondere Gunst zurückweist und ganz zu dieser Welt gehört".[34] Für Bonhoeffer bedeutet das Vorletzte Buße.[35] In diesem Sinne geht das Konzept der Reue sowohl dem Bekenntnis besonderer Schuld voraus, wie es ihm auch folgt. Die Art und Weise des Daseins der Kirche in der Welt ist bereits eine Form der Reue; daraus folgt, dass sie ihre Aufmerksamkeit auf die weltlichen und sündenbehafteten Dimensionen ihrer *eigenen* Existenz richten muss, wenn sie diese Sünden zu bekennen hat, und dass sie sich mit angemessenen Taten für andere einzusetzen hat.

Zum Zweiten sind hier die ethnographischen Darstellungen der weltlichen Dimensionen zweier christlicher Gemeinschaften in den USA von McBride von Bedeutung: Sie zeigt auf, dass für jede der beiden Gemeinschaften Reue charakteristisch ist, als „die konkrete Aktivität der Kirche im sozialen und politischen Leben, die daraus erwächst, dass sie Verantwortung übernimmt und ihre Mitschuld an der Sünde anerkennt".[36] So ist das öffentliche Zeugnis der *Eleuthero Community* in Maine, das sich in einem konkreten Engagement für Umweltgerechtigkeit zeigt, aus einem tiefen Bewusstsein für konkrete Versäumnisse der Kirche erwachsen.[37] Es handelt sich dabei nicht ausdrücklich um Versäumnisse der *Eleuthero Community* als solcher, sondern um solche auf der individuellen, familiären, kirchlichen, sozialen und politischen Ebene. Das Bewusstsein der Vielfalt dieser Bezüge aber zeigt gerade die Verbundenheit der Kirche mit der Welt.

Während die offizielle katholische Lehre weiterhin die Sündhaftigkeit der Kirche leugnet, ist diese Auffassung von verschiedenen katholischen Theologen in Frage gestellt worden.[38] So vertrat etwa Yves Congar in den

---

[34] Ebd., 113.
[35] *Dietrich Bonhoeffer:* Letters and Papers from Prison, Dietrich Bonhoeffer Works, Vol. 8, Fortress Press, Minneapolis 2010, 485, zitiert in: *McBride,* The Church for the World, 113.
[36] *McBride,* The Church for the World, 17.
[37] Ebd., 168.
[38] Siehe *Francis A. Sullivan:* Do the Sins of Its Members Affect the Holiness of the Church?, in: *Michael S. Attridge/Jaroslav Z. Skira* (eds.): In God's Hands: Essays on the Church & Ecumenism in Honour of *Michael A. Fahey, S. J.,* Leuven 2006, 247–268.

1950er Jahren die Auffassung, dass individuelle Sünder als ganze Personen voll *in* der Kirche seien. Nach dieser Argumentation gibt es also wirklich Sünde in der Kirche, selbst wenn es nicht (nach Congar) eine von der Kirche ausgehende Sünde ist. Dies war eine Entgegnung auf Charles Journet, nach dessen Auffassung die Grenzen der Kirche durch jedes seiner Glieder hindurchliefen, so dass die Sünde niemals im formellen Sinne in der Kirche wäre. Während des Zweiten Vatikanischen Konzils sprach Bischof Stefan László davon, dass die Kirche von den „Sünden des Gottesvolkes" reden müsse und dass sie, wenn ihre Antwort die Menschen überzeugen solle, „nicht triumphalistisch und heuchlerisch" sein dürfe.[39] Karl Rahner warnte vor einem „ekklesiologischen Nestorianismus", der die menschliche (und sündhafte) Dimension der Kirche von einer göttlichen und (sündlosen) Dimension trenne. Die Kirche ist „wenn ihre Glieder Sünder sind und als Sünder Glieder bleiben, eben selbst sündig".[40] William Cavanaugh bezieht sich auf Hans Urs von Balthasar, Maximus Confessor und letztlich auf die Aussage des Paulus: „Er hat den, der von keiner Sünde wußte, für uns zur Sünde gemacht" (2 Kor 5,21), um zu begründen, dass die Reue der Kirche für ihre Sünde (eine Sünde, die wirklich die der Kirche ist) ein wesentlicher Aspekt ihrer christologischen Identität ist und ein Zeugnis für die Welt. „Die Kirche ist sichtbar heilig, nicht weil sie rein ist, sondern eben weil sie der Welt zeigt, wie die Sünde ist. D. h. die Menschen können die Sünde benennen, weil sie mit dem Wort Gottes konfrontiert worden sind."[41]

Kirchliche Reue lenkt die Aufmerksamkeit auf das historisch Besondere in der kirchlichen Geschichte, und es ist deshalb die praktische Ebene, der wir uns zuwenden sollten, um oft nur implizite theologische Entwicklungen aufzuspüren. Ich schließe diese Erörterungen mit zwei Beispielen:

Erstens zeigen heutige Bekenntisse geschichtlicher Sünde eine *de facto*-Anerkennung von kirchlicher Schuld seitens der katholischen Theologie. Das Schuldbekenntnis von Drancy[42] der französischen katholischen Bischöfe von 1997 war eine von vielen Erklärungen zum Holocaust durch nationale Bischofskonferenzen in den 1990er Jahren. Die Drancy-Erklä-

---

[39]   *Stefan László:* Die Sünde in der heiligen Kirche Gottes, in: Konzilsreden, hg. von *Yves Congar, Hans Küng* und *Daniel O'Hanlon*, Einsiedeln 1964, 36.

[40]   *Karl Rahner:* Kirche der Sünder, Freiburg/Basel/Wien 2011, 35.

[41]   *Cavanaugh,* The Sinfulness and Visibility of the Church, 165.

[42]   Erklärung von Drancy der französischen katholischen Bischöfe (1997); in: www.freiburger-rundbrief.de/de/?item=567 (aufgerufen am 06.02.2014). Zur Geschichte dieser Erklärung siehe *Thérèse Hebbelinck:* Le 30 Septembre 1997: L'église de France demande pardon aux Juifs; in: Revue d'histoire ecclésiastique 103, 2008, 119–160.

rung wurde von verschiedenen jüdischen Gruppierungen positiv aufgenommen. In ihrer symbolischen Dimension war sie dem Geschehen angemessen: Sie wurde auf dem Bahnsteig des Bahnhofs von Drancy, einem Pariser Vorort, abgegeben, von wo aus Tausende von Juden in die Züge zum Abtransport in die Todeslager verfrachtet wurden. Die Bischöfe machten einige deutliche Einschränkungen: Sie taten Buße für die Sünden der Glieder der Kirche, aber sie wiesen auch auf einige katholische Personen, Laien und Priester, hin, die große Risiken auf sich genommen hatten, um Juden zu retten. Aber sie sagten eben auch, dass es wirklich die Kirche war, die gefehlt hatte.

Die Erklärung stellt fest, dass die Reaktion der „großen Mehrzahl der kirchlichen Autoritäten" geprägt war von „Konformität, Vorsicht und Zurückhaltung, teilweise aus Angst vor Repressionen" gegen katholische Einrichtungen. Die Bischöfe von Frankreich hätten es letztendlich bei ihrem Schweigen belassen. Die Kirche von Frankreich hätte irrtümlicherweise an die institutionelle Selbsterhaltung als höchsten Wert geglaubt. Dazu kam eine lange „Tradition des Anti-Judaismus auf verschiedenen Ebenen der christlichen Lehre, sei es in der Theologie oder der Apologetik, in der Predigt oder in der Liturgie". Das führte dazu, dass die einzelnen Katholiken mit Lethargie reagierten:

> Wir bekennen, dass die Kirche von Frankreich damals ihre Aufgabe der Erziehung der Gewissen nicht erfüllt hat und daß die Kirche deshalb, zusammen mit dem christlichen Volk, die Verantwortung dafür trägt, nicht vom ersten Augenblick an Hilfe geleistet zu haben, als Protest und Schutzgewährung noch möglich und notwendig waren … Dies ist der Sachverhalt, den wir heute anerkennen. Dieses Versagen der Kirche von Frankreich und ihrer Verantwortung gegenüber dem jüdischen Volk sind Bestandteil ihrer Geschichte. Wir bekennen diese Schuld. Wir erflehen die Vergebung von Gott und wir bitten das jüdische Volk, diese Worte der Reue zu hören.[43]

Gerade weil Reue die Entschlossenheit der Kirche erfordert, diese Sünden in Zukunft nicht noch einmal zu begehen, ist ein offenes Eingeständnis der Schuld nötig: der Unfähigkeit auf die Gewissen der Einzelnen einzuwirken und damit implizit ein Benennen der Verantwortlichen für dieses Versagen, nämlich der Kirche selbst.

Durch die Reue für antijüdische Einstellungen und Taten gelangte diese Kirche und andere zu der Erkenntnis, was die eigentliche Voraussetzung ihrer Reue ist: Gott wohnt weiterhin bei seinem Volk. Durch die Zurück-

---

[43] *Erklärung von Drancy,* a. a. O.

weisung einer Substitutionstheologie in zahlreichen kirchlichen Schuldbekenntnissen[44] wird betont, dass Gottes Bund mit den Juden, die Jesus nicht als Messias anerkennen, *nicht* beendet ist, trotz einer langen, gegenteiligen christlichen Lehrtradition. Gott nimmt Gottes Versprechen nicht zurück.

Der lange verbreitete christliche Glaube, dass Gottes Bund mit den Juden widerrufbar und auch wirklich widerrufen worden sei, hat vielleicht die theologische Imagination so verformt, dass Christen ihre eigene Heiligkeit als bedingt und abhängig von den Taten der Kirche selbst sahen. Die Kirche mag es abgelehnt haben, eine bestimmte historische Schuld zu bekennen (in Analogie zu der jüdischen Leugnung, dass Jesus der Messias ist), damit durch solch eine Anerkenntnis Christen nicht außerhalb der Bundesversprechen Gottes zu stehen kämen. Der christliche Blick auf die Geschichte Israels war oftmals in höchstem Maße selektiv: durch seine Treue sei Israel die Präfiguration der Kirche, durch seine Sünde aber weise es auf seine eigene Vergänglichkeit. Dadurch aber wird Israel gerade nicht als ein Volk wahrgenommen. „Wenn die Erwählung Israels nicht unwiderrufbar ist, dann können Christen ihre Gemeinschaften nicht so sehen, wie die Propheten Israel gesehen haben: als die ehebrecherische Ehefrau, die Gott der Herr für eine gewisse Zeit verwerfen mag, der er aber unwiderruflich versprochen hat, sie immer zu lieben und sich niemals von ihr zu scheiden."[45]

Wenn sie es ablehnt, gemeinsam historische Schuld zu bekennen, kann die Kirche sich nicht selbst im Spiegel des Volkes Israel sehen; aber wenn sie sich nicht auf diese Weise sieht, wird sie keine Reue zeigen können. Katholischerseits gibt es vielleicht keine Reue für die Sünden der Kirche, und bei den Protestanten vielleicht ebensowenig aufgrund des Glaubens an die allgemeine Sündhaftigkeit, der sich nicht mit den individuellen Besonderheiten der Geschichte abgibt. In beiden Fällen sieht sich die Kirche nicht so, wie der Geist über sie urteilen könnte. Und sie schließt, weil kein negatives Urteil gesprochen wird, dass sie heilig ist.

Eine Reflexion über die theologischen Implikationen der heutigen Praxis kirchlicher Schuldbekenntnisse sollte wachsam werden lassen gegen-

---

[44] Zu den wichtigsten Erklärungen gehören: *Evangelische Kirche im Rheinland:* Synodalbeschluss zur Erneuerung des Verhältnisses von Christen und Juden, 1980, und *The Presbyterian Church* (USA): A Theological Understanding of the Relationship Between Christians and Jews, 1987.

[45] *George Lindbeck:* The Church as Israel: Ecclesiology and Ecumenism; in: *Carl E. Braaten/Robert W. Jenson* (eds.): Jews and Christians: People of God, Grand Rapids 2003, 94.

über einer Vorstellung von Reue als einer Art Formel für Heiligkeit, so als ob die Kirche ihre Heiligkeit durch Reue erwerben könnte. Reue ist eine Gabe, die im Glauben empfangen werden muss, und Heiligkeit ist eine „fremde Heiligkeit ..., die sichtbar wird als ein demütiges Anerkennen von Sünde und als ein Gebet um Vergebung".[46] Die Demut der reumütigen Kirche steht darum nicht im Wettstreit mit der Heiligkeit der Kirche, sondern ist Ausdruck des fortdauernden Wirkens des Heiligen Geistes in ihr. Rowan Williams drückt es so aus: „Menschlich ausgedrückt ist Heiligkeit immer so: Gottes Beständigkeit inmitten unserer Ablehnung ihm gegenüber, seine Fähigkeit, jeder Ablehnung mit dem Geschenk seiner selbst zu begegnen."[47]

Übersetzung aus dem Englischen: Dr. Wolfgang Neumann

---

[46] *John Webster:* Holiness, London 2003, 73.
[47] "Humanly speaking, holiness is always like this: God's endurance in the middle of our refusal of him, his capacity to meet every refusal with the gift of himself." *Rowan Williams:* A Ray of Darkness: Sermons and Reflections, Cambridge 1995, 115.

Die Kirche – Heilige oder Sünderin?

Überlegungen zur Realität von Schuld und Sünde inmitten der Heilswirksamkeit Gottes

Julia Enxing und Ulrike Link-Wieczorek[1]

Bereits 2005 beschäftigte sich die Ökumenische Rundschau mit dem Thema „sündige Kirche". Zu diesem Zeitpunkt ahnte wohl noch niemand, welche Aktualität das Thema für die katholische Kirche in den darauf folgenden Jahren erlangen würde. Besonders katholische Christinnen und Christen sehen sich seit dem Öffentlichwerden der jahrzehntelang gedeckten und vertuschten Fälle sexueller Gewalt durch katholische Amtsträger und Ordensleute vor das tägliche Szenario neuer Schreckensnachrichten über Vergehen in den eigenen Reihen konfrontiert. Die *Schuldkrise* zieht eine *Glaubwürdigkeitskrise*[2] nach sich, die sich nicht nur in einer steigenden Zahl von Kirchenaustritten zeigt, sondern auch in einem steigenden Rechtfertigungsdruck für jene, „die noch dabei bleiben". In seinem ÖR-Beitrag zum Thema im Jahr 2005 ging Ralf Miggelbrink auf das Schuldbekenntnis von Johannes Paul II. im Heiligen Jahr (2000) ein und setzte sich mit der kritischen Reaktion des konservativen Erzbischofs von Bologna, Giacomo Biffi, auseinander.[3] Der Aufsatz hat – wie noch zu zeigen

---

[1] Julia Enxing ist wissenschaftliche Mitarbeiterin und Habilitandin am Exellenzcluster „Religion und Politik" der Westfälischen Wilhelms-Universität Münster. Ulrike Link-Wieczorek ist Professorin für Systematische Theologie und Religionspädagogik am Institut für Evangelische Theologie an der Carl von Ossietzky Universität Oldenburg.

[2] „Nichts aber trifft die Glaubwürdigkeit der Kirche härter als der Vorwurf der Verlogenheit und Scheinheiligkeit. Denn ohne Vertrauensvorschuss kann die Kirche ihren Auftrag nicht erfüllen." *Stephan Ackermann:* „Sancta simul et semper purificanda". Anmerkungen zur Heiligkeit und Sündigkeit der Kirche, in: US 65 (2010), 234–241, hier 234.

sein wird – in den letzten Jahren dramatisch an Aktualität gewonnen. Er soll daher hier mit einigen ekklesiologischen Aspekten im Kontext der Debatte über Schuld und Sünde im Horizont der Missbrauchsfälle in Verbindung gebracht werden. Zur Klärung für das Verständnis der spezifischen ekklesiologischen Probleme wird dem eine Revision soteriologischer Grundaxiome zum Verständnis von Sünde und Schuld vorgeschaltet.

1. Schuld, Sünde und das Heilswirken Gottes

Michael Weinrich versucht in einer „Problemanzeige", die Begriffe Schuld und Sünde sowie Versöhnung und Vergebung zu klären.[4] Sünde und Vergebung entpuppen sich dabei als die eigentlich „theologischen" Perspektiven, indem Sünde eine durchaus absichtsvolle und insofern schuldhafte Vergleichgültigung der Gottesbeziehung meint. In christlicher Sicht ist der Mensch erfahrungsmäßig dadurch charakterisiert, dass er nicht das ganze Leben, sondern nur ausgewählte (harmlose?) Teilbereiche *coram deo* bzw. aus Gottes Hand empfangend lebt – vielleicht den Sonntagsgottesdienst, nicht aber die berufliche Karriere oder die Trauer um einen geliebten Menschen. Der reformierte Theologe Weinrich spricht davon, dass „Sünde (…) hier dasjenige (ist), was die Beziehung zu Gott trübt, sie zu einer sekundären Angelegenheit degradiert oder gar für fakultativ erklärt. Sünde signalisiert immer ein Scheitern an dem Ganzheitsanspruch des ersten Gebots, das vor allem durch den Reiz anderer Götter oder eine sich selbst zugemessene Göttlichkeit beiseitegeschoben wird."[5] Man kann das auch in einer weniger konkurrenzbetonten Sprache sagen: Der Mensch traut der Zuwendung Gottes nicht genug zu – das ist gemeint, wenn von Sünde die Rede ist. Vor allem die protestantische Tradition beruft sich dabei auf die Rede Luthers vom Glauben als „fiducia", als Vertrauen. Sünde ist also eigentlich: nicht genug Gott-Vertrauen aufzubringen, nicht genug zu „glauben".

---

[3]   *Ralf Miggelbrink:* Sündige Kirche? Das Schuldbekenntnis des Papstes und die ekklesiale Dimension der Sünde, in: ÖR 54 (2005), 462–475.
[4]   *Michael Weinrich:* Schuld und Sünde – Versöhnung und Vergebung. Eine Problemanzeige, in: *Michael Beintker/Sándor Fazakas* (Hg.): Die öffentliche Relevanz von Schuld und Vergebung, Sonderheft der Theologischen Zeitschrift der Reformierten Theologischen Universität, Debrecen 2012, 125–132. Eine längere Fassung dieses Aufsatzes findet sich unter dem Titel: Schuld und Sünde. Zusammenhänge und Unterscheidungen, in: *Jürgen Ebach, Magdalene L. Frettlöh, Hans-Martin Gutmann, Michael Weinrich* (Hg.): „Wie? Auch wir vergeben unsern Schuldigern?" Mit Schuld leben, Gütersloh 2004, 88–123.
[5]   Ebd., 127.

Die Konkurrenz-Sprache verdeckt aber zu sehr den Aspekt der Verstrickung, des Unglücks, des Tragischen, der Verzweiflung und der Verblendung in der Erfahrung der Macht der Sünde. Sie ist nicht nur Machtkampf mit Gott außerhalb des Paradieses, nicht nur, wie Michael Weinrich sagt, „vermeintliche *Stärke*"[6], sondern sie ist auch erfahrbar als Depression, als Verdunkelung Gottes. Nur wenn man diese beiden Aspekte zusammen mit der Macht der Sünde verbindet, wird das merkwürdige Schillern in Bezug auf „zurechnungsfähige Schuld"[7] verständlich, die Weinrich beschreibt: einerseits „bis zur Verwechselbarkeit ähnlich"[8], andererseits „bis zum Gegensatz verschieden"[9]. Es wird dann auch deutlich, wie viel weiter die theologische Rede von der Sünde schaut – sie umfasst die persönlich zurechnungsfähige Schuld und geht doch darüber hinaus in die Erfahrung von reiner Verzweiflung. Immer ist der Mensch selbst darin beteiligt, aber nicht ausschließlich aufgrund von eigener schuldhafter Tat. Nicht nur die schuldhafte Tat entfernt von Gott, und nicht nur die schuldhafte Tat harrt der Versöhnung.

Auf dieser Spur finden wir den katholischen Theologen Jürgen Werbick, der in seiner Fundamentaltheologie eine von der Versöhnung her profilierte Soteriologie entwickelt, die sich „jenseits des Beschuldigungsdilemmas" versteht, in dem entweder der Mensch oder gar Gott für das erfahrbare „Elend der jetzigen Welt" kausal – schuldhaft – verantwortlich gemacht werden.[10] Lange war die Lehre von der Sünde des Menschen im Rahmen einer „Beschuldigungstheologie" verstanden worden und der Mensch generell für die Verletzung der ordo der Schöpfung und das daraus folgende Elend der Welt verantwortlich gemacht worden.[11] Wenn nicht Gott selbst das Elend der Welt verursacht hat, so fußt es auf der Sünde als einem schöpfungs- und damit Gott-feindlichen schuldhaften Tun der Menschen. Werbick findet, dass dieses Schulddilemma in abstrakte Aporien führt. Möglicherweise assoziieren die orthodoxe und die katholische theologische Tradition besonders diese Identifikation von Schuld, Sünde und generellem Verderben der Schöpfung und können dies darum auch nicht

---

[6]   Ebd.
[7]   Ebd., 125.
[8]   Ebd.
[9]   Ebd., 126.
[10] Vgl. zum Folgenden: *Jürgen Werbick*: Den Glauben verantworten. Eine Fundamentaltheologie, Freiburg u. a. 2000, 569–581.
[11] Vgl. so *Anselm von Canterbury:* Cur deus homo I, 15. Vgl. dazu differenzierend den Beitrag von *U. L.-W.:* Sündig vor Gott allein? Überlegungen zur Re-Interpretation der Satisfaktionstheorie Anselms von Canterbury in schöpfungsethischer Perspektive, in: *Rochus Leonhardt* (Hg.): Die Aktualität der Sünde. Ein umstrittenes Thema der Theologie in interkonfessioneller Perspektive, Frankfurt a. M. 2010, 121–143.

mit der irdischen Gestalt der Kirche verbinden. Werbick plädiert statt einer generalisierenden Schuldzuweisung an Gott oder den Menschen für eine moderne „docta ignorantia". In ihr soll die metaphysische Frage nach der Schuld am Elend der Welt bewusst offen gelassen und stattdessen die Konzentration auf die faktische Notwendigkeit der Versöhnung gerichtet werden, die auf einem „Verzicht auf das genau sein wollende Urteil über Schuldzurechnung" beruht.[12] Man kann in diesem Gedanken die Überlegungen zur Relevanz der „restaurative justice" verankert sehen, in der die zu versöhnenden Partner ihren Konflikt im Blick auf ein gemeinsames Leben in der Zukunft hin zu behandeln versuchen.[13] Werbick meint jedenfalls, Gottes Versöhnungshandeln nicht im Sinne einer (Schuld) aufrechnenden Gerechtigkeit denken zu können, wie es die abendländische Satisfaktionslehre versuchte.[14] Unter Ausklammerung der Frage, wer nun das Elend der Welt genau verursacht habe, werde im Neuen Testament Gottes Versöhnungsinitiative gerade in ihrer „schöpferischen Unableitbarkeit" relevant: „Es ist keineswegs so, daß einseitig der Mensch als Sünder die Verantwortung für das Elend der Schöpfung übernehmen muß."[15] Darum spricht Paulus davon, dass die Schöpfung noch in Geburtswehen liege und noch unter der „Herrschaft der Mächte" stehe.[16] „Gerade Paulus weigert sich also, die Menschen mit systematischer Konsequenz für alles Übel der Welt verantwortlich zu machen."[17] Man kann sagen: Gott und Welt leben in einem vorläufigen Dualismus, in dem Gottes Geist gegen die Macht der Sünde, die Mächte der Finsternis steht. Die Art der göttlichen Initiative in dieser Konstellation ist nicht die Abrechnung, sondern die Methode der Versöhnung, die das Risiko des sich Auslieferns nicht scheut, um Vertrauen zu erwerben und eine versöhnungsermöglichende Perspektiven-Veränderung zu erwirken. In diesem Sinne werden Kreuz und Auferstehung Jesu zum Sinnbild – zur „Offenbarung" – von sich ereignender Versöhnung, in der Gott selbst mit den Menschen weiter unterwegs ist in die Zukunft und die Gläubigen auf der Spur zu bleiben ermutigt werden, wenn

---

[12] *Werbick,* Glauben, 571.
[13] Vgl. den Beitrag von *Bente Petersen* in diesem Heft, 244–263.
[14] Vgl. *Werbick,* Glauben, 575 f. Zu einer Interpretation der Satisfaktionslehre als Wiedergutmachungs-Theorie, die sich gerade im Rahmen einer „restaurative justice" verstehen ließe, vgl. den Beitrag von *U. L.-W.:* Wiedergutmachung statt Strafe. Zur versöhnungsethischen Aktualität der Satisfaktionstheorie, in: KZG 26 (2013), (Sonderheft: Identität nach dem Konflikt. Zur Rolle von Erinnerung und Stereotypen in Versöhnungsprozessen), 139–155.
[15] *Werbick,* Glauben, 571.
[16] Ebd.
[17] Ebd.

sie in ihrem Leben auf Gott setzen.[18] Man könnte sogar noch weiter gehen und sagen, dass eine Versöhnung, die nicht in erster Linie Schuldbearbeitung, sondern Ringen mit der Gebrochenheit des Lebens – dem „Elend der Welt" – ist, eigentlich von dem Beziehungsangebot Gottes schlechthin – also vom „Heil" – spricht. Damit auch wären wir wieder bei der lutherischen Nähe von Sünde und Unglaube: das Beziehungsangebot nicht sehen, nicht annehmen, geringschätzen, verleugnen u. v. m. – das ist der Zustand des Getrenntseins von Gott, des Unheils, in dem die Macht der Sünde die Übermacht zu haben scheint. *Scheint,* denn eigentlich ist sie in Christus überwunden. An diesem Kern des christlichen Credos kommt keine Theologie vorbei: dem Credo, dass das Beziehungsangebot Gottes nicht scheitern wird.

Was heißt das nun für das Verständnis von Schuld und Sünde? Eine so in eine soteriologische Gesamtsicht integrierte Einsicht in die Gebrochenheit der Welt unter der Macht der Sünde zeigt, dass man durchaus in einer sehr generellen Weise von Sünde sprechen kann, ohne damit gleichzeitig immer von einer persönlichen, kausalen Schuldverfallenheit zu reden, wie sie die Vorstellung von der Tatsünde vorauszusetzen scheint. Das menschliche Beteiligtsein am sündhaften Elend der Welt umfasst mehr als konkrete, schuldhafte Verursachung von Schaden. Mindestens erfasst sie auch, wie Michael Weinrich herausstellt, „die ungenutzte Alternative zur Vermeidung eines Schadens"[19] und damit ein sehr viel grundsätzlicheres Versagen. Diesen Sinn kann der Begriff der strukturellen Sünde aufnehmen, der der Erfahrung der Verstrickung in meta-personale Strukturen Rechnung tragen will, in denen nur schwerlich von bewusster intentionaler Tat-Beteiligung an lebensfeindlichen Strukturen zu reden ist, wohl aber von der Verantwortung der in diesen Strukturen Lebenden für die Art und Weise des Fortbestehens dieser Strukturen. In einer Soteriologie für das Elend der Welt in der Verstrickung lebensfeindlicher Dynamiken jenseits einer generalisierenden Schuldbezichtigung erweist sich somit der Begriff der Verantwortung als Möglichkeit, die Intention der soteriologischen Rede von Gottes Heilswirken gegen die Macht der Sünde aufzunehmen. Stephanie van de Loo greift – unter Bezugnahme auf Jürgen Werbick – auf diesen Begriff als Scharnier einer Theologie der Versöhnungsarbeit zurück.[20] Er eignet sich besonders deswegen, weil er eben nicht rein aufrechnend auf die (Ver-

---

[18] Vgl. ebd., 574.
[19] *Weinrich,* Schuld und Sünde, 126.
[20] Vgl. *Stephanie van de Loo:* Versöhnungsarbeit. Kriterien – theologischer Rahmen – Praxisperspektiven, Stuttgart 209, 44 ff.

ursachung des Geschehens in der) Vergangenheit gerichtet ist, sondern weil man mit ihm vor allem von Verantwortung für die Folgen des Geschehenen in der Zukunft reden kann, und zwar sowohl für das Gott-Mensch-Verhältnis als auch in Bezug auf zwischenmenschliche Versöhnung. Im Verantwortungsdenken hat die Analyse der Vergangenheit den Sinn der Ermöglichung von Leben in der Zukunft. Er bietet daher einen konstruktiven Ansatz zum Umgang mit den schwierigen Fragen der Bewältigung von historischer Schuld, um die es ja auch bei den Problemen der Kirchen und ihrer Schuld geht. Wie generell bei Fragen historischer Schuld haben nicht nur diejenigen damit zu tun, die sich in verursachendem Schuldzusammenhang mit den Ereignissen der Vergangenheit befinden. Es geht um die Nachgeborenen, wenn wir u. a. mit Karl Jaspers verschiedene Schuldtypen differenzieren und im Falle von politischer Schuld – im Unterschied z. B. zu krimineller Schuld – die Verantwortung der Nachgeborenen im Bewusstsein vergangener Schuldgeschehnisse sogar in der Gestalt einer „Haftung" sehen.[21] Bundespräsident Richard von Weizsäcker hingegen hat am 8. Mai 1985 den Verantwortungsbegriff benutzt, um eine „persönliche Schuld" der nachgeborenen Deutschen an der politischen Schuld des Dritten Reiches noch deutlicher zu verneinen, dann allerdings von der jungen Generation zu fordern, Verantwortung für die Zukunft zu übernehmen angesichts der (politischen) Schuld der Vergangenheit.[22] Der Begriff der Verantwortung scheint also dafür hilfreich zu sein, eine Kontinuität innerhalb eines durchaus schuldbehafteten Geschehenszusammenhanges über die persönliche Kontinuität der Tat-Beteiligten hinaus zu betonen. Diese Kontinuität ernst zu nehmen – in der katholischen Theologie wird von „Sündenfolgen" gesprochen – bringt Karl Jaspers dazu, eine alle Schuldtypen durchdringende „metaphysische Schuld" zu konstatieren.[23] Wenn in der christlichen Tradition hier von Sünde gesprochen wird, dann können wir darin über persönliche Schuldzusammenhänge hinaus den menschlichen Erfahrungszusammenhang des Scheiterns in der Verantwortung inmitten der Gebrochenheit des Lebens sehen. Sie kann bekanntlich vielfache Formen annehmen. Sie alle werden in der protestantischen Sündenlehre auf einen generellen Verblendungszusammenhang zurückgeführt, in dem Gott und seine lebensinngebende Beziehung aus dem Auge gerät und sich die Menschen über sich selbst und ihre guten bzw. zu ent-schuldigenden

---

[21] *Karl Jaspers:* Die Schuldfrage. Von der politischen Hoffnung Deutschlands, München 1946, 19.

[22] Der Text findet sich unter www.bundespraesident.de/SharedDocs/Reden/DE/Richard-von-Weizsaecker/Reden/1985/05/19850508_Rede.html (aufgerufen am 31.03.2014).

[23] *Jaspers,* Schuldfrage, 54 f.

Absichten „belügen". Damit wird auch jedes ernsthafte Streben nach Verantwortung kritisch inmitten der Ambivalenz des Elends der Welt wahrgenommen. Die christliche Rede von der Sünde wird gerade dieser Komplexität entkleidet, wenn sie als eine generalisierende Konkurrenz-Beschuldigungsgeschichte zwischen Gott und Menschen aufgefasst wird. Vielmehr redet sie vom Scheitern in der Verantwortung für eine schöpfungsgemäße Welt- und Lebensgestaltung in der Ambivalenz der Gebrochenheit des Lebens, und sie stellt dieses immer wieder erfahrbare Scheitern hinein in die ermutigende Zusage Gottes, mit dem Scheitern lebensfördernd fertig zu werden. Darum wird in der protestantischen Dogmatik betont, dass die Sündenerkenntnis der Menschen – die nicht auf Beschuldigungserkenntnis reduziert werden darf – aus der Erkenntnis der Heilszuwendung Gottes erfolgt und nicht umgekehrt.[24] Denn wiewohl sie in den Geburtswehen der Schöpfung noch erfahrbar ist, gilt sie im Wissen von Gottes Heilswirken als aufgehoben. Vor allem zum protestantischen Spezifikum gehört es, zu sagen: Von Sünde im christlichen Sinn kann nur von ihrem Besiegtsein durch Gott (in Christus) her gesprochen werden. In diesem Credo liegt die Wurzel der protestantischen Lehre vom Menschen als „simul iustus et peccator".

Welche Konsequenzen hätten diese Überlegungen nun für eine Theorie von der Sündhaftigkeit der Kirche? In der Diskussion in der Kommission für Glauben und Kirchenverfassung (Faith and Order) über den Entwurf des neuen Konvergenztextes zum Verständnis der Kirche kam es im Zusammenhang mit dieser Frage immer wieder zu heftigen Debatten.[25] Vor allem den protestantischen Mitgliedern der Kommission kam die Rede von der „sündigen Kirche" leicht über die Lippen. Man könnte sie geradezu für einen protestantischen Identitätsmarker halten, in dem die Ekklesiologie deutlich von jeder Versuchung einer „societas perfecta" ferngehalten werden soll. Kirche soll als Gemeinschaft der Gläubigen von der Ambivalenz der Gebrochenheit der Welt nicht verschont gedacht werden. In dieser Gebrochenheit hat sie – in der Gegenwart des Geistes – teil am Leib Christi, an der Christusgemeinschaft. Dennoch müssten sich auch Protestantinnen und Protestanten fragen, inwiefern sie „Kirche" analog zu einem menschlichen Mono-Subjekt denken können. Handelt „die Kirche" wie ein Subjekt

---

[24] Vgl. dazu *Christoph Gestrich:* Was bedeutet es, von der Sündenvergebung her die Sünde wahrzunehmen? In: *Sigrid Brandt/Marjorie Suchocki/Michael Welker* (Hg.): Sünde. Ein unverständlich gewordenes Thema, Neukirchen-Vluyn 1997, 57–68.

[25] Vgl. zum Folgenden: The Church – Towards a Common Vision, Genf 2013; dt.: Die Kirche: Auf dem Weg zu einer gemeinsamen Vision. Studie der Kommission für Glauben und Kirchenverfassung Nr. 214, Genf 2013. Im Folgenden werden in Klammern die Absatznummern aus diesem Text angegeben.

und ist sie darum auch wie ein Subjekt sündig bzw. schuldig? Andersherum muss aber auch gefragt werden: Wie kann sie inmitten der Realität der Sünde so gedacht werden, dass sie als Geschöpf des Heiligen Geistes Anteil hat an der Heiligkeit Gottes? Wie kann ihr in ihrer Sendung in die Welt getraut werden, wenn sie wie jeder einzelne Mensch korrumpiert ist in der Ambivalenz der Tragik des Lebens? Die hier dargelegten Überlegungen zur Differenzierung von Sünde, schuldhafter Tat und Kontinuität in der Verantwortung sollten helfen, die implizite Komplexität der Rede von der „sündigen Kirche" zu ahnen, die sich hinter dem grammatischen Kürzel von Subjekt und Adverb verbirgt. Wenn Protestantinnen und Protestanten von der sündigen Kirche reden können, dann können sie auch hier nur ein Sündigsein meinen, das zwar jetzt Realität, aber doch im Heilswirken Gottes eschatologisch aufgehoben – besiegt, vergeben – ist. Für dieses eschatologische Aufgehobensein darf die Kirche als „Zeichen und Werkzeug" stehen, wie der Faith-and-Order-Kirchentext in der Fassung von 2005 – „The Nature and the Mission of the Church"[26] – es ausdrückte. Im Ringen um eine gemeinsame Ekklesiologie in der Ökumene geht es eben darum, wie sich das denken und zeigen lässt. Die protestantische Antwort verweist auf die Zeugnisfunktion der Kirche: Sie habe eben von dieser eschatologischen Dynamik Zeugnis abzulegen, indem sie die Kontinuität in der Verantwortung gerade angesichts des Scheiterns darin als Verantwortung im Zeichen ihrer Heiligkeit wahrzunehmen habe. Denn wegen der soteriologischen Zusage Gottes ist es möglich, die Verantwortung durch das Scheitern hindurch zu tragen. Das Zeugnis der Kirche ist insofern Teil ihrer Verkündigung und dadurch Zeichen ihrer Heiligkeit. Die katholische Sicht, die im folgenden Teil dieses Beitrages genauer untersucht wird, versucht, die Kirche als Zeichen und Werkzeug für das *verwandelnde* Heilswirken Gottes zu verstehen und entwickelt in diesem Sinne seit dem Zweiten Vatikanischen Konzil ein Verständnis des Kürzels „sündige Kirche". Sie ringt darum, dass die Kirche trotz der Realität der Sünde als die „feste Burg" angesehen werden kann, in der sich die Gläubigen in der Erfahrung der Gebrochenheit des Lebens schutzsuchend sammeln können. Martin Luther hatte, in Skepsis der Gestalt der Kirche zu seiner Zeit, diese feste Burg allein in Gott selbst gesehen.[27]

Das Kirchendokument von Glauben und Kirchenverfassung von 2013 behilft sich zunächst einmal vorklärend mit dem Hinweis auf eine strukturelle Differenzierung: „Heiligkeit und Sünde stehen auf unterschiedliche

---

[26] Faith and Order Paper No. 198, Genf 2005.
[27] Vgl. dazu die Predigt von *Helmut Aßmann* in diesem Heft, 275–279.

und ungleiche Weise in Bezug zum Leben der Kirche. Heiligkeit ist ein Ausdruck der Identität der Kirche nach Gottes Willen, während Sünde im Widerspruch zu dieser Identität steht (vgl. Röm 6,1–11)." (36) Ausdrücklich stellt das Dokument diese Differenzierung hinein in das Credo des Sieges Gottes über die Sünde: „Die Kirche ist der Leib Christi; seinem Versprechen gemäß können die Pforten der Hölle sie nicht überwältigen (vgl. Mt 16,18). Christi Sieg über die Sünde ist vollständig und unumkehrbar, und aufgrund von Christi Versprechen und Gnade vertrauen Christen darauf, dass die Kirche immer Anteil an den Früchten des Sieges haben wird." (36) Die eschatologische Sicht der Kirche im Sinne von Röm 8 kann auch im Kirchendokument mit den vielfältigen Verweisen auf die „Pilgerschaft" der Kirche, auf ihre Sendung (Kap. I und IV) gefunden werden, die auch für die Erörterung der Frage der Sündigkeit der Kirche (35) verwendet wird. Aber sie wird als solche in diesem Dokument nicht entfaltet, weil sich die Kirchen noch nicht auf eine gemeinsame Ontologie bzw. auf die Anerkennung von unterschiedlichen Ontologien haben einigen können, in denen die Spannung von „jetzt und noch nicht" erfasst werden könnte.

Im Folgenden soll nun der Fokus auf die aktuelle Beschäftigung mit der Thematik in der deutschen römisch-katholischen Theologie gelegt werden. Dabei wird deutlich werden, dass die eschatologische Spannung auch hier mit einer grundlegenden Differenzierung zu denken versucht wird, die möglicherweise schon Pate stand für die Formulierung im Kirchen-Dokument der Kommission von Glauben und Kirchenverfassung: die katholische Tradition kennt die Unterscheidung zwischen himmlischer und irdischer Kirche. Weiterhin wird im Folgenden deutlich werden, dass die Reflexion über das Verhältnis von Sünde und Kirche dazu führt, die Kirche zu einem ausdrücklichen Zeugnis der Verantwortung inmitten von erfahrener Sünde zu rufen. Anhand des Schuldbekenntnisses des Bischofs von Osnabrück, Franz-Josef Bode, wird abschließend ein beispielhafter symbolischer Akt näher betrachtet werden.

2. Kirche der Sünderinnen und Sünder, Sünde der Kirche oder sündige Kirche?

Gewiss, diese Frage ist keinesfalls neu; kaum eine Dogmatikerin oder ein Dogmatiker hat sie noch nicht zu beantworten versucht. Zwar wird im offiziellen katholischen Lehramt die Möglichkeit einer sündigen Kirche noch immer ausgeschlossen, doch gibt es innerkatholisch unterschiedliche Argumentationen.[28] Klassische Antwortversuche auf diese ekklesiologische Frage argumentieren mit der zweifachen Wesensgestalt der Kirche: die himmlische und die irdische. Während die himmlische Kirche (*ecclesia invisibilis*) vollkommen und frei von Schuld und Sünde ist, stellt die mangelnde Makellosigkeit ihrer irdischen Verwirklichung (*ecclesia visibilis*) eine nicht zu verkennende Herausforderung dar. Irdische und himmlische Kirche sind dabei nicht voneinander zu trennen. Sie stehen stets und fortwährend in einer aufeinander bezogenen Einheit. So heißt es in LG 8: „Die mit hierarchischen Organen ausgestattete Gesellschaft und der geheimnisvolle Leib Christi, die sichtbare Versammlung und die geistliche Gemeinschaft, die irdische Kirche und die mit himmlischen Gaben beschenkte Kirche sind nicht als zwei verschiedene Größen zu betrachten, sondern bilden eine einzige komplexe Wirklichkeit, die aus menschlichem und göttlichem Element zusammenwächst."[29] Dabei gründet die Heiligkeit der Kirche nicht aus sich selbst, sondern aus ihrer Erwählung durch den allein heiligen Gott (Ex 19,6; Lev 11,4 f; Jes 6,3) und ihrer heilshaften Sendung.[30] Zwar wird die irdische Kirche als Abbild des himmlischen Jerusalems verstanden, die in ihrer Hinordnung auf die himmlische Kirche je nach größerer Heiligkeit strebt, doch ist sie insofern deutlich von ihr zu unterscheiden, als dass sie, anders als die himmlische Kirche, eine Kirche der Sünderinnen und Sünder ist. Die Heiligkeit – und insofern Sündenlosigkeit – der himmlischen Ekklesia wirkt sich jedoch unmittelbar auf die anfanghafte und im Diesseits nicht zur Vollendung kommende Kirche auf Erden aus. Diese wird als von Gott eingesetzte (und insofern heilige) verstanden; die Heiligkeit wirkt in der Heiligkeit der Sakramente fort. Durch ihre Partizipation an den Sakramenten partizipieren die Gläubigen an der Reinheit und Heiligkeit der himmlischen Kirche, in den Sakramenten begegnen sie der Gnade und Heiligkeit Gottes, die durch sie wirkt.[31] Ohne näher auf die geschichtliche Entwicklung dieser Ekklesiologie einzugehen, muss hier doch der entscheidende Paradigmenwechsel des Zweiten Vatikanischen Konzils bedacht werden. Zwar wurde in den Dokumenten des Zweiten Vatikanischen Konzils – sowie in den nachkonziliaren römischen Publikationen – der Terminus „sündige Kirche" vermieden,[32] der Relationalität (*ad*

---

[28] Vgl. dazu auch Jeremy Bergen in diesem Heft, 166–181; *Karl Rahner:* Kirche der Sünder, mit einem Vorwort von Karl Kardinal Lehmann, Freiburg 2011, 35.

[29] Alle Konzilstexte werden zitiert nach: *Karl Rahner/Herbert Vorgrimler:* Kleines Konzilskompendium. Sämtliche Texte des Zweiten Vatikanischen Konzils, Freiburg [35]2008.

[30] Vgl. *Johanna Rahner:* Heiligkeit der Kirche, 319; LG 1.

[31] Vgl. LG 40, 48–51, 65.

[32] Vgl. *Thomas Freyer:* Sündige Kirche? In: ThQ 190 (2010), 347–349, hier 347 f; *Donath Hercsik:* Schuldbekenntnis und Vergebungsbitten des Papstes in theologischer Perspektive, in: ZKTh 123 (2013), 3–22, hier 10. *Ackermann,* Sancta, 236, verweist darauf, dass „[s]o sehr sich das Konzil ansonsten an der Theologie der Kirchenväter orientiert und sie zitiert, zur Frage der Sündigkeit der Kirche greift man nicht auf die offene Para-

intra et extra) der Kirche wurde jedoch Rechnung getragen.[33] Indem Kirche in dieser Welt Gestalt annimmt, entsteht eine enge Wechselwirkung, die ebenso die Verwobenheit mit dem irdischen Phänomen der Schuld und Sünde deutlich macht.[34]

Bezogen auf die irdische Gestalt der Kirche wird kein Anspruch auf Heiligkeit, Vollkommenheit oder Unschuld erhoben. Vielmehr wird deutlich gesagt, dass es sich um eine *Kirche der Sünderinnen und Sünder* handelt.[35] Das Zweite Vatikanische Konzil formuliert deutlich, dass „die Kirche Sünder in ihrem eigenen Schoße [umfasst, J. E.]. Sie ist zugleich heilig und stets der Reinigung bedürftig, sie geht immerfort den Weg der Buße und Erneuerung." (LG 8; vgl. LG 65)[36] Damit ist aber zugleich ausgesagt, dass die Kirche von der Sünde betroffen ist, sonst wäre sie nicht der Erneuerung bedürftig. Thomas Freyer erläutert allerdings, dass in den Dokumenten des Zweiten Vatikanischen Konzils sowie späteren Verlautbarungen des Heiligen Stuhls die Wechselwirkungen zwischen sündigen Individuen und der „Sündhaftigkeit der Kirche" nicht näher bestimmt werden.[37] Dass die Kirche selbst es ist, die von der Sündhaftigkeit der Menschen betroffen ist, dessen waren sich schon Tertullian und Augustinus bewusst.[38] Und bei Karl Rahner heißt es: In der „Väterzeit und im Mittelalter [sprach man] unbefangen von der sündigen Kirche, von der Kirche als Sünderin, und zwar *nicht nur* in dem Sinn, daß das Erbarmen Gottes eine sündige Menschheit zur heiligen Kirche gemacht hat [...], sondern auch von der Kirche, insofern sie *jetzt* sündig *ist*, von ihrer Sündigkeit als religiösem *Zustand*."[39] Auch im Kirchendokument des Zweiten Vatikanischen Konzils wird artikuliert, dass die Schuld der Gläubigen auch die Kirche in ihrem In-

---

doxie der patristischen Symbolsprache zurück, die u. a. das kühne Wort der ‚keuschen Hure' (casta meretrix) geprägt hat." Vgl. zu „casta meretrix" *Hans Urs von Balthasar:* „Casta meretrix" in: *ders.:* Sponsa Verbi. Skizzen zur Theologie II. *Dirk Ansorge:* „Vergib uns unsere Schuld!" Schuldbekenntnis und Vergebungsbitten Papst Johannes Pauls II. im Heiligen Jahr 2000, in: Communio 42 (2013), 460–470, hier 462; Einsiedeln 1960, 203–205; *Michael Sievernich:* Kultur der Vergebung. Zum päpstlichen Schuldbekenntnis, in: GuL 74 (2001), 444–459, hier 444.

[33] Vgl. auch GS 4 u. 11 sowie *Freyer*, Sündige Kirche?, 348.

[34] Vgl. ebd., 349.

[35] Vgl. hierzu *Rahners* berühmte Kurzschrift Kirche der Sünder, a. a. O. (s. o. Anm. 28)

[36] Vgl. dazu *Ackermann*, Sancta, 236; *Ansorge,* Vergib, 462; *Herbert Schlögl:* Heiligkeit und Sündigkeit der Kirche. Moraltheologische Perspektiven, in: Communio 42 (2013), 485–495, hier 490; *Miggelbrink*, Sündige Kirche?, 473.

[37] *Freyer,* Sündige Kirche?, 348.

[38] Vgl. Ebd., 347.

[39] *Karl Rahner:* Sündige Kirche nach den Dekreten des Zweiten Vatikanischen Konzils. Schriften zur Theologie Bd. 6, Einsiedeln u. a. ²1968, 321–345, hier 322; vgl. auch *Medard Kehl:* Die Kirche. Eine katholische Ekklesiologie, Würzburg 1992, 402–405.

nersten trifft. Dort heißt es in Bezug auf das Bußsakrament, dass dieses die Versöhnung der Sünder mit der Kirche bewirke, da sie die Kirche „durch die Sünde verwundet haben". Man kann insofern also von *Sünden in der Kirche* sprechen, als dass sie eine *Kirche der Sünderinnen und Sünder* ist. Doch formieren und firmieren diese in ihrem Kirche-Sein wirklich eine sündige Kirche?

Das Problem entpuppt sich als ein zweifaches: Würde man sagen, dass die Kirche eine sündige Kirche ist, so würde man der notwendigen Differenz von irdischer und himmlischer Kirche nicht gerecht werden. Weiterhin muss erklärt werden, inwiefern eine *Institution* schuldig sein oder werden kann. Setzt Schuld nicht die Taten von Individuen voraus? Ist es nicht so, dass nur Einzelne aufgrund ihres individuellen Willens schuldig werden können?[40] Wie kann Kirche als Ganze Subjekt sein? Der Unterschied zwischen himmlischer und irdischer Kirche darf nicht nivelliert werden und eine Institution an sich ist eine Organisationsform, der per se keine Schuld vorgeworfen werden kann. Dennoch, genauso wenig, wie es die himmlische Kirche ohne ihre Konkretion in der irdischen Pilgerschaft geben kann, kann es die Institution Kirche ohne die sie konstituierenden Menschen geben. Was bleibt von Kirche, beziehungsweise was ist Kirche, wenn diese sich nicht im Hier und Jetzt in der menschlichen Gemeinschaft der Christinnen und Christen verwirklicht? Auch die Sünderinnen und Sünder sind volle Mitglieder dieser Kirche, es gibt mit und durch sie also auch *Sünde in der Kirche* und – zumindest nach Karl Rahners Argumentation – ist die Kirche dadurch *selbst sündig*.[41] Eine Trennung zwischen Gläubigen und dem (auch) in der Kirche realisierten und gelebten Glauben wäre eine unzulässige Abstraktion. Man muss die weitaus größere Wertigkeit der Heiligkeit achten, ohne zu einer solchen Abstraktion zu greifen. Wie in Bezug auf die Sünde überhaupt, so ist auch die Rede von der sündigen Kirche nicht so gemeint, dass sie den Sieg Gottes über die Sünde aufs Spiel gesetzt sieht:[42] Ein abstrahierendes Ausblenden der Sündigkeit und eine zu starke Fixierung und Betonung der Heiligkeit können sogar zu

---

[40] Vgl. dazu *Hercsik,* Schuldbekenntnis, 13, vgl. dazu auch *Jeremy Bergen* in diesem Heft, 171 ff, vgl. auch Jer 31,30 sowie Ez 18,20.

[41] Vgl. *Rahner,* Kirche der Sünder, 35.

[42] „Zwischen Gnade und Sünde gibt es keine Parallelität, Symmetrie oder gar ein dialektisches Verhältnis, denn der Einfluß des Bösen wird die Macht der Gnade nie besiegen und die Ausstrahlung, die vom oft noch so verborgenen Guten ausgeht, verdunkeln können", Internationale Theologische Kommission, Erinnern und Versöhnen. Die Kirche und die Verfehlungen in ihrer Vergangenheit, Kap. 3.4; vgl. weiterhin *Schlögl,* Heiligkeit, 490; *Ansorge,* Vergib, 463; *Ackermann,* Sancta, 239; *Hercsik,* Schuldbekenntnis, 12.

einem sehr handfesten Problem werden, wie Bischof Ackermann unter Verweis auf Kardinal Lehmann verdeutlicht: „Es fehlt nämlich nicht an Stimmen, die sogar einen konkreten Zusammenhang zwischen dem Kirchenverständnis und dem Umgang mit Verfehlungen in der Kirche sehen, zumal dann, wenn sie von Amtsträgern begangen werden. Ist es nicht tatsächlich so, dass die Vorstellung von einer unantastbaren Heiligkeit und Makellosigkeit der Kirche mit dazu beiträgt, die Verfehlungen einzelner zu vertuschen, wenn durch sie die Gefahr besteht, die Kirche als ganze könne in Mitleidenschaft gezogen werden?"[43] In ihrer Reflexion über die „Heiligkeit der Kirche" zeigt Johanna Rahner auf, dass Kirche sich selbst als Subjekt verstehen muss, und zwar als „‚Subjekt' von Schuld und Sünde", sonst wäre sie auch nicht „‚Subjekt' der Erneuerung und Reinigung (LG 65)"[44]. Sie warnt deshalb vor einem „idealistischen Begriff von Kirche"[45], der die wahre und eigentliche Kirche in ihrer Makellosigkeit begreift und die sie konstituierenden Menschen von ihr abspaltet.

Es wird deutlich, dass Kirche an sich keinen Selbstzweck erfüllt, sondern aus der Sendung Gottes lebt, in die Gemeinschaft Christi zu rufen und als solche zu leben. Deshalb kommt es auf das *Leben* in der Kirche an. Eine danach beurteilte Kirche ist keine reine Institution mehr, sondern *ist Leben,* das seine Bestimmung verfehlen kann. Eine Ekklesiologie, die sich solchermaßen aus der Sendung der Kirche versteht, kann von einer *Schuld der Kirche* sprechen, die im Versagen im Zeugnis und in der Verantwortung besteht. In diesem Sinne kann man durchaus von der Schuld der Kirche sprechen. Gerhard Ludwig Müller formulierte dies im Jahr 2000 im Dokument „Erinnern und Versöhnen"[46] der Internationalen Theologischen Kommission folgendermaßen: „Die Vitalität der Kirche Jesu Christi erweist sich darin, dass sie die Gerechtigkeit des Schuldbekenntnisses für das Versagen in der Vergangenheit nicht zur Bedingung eines neuen Miteinanders machen muss. Sie hat die Kraft, den ersten Schritt zu tun. Die Kirche traut sich dies zu, weil sie um die Gabe der Heiligkeit weiß, aus der sie lebt und

---

[43]   *Ackermann,* Sancta. Ackermann bezieht sich hier auf Lehmanns Argument in: *Karl Lehmann:* Kirche der Sünder, Kirche der Heiligen, in: FAZ, 01.04.2010, 6.

[44]   LG 8: „sancta simul et semper purificanda", vgl. *Johanna Rahner:* Heiligkeit der Kirche, in: *Wolfgang Beinert/Bertram Stubenrauch* (Hg.): Neues Lexikon der katholischen Dogmatik, Freiburg 2012, 319–321, hier 320, sowie *Hercsik,* Schuldbekenntnis, 13.

[45]   Vgl. *Rahner,* Kirche der Sünder, 34, sowie *Victor Conzemius:* Historie und Schuld. Johannes Paul II. auf den Spuren von Lord Acton? In: Röm. Quartalschrift 95, 2000, 94–109, hier 109.

[46]   Das Dokument gilt als Interpretationshilfe zum Schuldbekenntnis Johannes Pauls II. im Heiligen Jahr 2000.

die sie ihrer Sendung zum Heilsdienst an den Menschen gewiss macht. Darum kann sie sich auch zu der Tatsache bekennen, dass es im Laufe ihrer Geschichte – gemessen am Evangelium, das sie zu allen Zeiten, auch durch den Mund ihrer sündigen Glieder, verkündet hat, und an den geistigen Erfordernissen der jeweiligen Geschichtsepoche – persönliche Sünden, erschreckendes Versagen, unangemessenes und unverantwortliches Handeln ihrer Glieder und ihrer Repräsentanten gegeben hat. In diesem Sinn kann man auch von Sünden nicht nur der einzelnen Glieder der Kirche, sondern auch von den Sünden der Kirche sprechen, besonders wenn sie von denen begangen wurden, die ermächtigt waren, in ihrem Namen zu handeln."[47]

Dabei soll und darf die Verantwortung der Individuen weder klein gemacht noch vernachlässigt werden. Sie wiegt schwer und schuldig gewordene Individuen müssen für ihre Taten Verantwortung übernehmen, zur Not zur Verantwortung gezogen werden.[48] Die Rede von der Schuld der Kirche greift jedoch über die jeweils direkt tätig Betroffenen hinaus: sie meint, dass die Schuld der Kirche uns alle etwas angeht.

3. Was geht mich ihr Verhalten an?

Es wäre ein Leichtes, auf herausfordernde Fragen, wie etwa, wie man denn freiwillig einer Kirche angehören könne, in der Priester Kinder missbrauchen, zu antworten: „Ich habe damit nichts zu tun." Schließlich sehe ich doch gar nicht ein, warum ich mich für Priester rechtfertigen soll, die Kindern sexuelle Gewalt antun. Dennoch: Nach den obigen ekklesiologischen Ausführungen scheint diese Haltung nicht angemessen. Wenn Kirche kein himmlisches Abstraktum ist, sondern die Konkretion einer irdischen „Zeugnisgemeinschaft"[49], deren Teil ich bin, dann bin ich ebenso Teil des Schmerzes und des Glaubwürdigkeitsverlustes, an dem die Gemeinschaft derzeit so schwer trägt. Dann ist der Verrat an der *Zeugnisgemeinschaft* eine Verfehlung, die die ganze Gemeinschaft betrifft, die somit ebenfalls *Schicksalsgemeinschaft* ist: „Man darf nicht allgemein zwischen

---

[47] Internationale Theologische Kommission: www.vatican.va/roman_curia/congregations/cfaith/cti_documents/rc_con_cfaith_doc_20000307_memory-reconc-itc_ge.html#VORWORT_DES_HERAUSGEBERS_ (12.02.2014). (Hervorhebungen J.E.) Vgl. auch *Hercsik, Schuldbekenntnis*, 14.

[48] Vgl. *Ackermann,* Sancta, 239.

[49] *Jürgen Werbick:* Sündige Selbstbehauptung. Ein Gespräch mit dem Systematiker Jürgen Werbick über die Schuld der Kirche, in: HK 54 (2000), 124–129, hier 124 u. ö.

den sündigen Menschen und der makellosen Kirche unterscheiden und die Institution ungeschoren davonkommen lassen. (…) Ein Bekenntnis der Schuld müßte unbedingt auch die Kirche als Institution umfassen, weil auch sie versagen kann und tatsächlich versagt hat. (…) Man muß davon wegkommen, daß es nur einzelne in der Kirche gewesen sind, die Schuld auf sich geladen haben, die Kirche als heilige aber ohne Schuld geblieben ist"[50]. Rein pragmatisch funktioniert dies bereits nicht, da ich als Christin jederzeit bereit sein möchte, jedem Rede und Antwort zu geben, der nach der Hoffnung fragt, die mich erfüllt (1 Petr 3,15), und zu dieser Hoffnung gehört auch die Gemeinschaft der Christinnen und Christen. Christ- oder Christin-Sein kann ich nicht losgelöst von der Kirche, der ich durch die Taufe einverleibt bin. Die Verfehlung der Zeugnisgemeinschaft betrifft mich durch meine tiefe Verwobenheit mit ihr – sogar *durch die Zeit*.[51] Insofern muss man sagen: Gerade in der Kontinuität der Kirche als Überlieferungsgemeinschaft der christlichen Botschaft liegt ein wesentlicher Grund für die Wahrnehmung ihrer Sündhaftigkeit, da die aktuale Sünde ihrer Glieder in dieser Kontinuität eine alle ihre Glieder betreffende Sündhaftigkeit ist. Jeremy Bergen formuliert dies treffend: „Die Kirche ist eine Gemeinschaft der Heiligen, in der die heute lebenden Christen mit allen anderen Christen, seien sie tot oder lebendig, über Raum und Zeit hinweg verbunden sind. In ‚Taufe, Eucharistie und Amt' heißt es: ‚Durch ihre eigene Taufe werden Christen in die Gemeinschaft mit Christus, miteinander und mit der Kirche aller Zeiten und Orte geführt.'"[52]

Anders als Giacomo Biffi, Erzbischof von Bologna, erklärt, verlangt es das Wesen der Kirche, diese im Vollsinn ihrer irdisch-himmlischen-Wesensgestalt in ihrer Konkretion und Kontinuität zu denken;[53] und nicht auf eine „vage transzendente Realität [zu reduzieren; J. E.], weitab jeglicher empirischer Wahrnehmbarkeit"[54]. Unsere Sünden sind nicht, wie Biffi denken möchte, „ontologisch außerkirchlich"[55], sondern betreffen in der Kon-

---

[50] *Victor Conzemius:* Schmerzliche Aufarbeitung der Inquisition. Ein Gespräch mit dem Kirchenhistoriker Victor Conzemius, in: HK 53 (1999), 21.

[51] Vgl. dazu auch den Beitrag von *Jeremy Bergen* in diesem Heft, hier 174–175.

[52] Ebd., 172.

[53] Vgl. *Miggelbrink,* Sündige Kirche?, 463 und seine eigene Bewertung 466. „Die Vergebungsbitte des Papstes macht nur Sinn, wenn die Überzeugung zu Grunde gelegt wird von einer die Jahrhunderte überdauernden ekklesialen Kontinuität, die auch die Schuldgeschichte der Kirche einschließt. Das Faktum des liturgischen Schuldbekenntnisses selbst verunmöglicht bereits die von Kardinal Biffi intendierte absolute Trennung von der Sünderkirche als Nicht-Kirche."

[54] *Joseph Komonchak:* Mea culpa, mea maxima culpa. Can the Church Admit Error? In: Commonwealth, 19.11.1999, 21–22 (zitiert nach *Hercsik,* Schuldbekenntnis, 11, Anm. 40).

[55] *Hercsik,* Schuldbekenntnis, 10.

tinuität der Kirche sehr wohl, wie Johanna Rahner sagt, die Kirche in ihrem Wesen (auch wenn die Sünde dem Wesen der Kirche in gewisser Weise widerspricht).[56] In der Konsequenz der beiden Kirchenverständnisse geht es schließlich um die Frage, ob Kirche *um der Kirche willen* sichtbar die Verantwortung für die eigene Schuld übernehmen kann. Die Verantwortung, die aus der Kontinuität der Zeugnis- und Schicksalsgemeinschaft entsteht, bezeichnet Gerhard Ludwig Müller als „objektive Verantwortung"[57]. Auch wenn uns keine subjektive Schuld zukommt, so macht Sievernich deutlich, müssen „wir alle, auch wenn wir keine persönliche Verantwortung haben, an der Last der Irrtümer und der Schuld derer, die uns vorangegangen sind, mittragen."[58]

An dieser Stelle könnte vielleicht der Sündenbegriff der aus der Reformation hervorgegangenen Kirchen helfen, der nicht nur in der Tatsünde eines Individuums aufgeht, sondern als ein generell kollektiver bzw. struktureller Zusammenhang wahrgenommen wird. Man kann damit auch die Bemerkung zur „Systemimmanenz" der Sünde verbinden, die im Kirchendokument der Kommission von Glauben und Kirchenverfassung fällt.[59] Auch die katholische Tradition kennt den Zusammenhang von struktureller Sünde.[60] Ein so verstandener Sündenbegriff kommt dem biblischen Verständnis von Sünde als dissoziative Energie, als solidaritätszerstörende Macht sehr nahe und fördert eine solidarische Übernahme der Verantwortung nicht nur vom Individuum, sondern auch von der gesamten Zeugnisgemeinschaft.[61] Dies bedeutet jedoch nicht, dass ich als Person individuelle Schuld habe oder die Schuld meiner Brüder und Schwestern im Glauben (subjektiv) übernehmen muss oder kann.[62] Die Differenzierungen im

---

[56] Vgl. *J. Rahner,* Heiligkeit der Kirche.

[57] Internationale Theologische Kommission: www.vatican.va/roman_curia/congregations/ cfaith/cti_documents/rc_con_cfaith_doc_20000307_memory-reconc-itc_ge. html#VOR-WORT_DES_HERAUSGEBERS_ (aufgerufen am 12.02.2014), vgl. *Ansorge,* Vergib, 465.

[58] *Sievernich,* Kultur, 451; vgl. 1 Kor 12,12–31.

[59] Vgl. Die Kirche, Abs. 35.

[60] „Strukturelle Sünde ist auch eine Frage der Kommunikation und der Kommunikationsbereitschaft in der Kirche." *Werbick,* Sündige Selbstbehauptung. 129, vgl. auch: Johannes Paul II.: www.vatican.va/holy_father/john_paul_ii/encyclicals/documents/hf_jp-ii_enc_ 30121987_sollicitudo-rei-socialis_ge.html (26.02.2014). sowie Johannes Paul II.: www.vatican.va/holy_father/john_paul_ii/apost_exhortations/documents/hf_jp-ii_exh _021219 84_reconciliatio-et-paenitentia_ge.html (aufgerufen am 28.02.2014); *Ansorge,* Vergib, 461, 464 f; *Schlögl,* Heiligkeit, 492.

[61] Vgl. dazu *Werbick,* Sündige Selbstbehauptung, 125; *Ansorge,* Vergib, 467.

[62] „Bedauern über die Vergangenheit zu äußern und um Vergebung zu bitten, bedeutet nicht notwendigerweise, sich selbst für schuldig zu erklären. Es reicht, daß wir mit denen, die Falsches getan haben, in einer Art von Solidarität stehen." *Hercsik,* Schuldbe-

Schuldbegriff, wie sie Karl Jaspers vorgelegt hat, sind hier durchaus hilf-reich.[63] Sie beruhen auf einer Differenzierung von krimineller, verursa-chender Schuld und Verantwortung für die schuldhaften Taten anderer.

4. Das kirchliche Schweigen schreit zum Himmel

Liest man theologische Auseinandersetzungen zu den Themen Sünde und Schuld, so begegnet der Leserin oder dem Leser häufig die Perikope über Jesus und die Ehebrecherin, überliefert in Joh 8,1–11: „Wer von euch ohne Sünde ist, werfe als erster einen Stein auf sie" (Joh 8,7b). So wertvoll die Mahnung zur Demut und Barmherzigkeit, zur Zurückhaltung und Ur-teilsmilde ist, so scheint der Verweis auf dieses Gleichnis überaus proble-matisch angesichts der Schweigekartelle innerhalb der katholisch-hierar-chischen Kommunikationsstrukturen. Es wurde zu oft missbraucht, um die Täterinnen und Täter zu entlasten und die Opfer zum Schweigen zu brin-gen, als dass es hier noch sinnvoll angeführt werden könnte. Dass die ka-tholische Kirche mit ihrer Vertuschungspolitik ein massives Fehlverhalten zugegeben und mehrfach kundgetan hat, dass sie ihr Mitwissen zu einer Mittäterschaft gemacht hat, kann anerkennend wahrgenommen werden.[64] Schmerzlich ist, dass dies in den meisten Fällen nicht freiwillig geschah und dass die Zurückhaltung der Kirche, die Missbrauchsfälle bei staatlichen Behörden zu melden, nicht immer aus Gründen des Opferschutzes geübt wurde. Im Wunsch, die (himmlische) Kirche von (irdischer) Sünde rein zu halten, wuchs erst recht das Scheitern in der Verantwortung. Allerdings wurde inzwischen bereits Vieles in Sachen Aufklärung der Missbrauchs-fälle unternommen: Hotlines wurden eingerichtet, runde Tische ins Leben gerufen, Präventionsmaßnahmen veranlasst, psychologische Hilfe angebo-ten, Gerichtsprozesse fanden und finden statt, Strafzahlungen wurden und werden geleistet, es fanden Treffen mit den „Opfern" statt, selbst der eme-ritierte Papst hat bei seinem Deutschlandbesuch 2011 mit Opfern gespro-chen.

Es fragt sich aber dennoch, ob nicht doch weiterhin eine Tendenz der „Individualisierung der Sünde" zu beobachten ist, die die Gefahr einer mangelnden Anerkennung der eigenen Schuld mit sich bringt. Seit der Auf-deckungswelle der Gewalttaten durch den mutigen Schritt des Jesuitenpa-

---

kenntnis, 14 f.
63 S. o., Anm. 21.
64 Vgl. *Werbick,* Sündige Selbstbehauptung, 126.
65 Vgl. dazu das in diesem Heft abgedruckte Schuldbekenntnis aus diesem Gottesdienst, s.

ters und damaligen Rektors des Canisius-Kollegs in Berlin, Klaus Mertes,
im Januar 2010 ist der Schock, die Angst und der Schmerz durch die tiefen Verletzungen der Betroffenen sowie die Wut über das jahrelange Vertuschen deutlich zu spüren. Dass Gewaltverbrechen passieren, ist schlimm – dass sie vertuscht werden, dass oftmals sogar eine Täter-Opfer-Verkehrung stattfand, war für viele noch schlimmer und zerstörte das Vertrauen in die Kirche nachhaltig. Bei all dem fiel auf, dass die Rufe nach Vergebung oftmals laut wurden, bevor es zu einem Eingeständnis der Schuld kam. Hier ist der zweite Schritt vor dem ersten getan worden. Es gibt nur wenige Beispiele, in denen Repräsentanten der Amtskirche inne gehalten und den Schmerz wahrgenommen und zugelassen haben. Die Geste des Bischofs von Osnabrück ist beispielhaft hierfür.

5. „Mein Gott, ich schäme mich" – Das Schuldbekenntnis Bischof Bodes

Es war am ersten Adventssonntag 2010, dem „Jahr der Enthüllungen", als Franz-Josef Bode, Bischof von Osnabrück, mit dem gesamten Domkapitel vor 600 versammelten Gläubigen die Prostration vollzog, die nicht nur bistumsweit beeindruckt hat.[65] Während das Domkapitel um den Altar kniete, legte sich der Bischof bäuchlings vor den „Tisch des Herrn" und erinnerte damit an die bekannte Karfreitagsliturgie. Mit dieser Geste verlieh der Bischof seiner Demut und Scham als Hirte des Bistums Ausdruck. Wo Worte fehlen, wo Gräueltaten selbst einen Bischof sprachlos machen, da ließ Bode Gesten sprechen. Das Leid der Opfer wurde deutlich artikuliert, die Verfehlungen der Kirche beim Namen genannt und die eigene Betroffenheit zum Ausdruck gebracht. Bode verdeutlicht, dass er nicht anders konnte, als sich „vor den Herrn zu begeben". Mit diesem Bußakt wurden

264–266 sowie *Ulrich Waschki/Matthias Petersen:* „Mein Gott, ich schäme mich. Schuldbekenntnis wegen des Missbrauchsskandals/Bischof Bode bringt Verfehlungen der Kirche vor den Herrn, in: Kirche vor Ort 49, 05.12.2010, 11: www.kirchenbote.de/sites/ bz4.bistumspresse-zentralredaktion.de/files/images/Downloads/05_12. osnabrueck_11. pdf.
Bodes Schuldbekenntnis angesichts der Fälle sexueller Gewalttaten in der katholischen Kirche ist einmalig. Schuldgeständnisse an sich hat es im Laufe der Kirchengeschichte freilich viele gegeben; vgl. exemplarisch: Die Schuldgeständnisse Johannes Pauls II., zusammengestellt in: *Luigi Accattoli:* Wenn der Papst um Vergebung bittet. Alle „mea culpa" von Papst Johannes Paul II., Innsbruck und Wien 1999.
[66] Vgl. *Werbick,* Sündige Selbstbehauptung, 126.

die Eigenverantwortlichkeit und die eigene Bereitschaft deutlich, sich mit dem Vergehen „seiner Kirche" auseinanderzusetzen. Bode bekennt und benennt öffentlich und setzt somit ein deutliches Gegengewicht zum bisherigen Schweigen. Dabei findet er klare Worte, die die innerkatholischen ekklesiologischen Differenzen erahnen lassen: „Um des Ansehens der Kirche willen wurden Täter geschützt und Opfer ein zweites Mal geopfert." Durch das öffentliche Schuldbekenntnis zeigt Bode eindrücklich, dass er die ganze Gemeinschaft der Gläubigen seines Bistums in diesen Prozess mitnimmt, sie braucht und auf die gegenseitige Unterstützung angewiesen ist. Indem er bisher Unausgesprochenes *aus*spricht, spricht er zugleich die Gemeinde *an.* Er nimmt sie mit hinein, nimmt sie ernst, als Gläubige, als Mit-Leidende. Der Bischof wagte mit diesem Schuldbekenntnis einen Balanceakt, denn natürlich besteht bei einem solchen Akt die Gefahr der nivellierenden Verflachung. Es kommt sehr darauf an, den rechten kairos zu finden, und vor einer Inflation von Schuldbekenntnissen muss gewarnt werden.[66] Es geht darum, die eigene Schuld und diejenige derer, mit denen man in einer Gemeinschaft steht, sorgsam wahrzunehmen, sie auszuhalten, anzuerkennen und die Verantwortung für sie zu übernehmen.

Argentinische Kirche, Militärdiktatur und Demokratie

Theologische Zugänge zur Interpretation einer noch immer schmerzhaften Vergangenheit

Matías Omar Ruz[1]

1. Einführung

Wie in vielen Ländern Lateinamerikas ist die Kirche auch in Argentinien zum Garanten für die westlichen und christlichen Werte der Nation geworden.[2] Die katholische Kirche, und besonders der Episkopat, haben eine wichtige und oftmals entscheidende Rolle im Laufe der Geschichte des Landes gespielt, eine Rolle, die heute durch einen argentinischen Papst noch verstärkt wird. Diese Rolle der Kirche als sozialer Akteur lässt sich während und nach konfliktreichen Zeiten immer wieder feststellen. Im für Argentinien unruhigen 20. Jahrhundert war dies deutlich zu erkennen, wo der ständige Wechsel von demokratischen Regierungen und Militärdiktaturen eine traurige Hinterlassenschaft ist. Die Kirche hat hieran teilgenommen, ganz besonders während der letzten Diktatur (1976–1983) – in dem sogenannten „Nationalen Reorganisationsprozess" [*„Proceso de reorganización nacional"*] –, sowohl zur Legitimation des Staatsstreichs als auch bei der Suche nach einer demokratischen Lösung. In Bezug auf diese Tatsachen und während der folgenden 30 Jahre gab es ein einziges Wort, das den Diskurs des Episkopats und seine Aufarbeitung dieses Traumas zusam-

---

[1] Matías Omar Ruz ist argentinischer römisch-katholischer Priester und zur Zeit Doktorand an der Katholisch-theologischen Fakultät der Westfälischen Wilhelms-Universität Münster bei Jürgen Werbick. Er arbeitet über das Thema »Kirche und Versöhnung« unter dem Titel „Der argentinische Episkopat und das Drama der nationalen Versöhnung. Geschichte und theologische Würdigung eines ambivalenten Vorschlags".
[2] *Conferencia Episcopal Argentina (CEA):* Iglesia y Democracia en la Argentina. Selección de documentos del Episcopado Argentino. [Dokumentenauswahl des Argentinischen Episkopats]. Dokument: „Iglesia y Comunidad Nacional" [Kirche und nationale Gemeinschaft], Oficina del Libro, Buenos Aires 2006, 14–24.

menfasst: Versöhnung. Für die argentinischen Bischöfe ruht die Versöhnungsarbeit auf drei Säulen: Wahrheit, Gerechtigkeit und Liebe.[3] Diese Säulen sind fortwährend als Prinzipien gepredigt, aber nie erklärt und noch weniger auf die Situation angewendet worden, auf die sie sich ursprünglich bezogen. Aber oft sind diese Prinzipien auch durch die Kirche selbst manipuliert worden, wodurch sie einen Großteil ihrer konzeptionellen Stärke verloren haben.

Andererseits sind diese Ereignisse, und vor allem das Handeln der Kirche, offen für unterschiedliche Interpretationen, die bis heute noch sehr umstritten sind. Darum ist es erforderlich, den Gegenstand dieses Artikels etwas einzugrenzen. Erstens werde ich mich ausschließlich mit der Rolle des argentinischen Episkopats beschäftigen, und zwar aus drei Gründen: 1) weil es die einzige Institution war, die auf Augenhöhe mit der für den Staatsterrorismus verantwortlichen Militärmacht stand; 2) wegen ihrer bis heute aktiven Teilnahme am öffentlichen Leben im Land; 3) weil er bis heute das Organ ist, das die Argentinier in Bezug auf die Vergangenheit am meisten zur Versöhnung auffordert. Zweitens versuche ich eine theologische, genauer gesagt, eine ekklesiologische Interpretation vorzulegen. Aus diesem Blickwinkel heraus, und um das Handeln des Episkopats während und nach der Diktatur zu verstehen, ist es notwendig, die theologischen Grundlagen zu beschreiben, die sich in einer bestimmten pastoralen sowie politischen Praxis gezeigt haben. Beide Praktiken basieren – und das ist meine These – in der gleichen theologischen Struktur: einer auf dem Begriff der *societas perfecta* basierenden, vorkonziliaren Ekklesiologie. Hierbei war die zuweilen mühsame Rezeption des Zweiten Vatikanischen Konzils entscheidend (2.), der sich im argentinischen Kontext teilweise eine eher vorkonziliare Ekklesiologie entgegenstellte (3.). In einem letzten Schritt widme ich mich dem Konzept der Versöhnung, das von der Kirche als Interpretationsschlüssel für die Vergangenheit und Begründung einer gemeinsamen Zukunft gesehen wird (4.). Abschließend werde ich einige Anmerkungen zu Papst Franziskus machen (5.).

---

[3] Ebd., 23–24, 78–80.

[4] Es gibt zahlreiche soziologische und historische Studien über das Handeln der Kirche während der Militärdiktatur. Aber die Untersuchungen aus einer theologischen Perspektive tendieren praktisch gegen Null. Ein klassischer Text ist der von *Emilio Mignone:* Iglesia y dictadura. El papel de la Iglesia a la luz de sus relaciones con el régimen militar [Kirche und Diktatur. Die Rolle der Kirche im Hinblick auf das Militärregime], Ediciones del pensamiento nacional, Buenos Aires [2]2006. Obwohl die Publikation von Mignone grundsätzlich kein theologischer Text ist, zeigt sie doch die Notwendigkeit einer neuen Ekklesiologie auf.

2. Die sehr langsame Rezeption des Zweiten Vatikanischen Konzils in Argentinien

Einflussreiche und übereinstimmende Stimmen sagen, dass es sich bei der Rezeption des Zweiten Vatikanischen Konzils in Lateinamerika nicht um eine einfache Anwendung oder Fortsetzung der konziliaren Ideen, sondern um eine innovative Aneignung, eine originelle Neuschaffung beziehungsweise eine kreative treue Wiedergabe handelte.[5] Mehr noch, diese ganz besondere Rezeption geschah in dieser Weise wie in keiner anderen lokalen Kirche. Die Pastoralkonstitutionen *Lumen Gentium* und *Gaudium et Spes* hatten einen entscheidenden Einfluss auf die lateinamerikanische Rezeption. Für Lateinamerika war diesbezüglich die Realität der Kirche als „Volk Gottes" grundlegend. Die Rezeption bestand im Wesentlichen darin, das Volk aus der Sicht der Armen zu sehen, also *von der Rückseite der Geschichte aus*. Diesbezüglich kann man sagen, dass sich das Selbstbewusstsein einer lateinamerikanischen Kirche mit ihrer ganzen Realität und Komplexität mit der II. Generalbischofskonferenz in Medellín (1968) formierte.[6] Medellín gilt als Meilenstein für den Rezeptionsprozess des Konzils. Im Abschlussdokument spiegelt sich die vom Konzil eingeführte ekklesiologische Wende wider – vor allem die Überwindung der Vorstellung der Kirche als *societas perfecta*, die Relevanz des Begriffs „Volk Gottes" und die Aufforderung, die „Zeichen der Zeit" zu erkennen – ein Ansatz, der im lateinamerikanischen Kontext auf das gekreuzigte Gottesvolk – die Armen – bezogen ist. Die Kirche ist in Lateinamerika Zeugin des Reiches Gottes, aber in Solidarität mit den Armen. Dies hat einen besonderen ekklesiologischen Typus hervorgebracht, in der die Gemeinschaft der Gläubigen an der Seite derer steht, die leiden, vor allem an der Seite der Armen, die Opfer struktureller Sünde geworden sind.[7] Bevor dieses Handeln mit einer

---

[5] Vgl. *Margit Eckholt:* Nahe bei Gott und nahe bei den Armen. Das Konzilsjubiläum in Lateinamerika, Herder Korrespondenz 67 (2013), 24–29, 24, 25; *V. Codina:* La Chiesa in America Latina: questioni aperte. Congresso continentale di teologia di Porto Alegre [Die Kirche in Lateinamerika: offene Fragen], Il Regno, Documenti 5 (2013), 185–192, 186; *Jon Sobrino:* La Iglesia de los pobres no prosperó en el Vaticano II. Promovida en Medellín, historizó elementos esenciales en el Concilio [Der Kirche der Armen war auf dem Zweiten Vatikanischen Konzil kein Erfolg beschieden. Von Medellín gefördert, verwirklichte sie wesentliche Elemente des Konzils], Concilium 346 (2012), 395–405, 405.

[6] Die Bezeichnung „zweite" Generalkonferenz ist darauf zurückzuführen, dass CELAM (Lateinamerikanische Bischofskonferenz) während der „ersten" Generalversammlung in Rio de Janeiro (1955) noch vor dem Konzil gegründet wurde. *CELAM:* Documento conclusivo [Abschluss-Dokument], siehe: www.celam.org (aufgerufen am 15.01.2014).

[7] Vgl. Documento conclusivo [Abschluss-Dokument], Erster Teil: Über die Gerechtigkeit.

rein politischen Option verwechselt wird, muss klargestellt werden, dass diese Perspektive der Kirche eng mit einer spirituellen Erfahrung verbunden ist: mit der Identifikation Jesu Christi mit den Armen. Diese grundlegende Einsicht aus Medellín ist dann während der folgenden Bischofskonferenzen in Puebla, Santo Domingo und Aparecida erweitert worden,[8] wenn auch mit anderen Schattierungen wegen der spürbaren Kontrolle des Vatikans über die lokale lateinamerikanische Kirche, der damit vielleicht den Impuls zur Erneuerung aus Medellín zu neutralisieren versuchte.[9]

Diese Entwicklungen haben in Argentinien eine ganz eigene Resonanz hervorgerufen. Die Historiker Zanatta und Di Stefano reden mit Recht vom „unendlichen Konzil" und vom „Konzilsschmerz" der argentinischen Kirche.[10] Mit diesem Ausdruck wollen sie auf zwei Tatsachen hinweisen: Einerseits geschah die erwartete, vom Konzil versprochene Erneuerung in der argentinischen Kirche nur äußerst langsam. Das berühmte *Aggiornamento,* das Johannes XXIII. postuliert hatte, fand erst ein verspätetes Echo in Argentinien, insbesondere wegen der Zurückhaltung der eigenen kirchlichen Hierarchie. Obwohl sich einige offen den Veränderungen widersetzten,[11] gab es eine Mehrheit von Bischöfen, die der vorgeschlagenen Erneuerung eher zurückhaltend mit einer gewissen Skepsis gegenüber stand, und schließlich eine durchlässige Minderheit, die die Erneuerung noch anfeuerte.[12] Andererseits war es gerade diese kirchliche Hierarchie, der über

---

[8] CELAM-Documentos, siehe: www.celam.org (aufgerufen am 15.01.2014).

[9] Medellín war auch der Ausgangspunkt für eine der wegweisendsten Theologien, nicht nur in Lateinamerika selbst, sondern auch auf internationaler Ebene: die Befreiungstheologie. Bekannt wurde vor allem der Text des „Vaters" der Befreiungstheologie: *Gustavo Gutiérrez:* Teología de la Liberación. Perspectivas [Sígueme, Salamanca, Lima 1972, [17]2008; dt.: Theologie der Befreiung. Perspektiven, Mainz 1973].

[10] Vgl. *Roberto Di Stefano/Loris Zanatta:* Historia de la Iglesia Argentina. Desde la Conquista hasta fines del siglo XX [Geschichte der argentinischen Kirche. Von der Eroberung bis Ende des 20. Jahrhunderts], Sudamericana, Buenos Aires [2]2009, 487.

[11] Eine Schlüsselfigur, die die „Geschwindigkeit" der Rezeption des Konzils steuerte, war Kardinal Caggiano, damals Präsident der Argentinischen Bischofskonferenz (CEA) und Konzilsvater. Mit einer Widerstandshaltung gegenüber dem Erneuerungsprozess sorgten er und andere wichtige Repräsentanten für eine Zentralisierung und Neutralisierung des durch das Konzil in Gang gesetzten Prozesses, mit der Begründung, die Einheit und den Zusammenhalt innerhalb der Kirche fördern zu wollen, vgl. *Paulo Margaría:* El Concilio Vaticano II y su impacto en el campo episcopal argentino [Das II. Vatikanische Konzil und seine Auswirkungen auf den argentinischen Episkopat], Trabajo y Sociedad 18 (2012), 331–344, 336. Andererseits untergrub das *Aggiornamento* aber auch die starre theologische thomistische Form, auf der die ganze hierarchische und institutionelle Struktur der argentinischen Kirche aufbaute, vgl. *Di Stefano/Zanatta,* Historia de la Iglesia Argentina [Geschichte der argentinischen Kirche], 488.

[12] Wenngleich mit verschiedenen Nuancen, stimmen die argentinischen Soziologen doch darin überein, dass es unter den Bischöfen drei Strömungen in Bezug auf das Konzil gab:

die Jahrzehnte der 1970er und 1980er Jahre hinweg die Veränderungen, die in den Basisgemeinden schon sofort nach Beendigung des Konzils begonnen hatten, gewissermaßen „aufgezwungen" wurden. Die konziliare Erneuerung schien ihr zu riskant und darum ging sie behutsam vor, bis dahin, konziliare Richtlinien nur sehr widerwillig und auf selektive Art und Weise zu interpretieren und anzuwenden. Letztlich hatten die Vertreter der kirchlichen Hierarchie einen Kampf an der eigenen internen Front auszutragen, besonders gegen das, was sie als „Exzesse" der jungen Geistlichen einstuften (die im Allgemeinen der Bewegung der Priester für die Dritte Welt oder der Befreiungstheologie angehörten). Sie versuchten, die konziliaren Beschlüsse zu neutralisieren, wo immer sie nur konnten, vor allem aber die in Medellín übernommenen Verpflichtungen.[13]

Während dieser Entwicklungen fuhr die argentinische Kirche verstärkt fort, ihre langen und manchmal komplexen Verbindungen zum militärischen Bereich der Gesellschaft zu pflegen, die bis in die 1930er Jahre zurückreichten.[14] Ihrerseits hatten auch die Streitkräfte langsam die Vormundschaft der Nation übernommen, vor allem aber die der „katholischen" Nation. So entstand der sogenannte „Mythos der katholischen Nation", den die kirchliche Hierarchie dazu nutzte, die Identität der argentinischen Nation als tief katholisch und der westlichen und christlichen Zivilisation zugehörig zu interpretieren.[15] Darum musste jede fremde und dieses *nationale Sein* bedrohende Weltanschauung auf irgendeine Weise unterdrückt werden. Die Situation spitzte sich gegen Ende der 1960er und während der 1970er Jahre zu, als die Repräsentanten der kirchlichen Hierarchie nun auch die von den Militärs vertretene gesell-

---

die Traditionalisten (eine mächtige Minderheit), die Konservativen (die Mehrheit) und die Erneuerer (eine Minderheit), vgl. *Martin Obregón:* Entre la cruz y la es-pada. La Iglesia católica durante los primeros años del „Proceso" [Zwischen Kreuz und Schwert. Die katholische Kirche während der ersten Jahre des „Prozesses"], Universidad Nacional de Quilmes Editorial, Bs. As. 2005, 39–46. Die Minderheit der von den konziliaren Erneuerung ergriffenen Bischöfe waren eben diejenigen, die die größten Schwierigkeiten mit dem Staatsterrorismus hatten.

[13] Vgl. *Di Stefano/Zanatta,* Historia de la Iglesia Argentina [Geschichte der argentinischen Kirche], 488–489.

[14] *Loris Zanatta:* Del Estado Liberal a la Nación Católica. Iglesias y ejército en los orígenes del peronismo. 1930–1943 [Vom liberalen Staat zur katholischen Nation. Kirchen und Armee in den Anfängen des Peronismus. 1930–1943], Universidad Nacional de Quilmes, Buenos Aires 1996.

[15] *Fortunato Mallimaci/Verónica Giménez Béliveau:* Argentinien. Kirche und Katholizismus seit 1945, in: *Erwin Gatz* (Hg.): Kirche und Katholizismus seit 1945. Band 6: *Johannes Meier/Veit Straßner* (Hg.): Lateinamerika und Karibik, Paderborn 2009, 409–432.

schaftliche Diagnose teilten: Der Marxismus sei nicht nur in der Gesellschaft, sondern auch in der Kirche auf dem Vormarsch. Eben darum müsse die Nation die notwendigen Maßnahmen ergreifen, um Marxismus und Kommunismus zurückzuweisen. Die Militärs erklärten sich – ausgehend von christlichen Werten – zum Vormund der Nation, und so begann eine der blutigsten Diktaturen, die zu tausend und abertausend Toten und Verschwundenen geführt hat, darunter Bischöfe, Priester, Seminaristen, Nonnen und unzählige Laien im Verkündigungsdienst. Jeder, der sich für die Arbeit in verarmten Bereichen der Gesellschaft engagierte, wurde sofort als Marxist, Aufrührer und Guerillakämpfer verdächtigt. Es ist nicht leicht, die Rolle der Kirche in dieser Hinsicht in wenigen Worten zusammenzufassen. Einerseits müsste man sagen, dass die Bischofskonferenz eine ambivalente Rolle in ihrem Umgang mit den Diktatoren gespielt hat. Manchmal war es die Politik des Schweigens, andere Male bestimmten leise Konfrontation und Anprangerungen den Umgang der Bischöfe mit der Militär-Junta. Allerdings war die Bischofskonferenz kein einheitlicher Block, auch wenn die bischöflichen Dokumente die verschiedenen internen Stellungnahmen zu nivellieren versuchten. Es gab verschiedene Strömungen, beginnend bei denen, die eng mit den Militärs verbunden waren, bis hin zu jener kleinen Minderheit, die offen deren Methoden ablehnte.[16]

Diese Situation der katholischen Kirche hat sich, wenn auch mit Unterschieden und Schattierungen, während jener Jahre in fast ganz Lateinamerika wiederholt.[17] In diesem Zusammenhang muss aber auch gesagt werden, dass man das Beste des konziliaren *Aggiornamento* in Argentinien zwischen 1966 und 1969 erlebt hat, als der argentinische Episkopat im

---

[16] Vgl. *Emilio Mignone:* Iglesia y dictadura [Kirche und Diktatur], 205–236; *Marcos Novaro/Vicente Palermo:* La Dictadura Militar (1976–1983). Del golpe de Estado a la restauración democrática [Die Militärdiktatur (1976–1983). Vom Staatsstreich zur Wiederherstellung der Demokratie], Paidós, Buenos Aires 2003, 94–106; *L. Pérez Esquivel:* La Iglesia en Argentina durante la dictadura militar [Die Kirche in Argentinien während der Militärdiktatur], in: *Enrique Dussel/Fortunato Mallimaci et al.:* Historia general de la Iglesia en América Latina [Geschichte der Kirche in Lateinamerika], IX, Salamanca 1994. Die zweideutige und kontroverse Rolle der Apostolischen Nuntiatur wäre in diesem Zusammenhang eine separate Studie wert. Eine einzigartige Bedeutung in der Diktatur hatte auch die Rolle des Militärvikariats. Die Militärpfarrer und ihr Bischof waren überzeugt davon, dass der Staatsterrorismus auch aus christlicher Sicht zutiefst gerechtfertigt war, vgl. *Stephan Ruderer:* „Der Kaplan soll uns sagen, dass unser Kampf ein Kreuzzug ist" – Das Militärvikariat und die Diktatur in Argentinien, in: *Silke Hensel/Hubert Wolf:* Die katholische Kirche und Gewalt, Köln 2013, 145–163.

[17] *Michaela Huhn:* Stunde der Wahrheit. Lateinamerika und das Erbe der Militärdiktaturen, Herder Korrespondenz 59 (2/2005), 95–99; *Jeffrey Klaiber, SJ:* The Church, Dictatorships, and Democracy in Latin America, New York 1998.

Anschluss an die Bischofskonferenz in Medellín mit dem bekannten Dokument von San Miguel die Erneuerungslinien des Konzils übernahm und damit ganz klar eine Option für die Armen unterstützte und die strukturelle Gewalt, in die der Kontinent verstrickt war, anprangerte.[18] Eine progressive Deutung des *Aggiornamento* war möglich, so lange die eigenen kirchlichen Autoritäten den Prozess nicht bremsten. Doch genau das geschah teilweise und verstärkte sich noch in den 1970er Jahren.[19] Trotzdem schien der Episkopat bereits auseinandergebrochen zu sein. Die neue Ekklesiologie, die aus dem Konzil hervorgegangen und in Medellín kontextualisiert worden war, hatte mehrere Bischöfe angetrieben, eine andere Haltung anzunehmen. Dies spiegelte sich auch in einem zunehmend offenen und sich erneuernden Klerus wider. Dieses deutliche Anwachsen der Zahl der Sympathisanten für die konziliaren Ideen wurde schließlich das wichtigste Argument dafür, dass die Mehrheit der Bischöfe Anstrengungen unternahm, um den Vormarsch dessen zu bremsen, was sie die „marxistische Infiltration" nannten. Auf jeden Fall waren Bischöfe wie Angelelli, De Nevares, Hesayne, Zaspe, Devoto, Brasca, Ponce de León und Novak davon überzeugt, dass sich die neue Ekklesiologie nicht starr von oben nach unten durchsetze, sondern auf dem Volk aufbaute, dem Gottesvolk, das sich in jeder einzelnen lokalen Kirche auf Pilgerschaft befand. Diese Bischöfe übernahmen auch die Verteidigung der Menschenrechte, die immer mehr vom Staatsterrorismus verletzt wurden, der in die Vernichtung tausender Opfer durch die verschiedenen militarisierten Kräfte mündete. Deshalb war diese Minderheit der Bischöfe verdächtig und wurde auch von den Militärs verfolgt. Monsignore Angelelli wurde auf tragische Weise ermordet und Ponce de León starb in einem eher mysteriösen Autounfall.[20] Seit mehr als 30 Jahren wird Monsignore Angelelli zwar von einem großen Teil des lateinamerikanischen Gottesvolkes als Märtyrer verehrt, allerdings nicht von der Mehrheit seiner Brüder im Episkopat.

---

[18] *CEA,* Documento de San Miguel [Dokument von San Miguel], vgl.: www.episco-pado.org (15.01.2014).

[19] Sogar für die Vorbereitung von Puebla (III. Generalkonferenz des lateinamerikanischen Episkopats) haben einige Bischöfe ausdrücklich darum gebeten, dass es nicht zu einem „neuen Medellín" komme.

[20] Vgl. *Emilio Mignone,* Iglesia y dictadura [Kirche und Diktatur], 220–230; *Horacio Vertbisky:* El doble juego. La Argentina católica y militar [Das Doppelspiel. Das katholische und militärische Argentinien], Sudamericana, Buenos Aires 2006, 62–70, 173–183.

Es ist schwer, eine so komplexe Problematik mit so vielen Ecken und Kanten, wie es das Handeln des argentinischen Episkopats während der Militärdiktatur war, zusammenzufassen. Meines Erachtens bestand eine der größten Schwierigkeiten des Episkopats darin, dass er sich in der Praxis nicht – wie es das Konzil und Medellín in ihren Dokumenten durchaus vermocht hatten – von einem ekklesiologischen Modell der *societas perfecta* verabschieden konnte, um stattdessen ein Modell der Kirche als *communio* im Verständnis der Kirche als Volk Gottes umzusetzen. Wenn die Theologie eine Praxis hervorbringt, dann muss man sagen, dass das ekklesiologische Modell des argentinischen Episkopats dazu beigetragen hat, in eine ganz bestimmte Richtung hin zu wirken. Im Verständnis des Begriffs der *societas perfecta*, der auf Bellarmino (1592–1621) zurückgeht, verfügt die Kirche über alle Mittel, um ihre Ziele zu erreichen. In diesem Sinn ist sie perfekt, souverän, autonom, unabhängig, mit monarchischen Zügen und mit einer Autorität, die ihren Ursprung nicht in dieser Welt, sondern bei Gott hat. Eine so verstandene Kirche präsentiert sich vor der Welt und vor allem vor dem Staat als eine in sich perfekte Institution, und nimmt Beziehungen mit dem Staat auf Augenhöhe oder sogar von oben herab auf – eben weil der Staat auch eine perfekte, aber natürliche Gesellschaft ist, während die Kirche eine perfekte übernatürliche Gesellschaft darstellt.[21] Dieses Modell von Kirche hielt bis zum 19. Jahrhundert bzw. bis zur ersten Hälfte des 20. Jahrhunderts an, und es zeichnet sich sogar in den Entwürfen für das Konzil ab.[22]

Der argentinische Episkopat hielt an diesem Verständnis bis weit in das Jahrzehnt der 1990er Jahre fest. Dies bedeutete nicht, dass die konziliaren Dokumente oder jene von Medellín und Puebla (1979) nicht zur Kenntnis genommen worden wären; aber in der Praxis versuchte der Episkopat wie ein homogener Körper zu wirken – wenn auch, wie bereits gesagt, mit großen Schattierungen –, vor allem durch seine Dokumente und seine Haltung

---

[21] *Jürgen Werbick:* Kirche. Ein ekklesiologischer Entwurf für Studium und Praxis, Freiburg i. Br. 1994, 124; *Peter Hünermann:* Theologischer Kommentar zur dogmatischen Konstitution über die Kirche. Lumen Gentium, in: *Peter Hünermann/Bernd Jochen Hilberath* (Hg.): Herders Theologischer Kommentar zum Zweiten Vatikanischen Konzil, Bd. 2, Freiburg i. Br. 2004, 262–582, 296; *Medard Kehl:* Die Kirche. Eine katholische Ekklesiologie, Würzburg ³1994, 49; *Otto Hermann Pesch:* Das Zweite Vatikanische Konzil. Vorgeschichte – Verlauf – Ergebnisse – Wirkungsgeschichte, Würzburg ⁴2012, 132–137.

[22] *Syllabus:* DH 2901–2980; Concilio Vaticano I [I. Vatikanisches Konzil]: DH 3050–3075; *Pius XII.:* Mystici Corporis Christi, Enzyklika, vgl. www.vatican.va (15.01.2014).

zur Diktatur. So verhielten sich die Bischöfe auch gegenüber zivilen Autoritäten der lokalen Kirchen. Die wenig ausgeprägte Fähigkeit einerseits, die konziliare und kontinentale Erneuerung schnell genug aufzunehmen, und andererseits die Entstehung eines Teils der Guerilla, der Dritte-Welt-Priester und der kirchlichen Erneuerung der Basisgemeinden aus der Mitte des Katholizismus heraus, führten in der Gesellschaft und innerhalb eines großen Teils der Priesterschaft zu einer Art Isolierung der Bischöfe.[23] Indem er einem theologischen und pastoralen Wandel gegenüber skeptisch war, funktionierte der Episkopat gegenüber dem Staat weiterhin wie eine *societas perfecta* und zog die institutionelle Unterstützung der direkten Konfrontation vor.

In Argentinien wurde tatsächlich ein authentischer bewaffneter Konflikt ausgetragen. Die Ende der 1960er Jahre entstandenen Guerilla-Organisationen und die Zuspitzung des Konflikts mit der Regierung während der 1970er Jahre hatte zu einer blutigen Diktatur geführt. In einer Art Symbiose fühlten sich sowohl die Kirche wie auch die Streitkräfte als Garanten, Verteidiger und Säulen der „katholischen Nation", und in diesem Sinn durfte es zwischen ihnen keine Störungen geben, die die Grundlagen der authentischen Nationalität hätte zerstören können. In diesem Kontext stimmten beide Institutionen in der Diagnose überein, dass Argentinien an einer „marxistischen Infiltration" litt. Der dramatische Fehler sowohl der Militär-Junta als auch vieler bedeutender Bischöfe, die oftmals geschmierte Beziehungen zu den Streitkräften unterhielten, war die einfache *Identifikation* der Priester und Laien, die sich sozial engagierten und für die Armen einsetzten, mit Guerillakämpfern oder Marxisten. Als dann die Militärregierung die abscheuliche Praxis begann, Personen verschwinden zu lassen, gab es kein Zurück mehr. Weder die Ermordung des Bischofs Angelelli noch die so vieler Priester, Seminaristen und Laien ließ den Episkopat eine entschiedene und starke Haltung gegen den Staatsterrorismus einnehmen. Doch die mangelnde Reaktion war nicht gleichbedeutend mit absoluter Untätigkeit. Die am weitesten verbreitete Kritik lautet, dass die Bischöfe einfache „Komplizen" der Diktatur gewesen seien. Aber eine ge-

---

[23] Um nicht ungerecht zu sein, ist es immer wichtig, auf die Ausnahmen hinzuweisen, die es innerhalb des Episkopats sowohl bezüglich der Haltung gegenüber dem Staatsterrorismus als auch bei der Entwicklung einer konziliaren Seelsorge in den Diözesen gegeben hat. Herausragend war beispielsweise die Arbeit der Bischöfe Jaime De Nevares in der Diözese Neuquén, Enrique Angelelli in der Diözese La Rioja, Alberto Devoto in der Diözese Goya, José Ponce de León in der Diözese San Nicolás und später Miguel Hesayne in der Diözese Viedma und Jorge Novak in der Diözese Quilmes. Wenngleich sie auch nicht die Einzigen waren, so sind doch sie es gewesen, die am schnellsten das *Aggiornamento* übernommen und angewendet haben.

wissenhafte und ausgewogene Untersuchung kann diese Beurteilung nicht so einfach akzeptieren. Man muss zugeben, dass die Haltung der Kirche zeitweise nicht eindeutig gewesen ist, da sie eine ausdrückliche Unterstützung der totalitären Regierung begünstigt hat, einerseits aus Angst vor einer marxistischen Eskalation und andererseits wegen der Rolle, die die Militärs schon immer in der Geschichte Argentiniens sozusagen als Garanten der Verteidigung der katholischen Nation gespielt haben. Auf alle Fälle aber ließe sich das Handeln des Episkopats als *ungenügend* einstufen. Diese uneindeutige Haltung der Kirche gegenüber der Regierung ist teilweise durch die enge Beziehung zu verstehen, die beide gegenüber dem Marxismus als gemeinsamem Feind meinten aufnehmen zu müssen. Dennoch ist es auch richtig, dass der Episkopat versucht hat, an zwei Fronten tätig zu werden. Zum einen handelte er durch die Veröffentlichung von *Dokumenten*.[24] Die Dokumente haben die Besonderheit, unterschiedliche Meinungen auszugleichen, die sich innerhalb der Bischofsversammlungen bildeten. In diesem Sinn zeigen sie ein einheitliches Bild des bischöflichen Denkens, das aber so nicht stimmte, wie aus den Diskussionen zu entnehmen ist.[25] Inhaltlich verteidigen sie die Würde des Menschen, lehnen Folter ab und fordern Informationen über das Schicksal der Häftlinge und Verschwundenen. Aber niemals versuchen sie, die Arbeit der Militärs zu diskreditieren, noch den Entscheidungen der Militär-Junta zu widersprechen. Auf eine ganz andere Weise handelte der Episkopat andererseits durch *nicht-öffentliche Verhandlungen*. Dafür schuf er zunächst einen „Verbindungsausschuss", bestehend aus drei Bischöfen, dessen Aufgabe es war, sich einmal im Monat mit Vertretern der Militärregierung zu treffen, um Auskunft über Häftlinge und Verschwundene zu erhalten. Einer der repräsentativsten Bischöfe dieses Ausschusses meinte, dass diese Arbeit zu nichts geführt habe, weil die Informationen, die sie bekamen, fast gegen Null gingen.[26] Trotz der freundlichen Atmosphäre bei diesen Treffen kehrten die Bischöfe mit leeren Händen zurück. Andererseits verhandelten die Bischöfe auch in ihren eigenen Diözesen auf nicht-öffentlicher Ebene mit den lokalen Regierungen, sei es, um an Informationen zu gelangen und zu

---

[24] *CEA,* Iglesia y Democracia en la Argentina [Kirche und Demokratie in Argentinien], 644–695.

[25] Obwohl kontrovers diskutiert besteht die Besonderheit des Buches des Journalisten *Horacio Verbitsky* (El doble juego [Das Doppelspiel]) darin, dass es vertrauliche Dokumente der argentinischen Bischofskonferenz und auch des Archivs des Bistums von Goya verarbeitet hat. Darin sind vor allem Notizen von Monsignore Devoto über die Diskussionen während der Bischofsversammlungen zu finden sind.

[26] *Monsignore Laguna:* Entrevista [Interview], Mai 2010.

versuchen, Menschen aus den Gefängnissen frei zu bekommen,[27] sei es, um nichts zu tun und das Drama mit einem komplizenhaften Schweigen zuzudecken.

Der Fall Chiles bestätigt meine These: Hier wirkte sich eine andere Ekklesiologie positiv auf eine andere Praxis aus.[28] Der Episkopat in Chile hatte eine feste Haltung gegenüber dem Diktator Pinochet eingenommen. Der Erzbischof von Santiago de Chile, Kardinal Silva Henríquez, schuf sogar das „Vikariat der Solidarität", ein Komitee, das die Opfer der Repression unterstützte und begleitete. Dies war etwas, was der argentinische Episkopat ausdrücklich nicht nachahmen wollte. Zusammengefasst und immer unter Berücksichtigung der schon erwähnten Ausnahmen lautet meine These: Eine noch stark auf dem Verständnis der *societas perfecta* basierende Ekklesiologie begünstigte, dass der argentinische Episkopat eher die Beziehung zum totalitären Staat bevorzugte als eine starke und entschlossene Haltung zugunsten der Opfer einzunehmen.

4. Die Aufarbeitung der Vergangenheit hat einen Namen: Versöhnung

Ab 1981 – als schon das Ende der Militärdiktatur abzusehen war –, insbesondere durch die Veröffentlichung des wichtigen Dokuments „Kirchen und nationale Gemeinschaft", hat der argentinische Episkopat klar die Notwendigkeit artikuliert, aus dem militärischen Prozess auszusteigen und die Phase der Demokratie einzuläuten. Dieser Wunsch wurde von einer tiefen Sehnsucht nach nationaler Versöhnung begleitet. Damit wurde sowohl die Haltung der Bischöfe in Bezug auf die Vergangenheit beschrieben als auch der Wunsch nach einer friedvollen Zukunft aller Argentinier ausgedrückt. Zum einen besitzt der Begriff Versöhnung einen bedeutenden theologischen Inhalt: Wenn das Evangelium für die Heilsgeschichte dessen steht, der uns mit Gott und unseren Geschwistern versöhnt hat, muss die Kirche – *sacramentum communionis* zwischen Gott und den Menschen – die Versöhnungsarbeit in der Welt als Teil ihres Dienstes begreifen. Somit kann sie nicht anders als sich mit den von Gott privilegierten Menschen, den Traurigen, Opfern und Unterdrückten, zu solidarisieren und zu versuchen, mit allen Kräften nach Frieden zu trachten. Zum anderen hat der Begriff

---

[27] *Monsignore Hesayne:* Entrevista [Interview], Juni 2010; *Miguel Baronetto* (ehemaliger politischer Häftling): Entrevista [Interview], Mai 2010.

[28] Man kann den chilenischen Entwurf über die Kirche zu Rate ziehen, der in Vorbereitung des Konzils entstanden ist und der später in Medellín und Puebla aufgenommen wurde; *Peter Hünermann:* Theologischer Kommentar, 337–344.

eine starke soziale Prägung: Es handelt sich nicht um die gegenseitige Vergebung, die sich zwei Menschen in einem Konflikt gewähren können, sondern um einen weitreichenderen Prozess, in dem es Opfer und Täter gibt und in dem die Grenzen zwischen den Parteien nicht immer so klar zu erkennen sind und im Laufe der Zeit hin und her schwanken.

Diese theologischen Überlegungen können als Grundlage begriffen werden, auf der die Kirche Stellung gegenüber der Gesellschaft zu den Konflikten bezieht. Dies sollte dann aber nicht die Rolle eines über der Realität stehenden Akteurs einnehmen, sondern sich als ein Teil der Realität verstehen. In diesem Sinn kann die Kirche nicht eine von den Problemen unangetastete Wirklichkeit sein. Dies ist auch die theologische und praktische Schwierigkeit des Verständnisses der Kirche als *societas perfecta,* in dem sich die Kirche klar von der Welt und der in ihr Unterdrückten zu unterscheiden und somit zu entfernen sucht. Eine damit verbundene Problematik ist der Begriff „Neutralität", die eine Institution in einem Konflikt annehmen kann. Wenn aber ein Versöhnungsprozess aus einer neutralen Position zwischen den Parteien initiiert wird, so ist dies nichts anderes als eine implizite Unterstützung des Stärkeren im Konflikt. Friedensexperten sprechen daher nicht von Neutralität, sondern von „Allparteilichkeit". Es geht also nicht um eine absolute Neutralität, sondern darum, den schwachen Teil im Konflikt begleiten und stärken zu können, um zu einer Lösung und einer möglichen Versöhnung zu kommen, die von gegenseitiger Anerkennung getragen ist.[29] Zweifellos ist diese Versöhnungsarbeit schwer, besonders dann, wenn es tiefgreifende Menschenrechtsverletzungen gegeben hat.

Dies ist das Dilemma, in dem sich die argentinische Kirche während der letzten drei Jahrzehnte befand und befindet. Die Opfer werden immer der schwächere Teil in einem Konflikt sein. Aber als sich Opfer und Täter an die Kirche wandten, um ihre je eigenen Interessen in der Lösung des Konfliktes durchzusetzen, hatte das die traurige Konsequenz, dass weder die Opfer noch ihre Verwandten angehört wurden. Hingegen hat die Kirche immer ihre Beziehungen mit den De-facto-Regierungen gepflegt, auch wenn sie Täter waren. Um 1979 hat Monsignore Jaime De Nevares, einer der sehr wenigen Bischöfe, die immer auf der Seite der Opfer gestanden haben, die anderen Bischöfe darauf aufmerksam gemacht, dass, wenn die CEA keine eindeutige Haltung zugunsten der Opfer und gegen die Menschenrechtsverletzungen einnehme, sie von der Geschichte verurteilt wer-

---

[29] *Leo Montada/Elisabeth Kals:* Mediation. Ein Lehrbuch auf psychologischer Grundlage, Weinheim 2007, 46.

den würde. Und dies ist, so meine ich, das große Stigma und die große Schuld der Kirche in Argentinien, nicht nur den Opfern gegenüber, sondern auch gegenüber der gesamten Gesellschaft. Ausgehend von einer Erklärung des schon verstorbenen Diktators Rafael Videla – in der er auf die von der Kirche erhaltene Unterstützung für das diktatorische Regime hingewiesen hatte –,[30] schickte im Jahr 2012 eine Gruppe von 349 Laien einen suggestiven Brief an den Episkopat, in dem sie darum bat, Stellung zu Videlas Erklärungen zu nehmen, der darin auch den Vorwurf der Komplizenschaft der Kirche mit der Diktatur klar in den Raum gestellt hatte.[31] Der Episkopat äußerte sich schließlich mit der Veröffentlichung eines unzulänglichen Dokuments, das stark von der Öffentlichkeit kritisiert wurde.[32] Darin sprachen die gegenwärtigen Bischöfe die früheren Bischöfe von dem Vorwurf der Komplizenschaft frei und versprachen eine ernste, diese Geschehnisse aufklärende Untersuchung. Einmal mehr predigte der Episkopat Versöhnung, aber ohne zu erklären, was genau dies bedeutet, noch welche Schritte man einschlagen sollte, um sie zu erreichen. Der Episkopat nimmt also immer noch die Notwendigkeit zur Versöhnung wahr, ohne Möglichkeiten aufzuzeigen, wie sie erreicht werden könne.

Meines Erachtens steht der Kirche noch ein enormes Potential zur Verfügung, um eine vermittelnde Rolle einzunehmen und die so lang ersehnte Versöhnung zu fördern, die sie nicht müde wird zu verkünden. Auch wenn schon viele Jahre seit diesen Ereignissen vergangen sind, ist es noch nicht zu spät. Um die eigene Haltung in dieser konkreten Problematik vor der Gesellschaft zu legitimieren, ist eine neue Bitte um Vergebung notwendig. Dies setzt zweierlei voraus: Erstens einen geistigen Wandel. Der Episkopat muss sein Verständnis von Neutralität und seine eigene Ekklesiologie überarbeiten. Sein Argument, *dass es auf der einen und wie auf der anderen Seite Verantwortungen, Ausschreitungen und Verbrechen gegeben hat,* ist unhaltbar. Dies würde nur die „Theorie der zwei Dämonen" weiter nähren, gewissermaßen so, als sei die von der einen und der anderen Seite ausgeübte Gewalt vergleichbar und auf eine Stufe zu stellen. Es stimmt, dass die Guerilla Schaden angerichtet und viele Menschen getötet hat, und

---

[30]   *Ceferino Reato:* Disposición final. La confesión de Videla sobre los desaparecidos [Endgültige Bestimmung. Das Geständnis Videlas über die Verschwundenen], Buenos Aires 2012, 249–274.

[31]   *Diario Página/12* (23.09.2012), Repudio y pedido de verdad [Ablehnung und Sehnsucht nach Wahrheit]; siehe: www.pagina12.com.ar/ (aufgerufen am 15.01.2014).

[32]   *CEA* (09.11.2012): La fe en Jesucristo nos mueve a la verdad, la justicia y la paz" [*Der Glaube an Jesus Christus führt uns zu Wahrheit, Gerechtigkeit und Frieden*]; siehe: www.aica.org (aufgerufen am 15.01.2014).

es stimmt auch, dass jedes Leben – sei es auf der einen oder der anderen Seite – gleich viel wert ist, aber trotzdem darf der Staat niemals weder töten noch foltern. Und erst recht nicht Unschuldige verschwinden lassen oder Kinder entführen. Hier hat eine neutrale Haltung einfach keinen Platz. Zweitens muss die Kirche alle Informationen offen legen, die sie besitzt. So wie sie es selbst predigt, sind Wahrheit und Gerechtigkeit die Säulen der Versöhnung. Im Blick auf die Wahrheit, muss der Episkopat alle möglichen Informationen bereitstellen und mit dem gegenwärtigen Staat zusammenarbeiten, um die Tatsachen weiter aufzuklären, Opfer und ihre Angehörigen zu würdigen und zur Bestrafung der Schuldigen beizutragen. Nach dem Staat ist die katholische Kirche eine der Institutionen in Argentinien, die am meisten Information über jene Sachverhalte und die spätere Entwicklung besitzt.

Ausgehend von diesen beiden Punkten eröffnet sich der Kirche eine Reihe von praktischen und vor allem realen Möglichkeiten, um ihre Mittlerrolle in Bezug auf die Versöhnung auszuüben. Sie kann zum Beispiel Räume eröffnen für den Dialog zwischen den verschiedenen sozialen Akteuren, um eine konkrete Annäherung von Opfern und Menschenrechtsorganisationen zu fördern, ein Verantwortungsbewusstsein und Reue unter den Tätern zu schaffen sowie öffentlich das Sakrament der Erinnerung zu feiern, d. h. die Eucharistie als Mittel zur Vergegenwärtigung der Abwesenden aus der Vergangenheit ernst zu nehmen. Aber wenn es etwas gibt, was die Kirche heute in Richtung Aufklärung der Tatsachen tun kann, dann muss es das sein, dass sie ihre zur Verfügung stehenden Informationen bereitstellt. Der Episkopat scheint das Verständnis der *societas perfecta* überwunden und den Begriff *Volk Gottes* angenommen zu haben. Dieser geistige Wandel, der bei den pastoralen Prozessen in Argentinien festzustellen ist, muss sich noch deutlicher auf die nationale Versöhnung beziehen, damit eine korrekte Aufarbeitung der Vergangenheit wirklich die Grundlage für eine gemeinsame Zukunft unter ein und demselben Himmel sein kann.

5. Schlussfolgerungen: Kann Papst Franziskus die Versöhnung in Argentinien fördern?

Offensichtlich war die Wahl von Kardinal Bergoglio zum Papst eine freudige und unerwartete Überraschung in Argentinien, aber gleichzeitig auch eine unangenehme Überraschung für seine Kritiker. Sein umstrittenes Handeln während der argentinischen Militärdiktatur – vor allem in Bezug auf Entführung und Folterungen der Jesuiten Yorio und Jalics, deren Vorge-

setzter Bergoglio war – entbehrt einer zumindest mittelmäßigen Eindeutig-
keit, um eine lückenlose Interpretation dieser Ereignisse vornehmen zu
können.[33] Die Erklärung des Vatikan-Sprechers Federico Lombardi, mit der
er Franziskus von allen Anschuldigungen, die ihm vorgeworfen werden,
frei spricht, scheint nicht genug zu sein. Für seine Kritiker sind auch die
Begründungen der Vorwürfe in einigen Fällen nicht genug, auch wenn sie
plausibel erscheinen, um aus dem Papst einen Geistlichen mit allen Ehren
im Gewand eines Komplizen zu machen, wie es viele andere Priester und
Bischöfe bewiesenermaßen gewesen sind.[34] Zunächst einmal sind sowohl
der Papst wie der Vatikan-Sprecher der journalistischen Explosion über das
Thema entgegengetreten, indem sie von einer Verleumdungskampagne
sprachen.[35]

Es muss daran erinnert werden, dass Franziskus über zwei Perioden
hinweg Vorsitzender der Argentinischen Bischofskonferenz (2005–2011)
war und dass während dieser Zeit an den Staatsstreich vor 30 Jahren sowie
auch an den vor 30 Jahren begangenen Mord an Monsignore Angelelli erinnert wurde. Bei beiden Gelegenheiten hat der Episkopat mangelhafte Dokumente veröffentlicht, die von der Öffentlichkeit sehr kritisiert worden
sind. Der aktuelle Papst hat also in Argentinien eine wichtige Rolle für die
Interpretation der Vergangenheit gespielt. Dies gilt insbesondere, wenn
man bedenkt, dass Bergoglio schon seit 1992, als er zum Bischof geweiht
wurde, an den Versammlungen der CEA teilnahm. Wenn es keine Versöh-

---

[33] Sein Handeln reiht sich in die Haltung der meisten Bischöfe dieser Zeit ein: Keine Verurteilung des diktatorischen Regimes, keine direkte Konfrontation, das diplomatische
Schweigen einhalten, wenn es die Situation so erfordert und allenfalls nicht-öffentliche
Verhandlungen führen. Eine vielfach kritisierte Haltung. Bergoglio war zu jenen Zeiten
Jesuiten-Provinzial, eine Funktion, die sehr gut – wenn auch mit Nuancen und Unterschieden – mit der eines Bischofs gleichgestellt werden kann. Über den Fall Yorio und Jalics (der noch in Süddeutschland lebt), vgl. *Emilio Mignone,* Iglesia y dictadura [Kirche
und Diktatur], 146; *Horacio Verbitsky,* El doble juego [Das Doppelspiel], 71–78; *Francisco Jalics:* Ejercicios de contemplación. Introducción a la forma de vida contemplativa
y a la invocación a Jesús [Einübung in die Kontemplation. Einführung in das kontempla-
tive Leben und die Anrufung Jesu], Buenos Aires 1995, 283–284. Die Rechtfertigung des
Kardinal Bergoglio gegen diese Beschuldigungen sind im folgenden wichtigen Interview
zu finden: *Sergio Rubín/Francesca Ambrogetti:* El jesuita. La historia de Francisco,
el Papa argentino [Der Jesuit. Die Geschichte von Franziskus, dem argentinischen Papst],
Buenos Aires 2013, 145–157. Eine eher unvoreingenommene Sicht über das Thema bietet *Veit Straßner:* Der argentinische Papst. Zur Ambivalenz von Kirche und Macht in Lateinamerika, Blätter für deutsche und internationale Politik (5/2013), 103–112.
[34] *Emilio Mignone,* Iglesia y dictadura [Kirche und Diktatur], 23–48.
[35] *Vatican Insider* (15.03.2013): Ningún vínculo del Papa con la dictadura argentina [Keine
Beziehung des Papstes zur argentinischen Diktatur], vgl. vaticaninsider.lastampa.it (aufgerufen am 15.01.2014).

nung ohne Wahrheit und ohne Gerechtigkeit gibt, dann muss gesagt werden, dass Papst Franziskus jetzt eine einzigartige Gelegenheit hat, mit der Aufklärung der Geschichte voranzuschreiten, insbesondere mit dem leidvollen Schicksal der in Haft geborenen und ihrer Mütter beraubten Kinder. Der Papst wünscht nicht nur eine andere Kirche, er besitzt auch die geeigneten Mittel, um sie zu realisieren. Somit steht dem Papst vor allem hinsichtlich der Versöhnung ein wichtiges Instrument zur Verfügung: die vatikanischen Archive. Dort gibt es viele Informationen, die dazu beitragen könnten, Licht in das Dunkel unserer Geschichte zu bringen. Wenn andererseits der argentinische Episkopat das 2012 veröffentlichte Dokument (vgl. Anmerkung 32) ernst nimmt, in dem gesagt wird, dass die Kirche noch eine umfassende Untersuchung der Tatbestände schuldig ist, und in dem die Forscher ermutigt werden, tiefer in die Wahrheit der Vergangenheit einzudringen –, dann müsste der Episkopat selbst den Papst bitten, mit der Untersuchung weiter voranzuschreiten.

Im vergangenen Jahr haben die Großmütter der Plaza de Mayo Papst Franziskus besucht. Sie baten ihn nochmals, dass er doch bei der Aufklärung des Schicksals der geraubten Babys und der in Haft geborenen Enkel helfen möge. Der Papst versprach, sein Möglichstes zu tun. Ein Versprechen, auf dessen Erfüllung die Großmütter hoffen. Wenn diese Zusammenarbeit zwischen Kirche und Gesellschaft in die Praxis umgesetzt würde, wären wir in der Lage, einmal mehr zu bestätigen, dass Versöhnung ein mögliches Ideal ist, das man in kleinen Schritten aufbauen kann, wenn es wirklich den festen Willen gibt, Frieden zu erlangen.

Übersetzung aus dem Spanischen:
Ruth Schwittay, Annegreth Schilling

Vergebung entschuldigt nicht

Zur Rolle der evangelischen Kirchen in der DDR

Curt Stauss[1]

1. Einleitung

„Was ist in unserer Kirche los, die so viel von Gnade und Schuldvergebung spricht? Wenn Schuld konkret beim Namen genannt wird, erweisen wir uns als selbstgerechte Pharisäer, die schnell ein Urteil über andere sprechen, oder wir verharmlosen, leugnen ab, fühlen uns verkannt, wenn es um unser Versagen geht." So schreiben die Mitglieder des Synodenausschusses zur Stasi-Überprüfung der Mitarbeiter in der Kirchenprovinz Sachsen (KPS)[2] in ihrem vorläufigen Abschlussbericht im November 1995.[3]

Vorausgegangen war die Bitte an die haupt-, neben- und ehrenamtlichen Mitarbeiter, sich auf freiwilliger Basis überprüfen zu lassen (KPS-Synodenbeschluss November 1991), sodann der Beschluss, die Hauptamtlichen einer Regelüberprüfung zu unterziehen (Synode Herbst 1993). Nur verhältnismäßig wenige Haupt- und Ehrenamtliche wurden der Zusammenarbeit mit dem Ministerium für Staatssicherheit (MfS) überführt. Aber die Gespräche des Überprüfungsausschusses – persönliche, seelsorgerliche Gespräche und das Angebot, die Betroffenen zu Gesprächen in ihren Gemein-

---

[1] Pfarrer Curt Stauss ist Studienleiter für den Arbeitsbereich Theologie & Kultur & Politik an der Evangelischen Akademie Sachsen-Anhalt und Beauftragter der EKD für Seelsorge und Beratung von Opfern der SED-Kirchenpolitik.

[2] Die Evangelische Kirche der Kirchenprovinz Sachsen war eine der großen Landeskirchen in der DDR mit Konsistorium und Bischofssitz in Magdeburg. Mit der Evangelisch-Lutherischen Kirche in Thüringen schloss sie sich 2012 zur Evangelischen Kirche in Mitteldeutschland (EKM) zusammen.

[3] 4. Tagung der XII. Synode der Evangelischen Kirche der Kirchenprovinz Sachsen, 16.–19. November 1995 in Halle/Saale: Sachstandsbericht zur Arbeit des Ausschusses zur Überprüfung von Fragen einer Mitarbeit beim ehemaligen Staatssicherheitsdienst, in: Die Zeichen der Zeit (1997), Beiheft 1, 43.

den zu begleiten – verliefen so schwierig, dass der Ausschuss zu dem Stoß-
seufzer kam: „Was ist in unserer Kirche los …?"

Nicht wesentlich anders klingt der Bericht über das etwas anders ge-
ordnete Überprüfungsverfahren in der Evangelisch-Lutherischen Kirche in
Thüringen: „Rückblickend muss gesagt werden, dass trotz intensiver Arbeit
von Landesbischof, Überprüfungsausschuss und Landeskirchenrat und trotz
unzähliger Gespräche sowie eines im Herbst 1995 vom Landesbischof vor
der Landessynode gegebenen Zwischenberichts nicht festgestellt werden
kann, dass eine offene, gerade bei den Opfern Vertrauen schaffende Aufarbeitung gelungen ist."[4] Immerhin ist unterdessen intensiv geforscht worden, zu prominenten Personen ebenso wie zu umstrittenen Ereignissen ist
eine umfangreiche Literatur entstanden.[5]

2. Stasi-Aufarbeitung in den Kirchen

Die acht ostdeutschen evangelischen Landeskirchen haben die Stasi-
Überprüfungen unterschiedlich geregelt. In einigen Kirchen gab es sogleich
Vertrauensausschüsse, die allerdings kaum in Anspruch genommen wurden.
Daraufhin haben die Kirchenämter bzw. Landessynoden Regelüberprüfungen
(zumeist für alle Hauptamtlichen im Verkündigungsdienst, für die Kirchenbe-
amten, die Synodalen, die Kirchenältesten) festgelegt. Dies geschah in einem
Klima erheblicher Anschuldigungen, von Kirchenhistorikern wie Gerhard
Besier über den letzten DDR-Innenminister Diestel und Mitarbeiter der Bun-
desbehörde für die Stasi-Unterlagen bis zu Boulevardzeitungen: Hochrech-
nungen über die Stasi-Verstrickung der Kirchen nannten „3/4 aller Hauptamtlichen" oder „1.500 bis 3.000" oder auch „4,7 Prozent" als vom MfS als

---

[4] *Walter Weispfenning,* Der Umgang mit MfS-Belastungen kirchlicher Mitarbeiter in der
Ev.-Luth.Kirche in Thüringen, Eisenach 2006, epd-Dokumentation 40 (2006), 10.

[5] Ausführlich zur Stasi-Aufarbeitung der evangelischen Landeskirchen in der DDR vgl. *Harald Schultze:* Stasi-Belastungen in den Kirchen? Die Debatten in den Evangelischen Kirchen zu Befunden und Unterstellungen (1990–1996), in: Kirchliches Jahrbuch 1996,
Gütersloh 2000, 283–407. Einige Beispiele: *Edda Ahrberg:* IM „Raucher". Die Zusammenarbeit eines Studentenpfarrers mit dem Ministerium für Staatssicherheit, LSTU Sachsen-Anhalt, Magdeburg 1997; *Hedwig Richter:* Pietismus im Sozialismus. Die Herrnhuter Brüdergemeine in der DDR, Göttingen 2009; Das Signal von Zeitz. Reaktionen der
Kirche, des Staates und der Medien auf die Selbstverbrennung von Oskar Brüsewitz
1976. Eine Dokumentation, Leipzig 1993; *Walter Schilling:* Die „andere" Geschichte,
Erfurt 1993; *Friedemann Stengel:* Partizipation an der Macht. Zur Motivlage Inoffiziel-
ler Mitarbeiter des Ministeriums für Staatssicherheit an den Theologischen Fakultäten
der DDR, in: ZThK106 (2009), 407–433.

IM geführte kirchliche Mitarbeiter. So stürzte die Kirche innerhalb weniger Wochen von „Helden der Wende" zu „Handlangern der Stasi" in der öffentlichen Gunst ab. Die kirchlichen Regelüberprüfungen ergaben entgegen solchen Schlagzeilen eine relativ geringe Zahl von Stasi-Mitarbeitern in den ostdeutschen Landeskirchen.

Folgende Zahlen liegen vor: *Anhalt:* 1 Amtsenthebung, 1 Verweis, 1 Missbilligung, 1 Verzicht auf Beamtenstatus; *Berlin-Brandenburg:* 6 Amtsenthebungen, 3 Verweise, 2 Missbilligungen; *Kirchenprovinz Sachsen (KPS):* 1 Ausscheiden aus dem Amt, 1 Entfernung aus dem Dienst, 2 Amtsenthebungen mit Sperrfrist 2 Jahre; *Mecklenburg:* 1 Entfernung aus dem Dienst, 1 Amtsenthebung mit Sperrfrist 5 Jahre; *Pommern:* 1 Amtsenthebung mit Sperrfrist 2 Jahre, 1 Fall nicht abgeschlossen wegen Krankheit; *Schlesische Oberlausitz:* 1 Verweis, 1 nicht abgeschlossen; Sachsen: 5 Entlassungen aus dem Dienst, 3 Versetzungen in den Wartestand, 5 verhandlungsunfähig (Ruhestand, krank), 1 Amtsenthebung, 1 Verweis; ein Verfahren konnte durch den Suizid des Amtsträgers nicht abgeschlossen werden; *Thüringen:* 3 Entlassungen, 2 Versetzungen in den Wartestand, 2 Versetzungen in den Ruhestand, 3 Ausscheiden aus dem Dienst vor der Entlassung, 4 Missbilligungen, 5 entlastet, da Dekonspiration vor 1989; in 3 Fällen Tod vor Abschluss der Entscheidung.[6]

Die Verfahren wurden nach rechtsstaatlichen Kriterien durchgeführt (dazu gehörte etwa die Einzelfallprüfung), die Urteile erfolgten auf der Basis des kirchlichen Disziplinarrechts durch die unabhängigen Kirchengerichte. Einige Urteile, die ursprünglich strenger ausgefallen waren, wurden durch die Berufungsinstanz (das Kirchengericht des jeweiligen kirchlichen Zusammenschlusses der lutherischen Kirchen bzw. der Evangelischen Kirchen der Union) teilweise zurückgenommen. Wie sind diese Zahlen zu bewerten? 1989 gab es ca. 4.000 evangelische Pfarrerinnen und Pfarrer in der DDR; ca. 1.000 Kirchenbeamte, leitende Mitarbeiter in kirchlichen Behörden und in Synoden sind dazuzurechnen; erweitert man den Kreis um die Synodalen und um die Kirchenältesten, wird diese Zahl erheblich größer. So käme man zu geschätzten ein bis zwei Prozent der haupt- und ehrenamtlichen kirchlichen MitarbeiterInnen, die als IM, in einigen Fällen bezahlt, in einigen Fällen gar als OibE (Offizier im besonderen Einsatz) mit dem MfS zusammengearbeitet haben.[7] Jeder dieser Fälle ist, zumal wenn er mit der Verletzung

---

[6] Alle Angaben nach: Die kirchlichen Überprüfungsverfahren: Rahmenbedingungen und Ergebnisse, hg. v. *Ludwig Große/Harald Schultze/Friedrich Winter*, in: Die Zeichen der Zeit (1997), Beiheft 1, 3–19.

[7] *Friedemann Stengel:* Aufgearbeitete Vergangenheit? Kirche in der DDR als Problem der Kirche heute, in: *Michael Domsgen/Dirk Evers* (Hg.), Herausforderung Konfessionslosigkeit. Theologie im säkularen Zeitalter, Leipzig 2014, 109–147, hier 120. Der Verf.

nicht nur der dienstlichen, sondern der seelsorgerlichen Schweigepflicht verbunden war, ein schwerer Vertrauensbruch. Diese geschätzten Zahlen freilich sind aus zwei Gründen nicht belastbar: zum einen sind nicht alle Überprüfungsverfahren zum Zeitpunkt des Berichts (1995) abgeschlossen gewesen; nach diesen ersten Berichten gab es bis heute keine systematische und flächendeckende Zusammenfassung von Nachüberprüfungen.

Angesichts der in den Ordinationsvorhalten bzw. den dienstlichen Verpflichtungen der Haupt- und Ehrenamtlichen in der Kirche ausgesprochenen besonderen Loyalität gegenüber der Kirche, angesichts der dienstlichen und besonders der seelsorgerlichen Schweigepflicht, angesichts der in den Kirchen in der DDR immer wieder abgenommenen Verpflichtung, Stasi-Kontakte sogleich den kirchlichen Dienstvorgesetzten oder dem zuständigen Pfarrer zu melden,[8] ist die Tatsache, dass es kirchliche Stasi-Mitarbeiter gab, belastend. Angesichts von mehreren hundert IM-Vorläufen ohne Ergebnis – d. h. die damals vom Stasi Geworbenen zeigten Zivilcourage und verweigerten die Mitarbeit! – und angesichts der aufwendigen Aktivitäten des MfS gegenüber der Kirche als der einzigen staatsunabhängigen Institution in der DDR erscheint der Erfolg des MfS, in die Kirche einzudringen, eher gering. Belastend ist freilich, dass kaum einer der so Belasteten sich von selbst offenbarte; und mehr als belastend erscheint es, dass nicht wenige der Pfarrer, die als IM tätig waren, ihre z. T. langjährige Kollaboration und Konspiration damit begründeten, in ihrem Führungsoffizier einen einfühlsamen Gesprächspartner gefunden zu haben.[9]

Die Frage nach der Schuld der Kirche ist freilich mit der Beschreibung ihrer Aufarbeitungsbemühungen – zumal konzentriert (und beschränkt) auf die Stasi-Überprüfungen[10] – nicht ausreichend beantwortet; ja, sie ist damit noch gar nicht wirklich in den Blick gekommen.

---

verzichtet in diesem derzeit aktuellsten Text zum Thema auf belastbare Zahlenangaben von Stasi-Mitarbeitern in der Kirche.

[8] Dazu s. *Weispfenning,* Umgang, 8 (s. Anm. 4).

[9] Ebd., 45 (Abschlussbericht).

[10] Dieser Sündenbock-Mechanismus, mit dem alte Parteikader schon im Dezember 1989 „die Partei retten" sollten, wurde beschrieben von *Michael Beleites:* Heimliche Machthaber oder missbrauchte Abhängige? Zur Rolle der inoffiziellen Stasi-Mitarbeiter vor und nach der Wende, in: Politische Diakonie. Die Kirchen und der Herbst 1989, in: Ev. Th. 70 (2010), 106–115.

3. Rolle und Funktion der Kirche in der DDR: Eine primär geistliche Frage

Werner Krusche[11] hat eine wesentliche Frage schon 1991 so gestellt: „Die Bußfrage an uns ist von daher nicht, ob wir uns darin getäuscht haben, dass der Sozialismus reformabel sei, sondern ob er in uns einer Kirche begegnet ist, die sich von Christus hat reformieren lassen zur grenzüberschreitenden Liebe, zur Solidarität mit den Schwachen und Ohnmächtigen, zur Stätte des freien Wortes und des radikalen Fragens, zur Bereitschaft, sich um des Menschen willen aufs Spiel zu setzen."[12]

Ebenfalls schon 1991 notiert Michael Beintker: „Mit Recht fragen sich kirchliche Gremien, Synoden und Kirchenleitungen, wo sie zu vertrauensselig waren, wo sie viel zu einseitig der kirchenpolitischen Diplomatie vertrauten, wo sie über erkennbare Verletzungen von Recht und Humanität hinwegsahen, weshalb sie viel zu wenig analysierten, weshalb sie leichtfertig über ihre eigenen finanziellen Möglichkeiten lebten, weshalb sie nicht widersprachen, als sie wegen ihres vordergründig glaubwürdigeren Christseins in der Ökumene gerühmt wurden."[13]

Beintker fährt fort: „Man muß deshalb nicht übersehen, daß auch viele gute Erfahrungen benennbar sind und daß das Engagement der Kirchen im Herbst und Winter 1989/90 auch etwas über ihren Gewinn an gesellschaftspolitischer Sensität, die zur rechten Zeit wirksam werden kann, aussagt."

---

[11] Er gehörte zu denen, die in den 1950er Jahren als Ostdeutsche im Westen studiert hatten und eine akademische Karriere im Westen aufgaben, um dem Pfarrermangel im Osten abzuhelfen; er war nach Jahren als theologischer Lehrer von 1968 bis 1983 Bischof in Magdeburg und von 1981 bis 1983 Vorsitzender der Konferenz der Evangelischen Kirchenleitungen in der DDR.

[12] *Werner Krusche:* „Denkt daran, daß im Herrn eure Mühe nicht vergeblich ist" (1. Kor 15,58). Rückblick auf 21 Jahre Weg- und Arbeitsgemeinschaft im Bund. 3. Tagung der VI. Synode des Bundes der Ev. Kirchen, 22.–24. Februar 1991 in Berlin, Vorlage Nr. 4,41 f (Abschnitt 6.4.).

[13] *Michael Beintker:* Die Schuldfrage im Erfahrungsfeld des gesellschaftlichen Umbruchs im östlichen Deutschland. Annäherungen, in: KZG 4 (1991), 445–461, hier 459. Was die Wertschätzung unseres christlichen Zeugnisses in der Ökumene und unser widersprüchliches Empfinden angeht, dafür gibt *Christoph Hinz,* damals Rektor des Pastoralkollegs in Gnadau, dann Propst in Magdeburg und Teilnehmer der 5. Vollversammlung des ÖRK in Nairobi, ein eindrückliches Beispiel: „Wo ist der Christus der Armen im Zentrum der Reichen?" Er fragt im Anschluss an eine kontroverse Helsinki-Menschenrechts-Debatte nach dem Vortrag von McAffee Brown: „Wie haben wir in ökumenischen Begegnungen von Schwierigkeiten und Härteerfahrungen des Christseins in unseren sozialistischen Gesellschaften zu sprechen, so dass es ohne alle Dramatisierung angemessen und zugleich glaubwürdig den Ärger über sogenannte ,Schweigezonen' abbaut?" in: „... wenn nicht DEIN Angesicht voran geht ..." 1. Nachtrag aufgearbeiteter Skripten, Typoskript 2/2005, 3.

Hier ist insbesondere die Ökumenische Versammlung zu nennen: Sie umfasste, als sie 1987 das erste Mal zusammentrat, alle christlichen Konfessionen und Vertreter der Kirchenleitungen wie der gesellschaftskritischen Gruppen. Die dreizehn Arbeitsgruppen der Versammlung verfassten Ergebnistexte, die in der dritten Tagung Ende April 1989 wieder in Dresden verabschiedet und den Kirchen übergeben wurden. Der Inhalt wurde in drei „vorrangigen Verpflichtungen" gebündelt:

– Gerechtigkeit für alle Benachteiligten und Unterdrückten zu schaffen,
– dem Frieden mit gewaltfreien Mitteln zu dienen,
– Leben auf dieser Erde zu schützen und zu fördern.[14]

Die Beschlüsse der Ökumenischen Versammlung wurden von den beteiligten Kirchen im Frühjahr und Sommer 1989 in aller Form übernommen – und sie tauchten als überraschende Inhalte, als Zitate im Herbst '89 in den Programmen der neuen wie auch der etablierten Parteien auf! Die Rolle der Ökumenischen Versammlung für die friedliche Revolution in der DDR ist nicht gering anzusetzen; aber zugleich ist jetzt, 25 Jahre später, danach zu suchen, was unabgegolten blieb, was vergessen wurde, was wir aufgegeben haben:[15] auch dies ist eine Aufgabe des Themas „Die Kirchen und ihre Schuld". Diese Frage wird hier am Schluss dieses Beitrages wieder aufgenommen werden.

Die (selbst-)kritischen Fragen zur Rolle der Kirche in der DDR, wie Werner Krusche und Michael Beintker sie stellen, zeigen, wie dünn das Eis war, auf dem die gingen, die „kritische Solidarität" als Christen in der DDR leben wollten. In einer Predigt zu Jeremia 29 zum Beginn der Passionszeit 1985 in Dresden hat Werner Krusche das Problem so beschrieben:

„Wer der Stadt Bestes sucht, stabilisiert natürlich das System, aber er dynamisiert es auch. Denn der Stadt Bestes suchen, heißt ja doch nicht etwa einfach: sich anpassen, alles mitmachen, alles bejubeln, das selbständige Denken abschalten. Es heißt auch: gegen das angehen und das nicht mitmachen, was dem Gemeinwohl schadet, was das Zusammenleben in der Stadt belastet, was das Klima vergiftet, was die Würde des Menschen antastet. Mir erzählte vor längerer Zeit ein Pfarrer, eine Kirchenälteste sei zu ihm gekommen und habe ihm gesagt: Ich halte das nicht mehr aus. Ich kann seit einem Monat nicht mehr richtig schlafen. Alles, worüber im Gemeindekirchenrat geredet wird, alles, was Sie mir ganz arglos erzählen,

---

14 Ökumenische Versammlung für Gerechtigkeit, Frieden und Bewahrung der Schöpfung, hg. v. *Aktion Sühnezeichen/Friedensdienste,* Pax Christi, Berlin 1990, 17.
15 Vgl. dazu *Heino Falcke:* Die Bedeutung des konziliaren Prozesses und der Ökumenischen Versammlung für den Aufbruch im Herbst 1989, in: Ev. Th. 70 (2010), (Themenheft: Politische Diakonie. Die Kirchen und der Herbst 1989), 87–96.

muß ich berichten. Ich halte dieses Leben in der Lüge nicht mehr aus. Wo Menschen auf andere angesetzt werden, um sie zu beobachten und über sie zu berichten, da geht im Menschlichen etwas unheilbar kaputt und da wird jede Gemeinschaft in der Tiefe zerstört. ,Der Stadt Bestes' suchen heißt hier ganz schlicht: sich jedem solchen Ansinnen verweigern. Ich sage das mit großem Ernst. Wo immer wir Schäden wahrnehmen, wo Unrecht oder Unsinn geschieht, da sollen wir dazu helfen, dass das abgestellt wird, und nicht aufgeben, bis es abgestellt ist. Ich denke, ich brauche jetzt nicht weiter konkret zu werden. Nicht die suchen der Stadt Bestes, die entweder alles mitmachen oder die sich abseits stellen und sagen: Lass sie man –, sondern die, die bereit sind zur Mitverantwortung und Mitarbeit in kritischer Solidarität, die es sich für der Stadt Bestes einiges an innerer Kraft kosten lassen. Zu denen sollt ihr, die Christen in dieser Stadt, gehören."[16]

Die (selbst-)kritischen Fragen zur Rolle der Kirche in der DDR, wie Werner Krusche und Michael Beintker sie stellen, nötigen aber auch zu einem Blick auf Versäumnisse, Verstrickungen, auf Schuld. Wo waren die Kirchen zu stark angepasst? Wo haben sie ihre Privilegien mehr für sich als für andere, für Unterprivilegierte genutzt? Wie hätten sie deutlicher, wirkungsvoller für Recht und Gerechtigkeit eintreten können?

Ebenfalls bereits vor 20 Jahren hat Erhart Neubert die damals mehrfach erhobene Forderung nach einem Schuldbekenntnis der DDR-Kirchen diskutiert.[17] Dies sei mit dem Stuttgarter Schuldbekenntnis von 1945 nicht vergleichbar, „da bei aller Vergleichbarkeit der totalitären Regime die Kirchen in der NS-Zeit und in der DDR nicht mit den gleichen Maßstäben gemessen werden können".[18] Neubert erwähnt als nicht vergleichbar den Führereid und den Arierparagraphen und zitiert Hartmut Löwe, den damaligen Präsidenten des Kirchenamtes der EKD in Hannover, zustimmend: „Nein, ein pauschales Schuldbekenntnis wäre keine ,Bewältigung' unserer Vergangenheit, vielmehr ein gewaltsamer Umgang mit unserer Geschichte, nicht das – nötige – Eingeständnis vielfachen Versagens, sondern Zweifel an Gottes Erbarmen, der uns getragen und bewahrt hat in guten und in bösen Tagen."[19] Neubert gibt dagegen zu bedenken: „Umgekehrt ist aber die

---

[16] *Werner Krusche:* Predigt am 10.02.1985 (Sexagesimae) in der Kreuzkirche zu Dresden, Jeremia 29, 4–14a, in: Und Gott redete mit seinem Volk, Predigten aus den achtziger Jahren, Stuttgart 1990, 66–75.

[17] *Erhart Neubert:* Vergebung oder Weißwäscherei. Zur Aufarbeitung des Stasiproblems in den Kirchen, Freiburg i. Br. 1993.

[18] Ebd., 192.

[19] *Hartmut Löwe:* „Theologisch-ethische Reflexionen zur ,Vergangenheitsbewältigung' in der evangelischen Kirche", Referat bei dem Symposium der Evangelischen Arbeitsge-

pauschale Zurückweisung wiederum ein ‚gewaltsamer Umgang' an den Schuldigern (sic!). Darum muss eben geklärt werden, wer an wem schuldig geworden ist und wem gegenüber Schuld bekannt wird. Schuld muss also konkret benannt und um Vergebung muss sich um der Wiederherstellung des innerkirchlichen Vertrauens willen dort bemüht werden, wo es zerstört ist."[20] Neubert weist auf einen „bisher kaum bekannt gewordenen Text" hin, der „stellvertretend für das bisher noch ausstehende Schuldbekenntnis"[21] stehen könne:

„1. Als Glieder der evangelischen Kirchen der ehemaligen DDR und von Friedens-, Öko- und Menschenrechtsgruppen sind wir heute nach zwei Jahren – trotz aller bedrückenden gegenwärtigen Probleme – dankbar dafür, dass die DDR-Geschichte ein unblutiges Ende genommen hat und uns die Chance einer demokratischen Entwicklung gegeben wurde. Für viele von uns ist das eine Bestätigung des Glaubens, dass Gott sich des Gedemütigten annimmt und das Schreien seines Volkes hört ...

2. Wir sind erschrocken, wie viele Menschen sich in die Fänge der Staatssicherheit verstrickt haben und verstricken ließen ... Die Zerstörung von berechtigtem Vertrauen zwischen Menschen, der gestörte Dialog zwischen Gemeindegliedern, Pfarrern, kirchlichen Mitarbeitern und Kirchenleitungen gehört zu den folgenschwersten Lasten der DDR-Geschichte ...

3. Wir sind davon betroffen, dass fast niemand, der sich in den Fängen der Staatsicherheit befunden hat, sich und seine Situation denjenigen von sich aus erklärt hat, die durch ihn belastet wurden oder deren Vertrauen damit zutiefst enttäuscht wurde ...

4. Wir beklagen, dass die Kirchen, denen in der Vergangenheit im besonderen Maße Vertrauen entgegengebracht wurde, bei der Aufarbeitung zögern.

5. Wir bitten ausdrücklich auch diejenigen um Schritte der Aufklärung und Versöhnung, denen durch Mitglieder der Friedens-, Öko-, Menschenrechtsgruppen Schaden zugefügt oder deren Vertrauen auch hier missbraucht wurde ... Wir wissen, dass wir nicht entschieden genug widerstanden haben. Auch wir haben die Grundlagen der Macht, ihre Legitimation und ihre Ideologie zu wenig hinterfragt. Zu wenige waren bereit, um der Wahrheit willen Opfer auf sich zu nehmen. Wir haben denen, die inhaftiert, ausgewiesen und verleumdet wurden, oft zu wenig Solidarität entgegenge-

meinschaft für Kirchliche Zeitgeschichte „Die evangelischen Kirchen und der SED-Staat" am 14.10.1992 in Arnoldshain, in: epd-Dokumentation 46 (1992), 42 f, hier zitiert nach *Neubert,* Vergebung, 192.

[20] *Neubert,* Vergebung, 177.

[21] Ebd., 178.

bracht. Wir haben uns oft auf die Fürsprache und Diplomatie von Kirchenführern gestützt, statt selbst die Folgen unserer Bemühungen zu tragen.

6. Es muss aber jener um sich greifenden Verzerrung der Wirklichkeit widersprochen werden, als wäre es der Staatssicherheit möglich gewesen, alles in den Gruppen und Kirchen zu lenken. Die große Zahl von Menschen, die sich von der Staatssicherheit nicht missbrauchen und erpressen ließen, steht dagegen. Die Staatssicherheit hat in der Regel nur reagieren können; sie hat vieles verhindert, aber ihr Ziel nicht erreicht …

7. Es kann nicht akzeptiert werden, dass Menschen, die bewusst für die Staatssicherheit gearbeitet haben, jetzt das Recht zugestanden wird – wenn sie nicht ihre eigene Geschichte, ihre Irrwege und Verfehlungen aufarbeiten – als Vertrauenspersonen von Menschen tätig zu sein: sei es als Seelsorger, als Pfarrer, als Rechtsanwalt, als Lehrer, als Professor, als Richter, als Politiker …

8. Wir fragen nach der Vergangenheit, aber wir sind von ihr nicht gefangen und benennen Skandale der Gegenwart: die Arbeitslosigkeit als Folge katastrophaler Wirtschaftspolitik, die Ängste vor Obdachlosigkeit; … die demagogisch geführte Debatte um das Asylrecht …

9. Dennoch hoffen wir in all diesen Herausforderungen auf Erneuerung …

10. Wir hoffen auf die Erneuerung der Kirche – dass sie sich ihrer Vergangenheit und auch den schuldhaften Verstrickungen stellt und nicht zum bloßen Seelentröster in den Katastrophen der Zeit verkommt, sondern dass sie zum Mund der Stummen und der an die Ränder gedrängten Menschen wird …“[22]

Ein solches Schuldbekenntnis der Kirchen, ausgesprochen etwa durch eine Kirchenleitung oder eine Synode, hat es nicht gegeben. Die Aufarbeitung ist relativ rasch in allen ostdeutschen Kirchen durch die Überprüfung auf Stasi-Zusammenarbeit vorangekommen (s. o. 2.). Mehrere Dutzend Einzelstudien haben besonders belastende Vorgänge und Personen untersucht (s. Anm. 5). Begegnungen zwischen politisch Verfolgten und früher politisch Verantwortlichen sind selten geblieben; aber auch dafür lassen sich hoffnungsvolle Beispiele nennen.[23] Die Sorge der zitierten Erklärung, dass

---

[22] Erklärung der Vorbereitungsgruppe der Geschichtswerkstatt (16.–18.10.1992) zum 3. Oktober 1992, Berlin, Erstunterzeichner *Hanfried Zimmermann, Joachim Görtz, Rudi Pahnke*, zitiert bei *Neubert*, Vergebung, 178–181.

[23] *Johannes Beleites* hat solche Beispiele zusammengestellt; sie werden in einem Themenheft der Zeitschrift Evangelische Theologie im Herbst dieses Jahres zu lesen sein: „Gespräch und Konfrontation – Beispiele gelungener Versöhnungsschritte?" Begegnungen von ‚Tätern' und ‚Opfern', EvTh. 74 (2014), Heft 5.

die Kirche es versäumen könnte, „zum Mund der Stummen und der an die Ränder gedrängten Menschen" zu werden und sich so zu erneuern, sie ist – freilich zu allen Zeiten, in allen politischen Systemen – wach zu halten. Die Kirchen haben sich dieser ihrer Aufgabe gestellt: Arbeitsloseninitiativen, Asyl in der Kirche, die Bundesarbeitsgemeinschaft Kirche gegen Rechtsextremismus, das Wort der Kirchen (der evangelischen und der katholischen) zur wirtschaftlichen und sozialen Lage in Deutschland 1997 und die Initiative der evangelischen und katholischen Kirche „Gemeinsame Verantwortung für eine gerechte Gesellschaft" in diesem Jahr. In diese Aufzählung gehören auch die Kampagnen der Kirchen zum Klimawandel, die Initiative „Der grüne Hahn", ein kirchliches Umweltmanagementsystem, in dem die Kirche sich als Kooperationspartnerin an der Erzeugung erneuerbarer Energie beteiligt, Mund der Stummen also für die natürliche Mitwelt ebenso wie für die künftigen, noch ungeborenen Generationen sein will.

Dass die Kirche selbstverständlich auf friedens-, sozial- und umweltpolitischen Feldern wirkt, vermag freilich noch nicht zu erklären, dass das Thema „Schuld der Kirche" in den 20 Jahren seither kaum behandelt worden ist. Erst in den letzten Jahren ist eine neue Unruhe entstanden, ausgelöst durch die Tatsache, dass v. a. Initiativgruppen und Experten sich bei diesem Thema nicht beruhigt haben. Für die Gemeinden aber spielte es bisher keine erkennbare Rolle. So haben zuerst die Evangelische Kirche in Berlin-Brandenburg und in der schlesischen Oberlausitz (EKBO)[24] und jetzt die Evangelische Kirche in Mitteldeutschland (EKM) sich ausdrücklich an die Gemeinden gewandt mit der Bitte, sich ihrer Rolle bei der Aufarbeitung und über ihre Aufgabe als Gemeinde Jesu Christi in der Zivilgesellschaft des 21. Jahrhunderts bewusst zu werden. Die EKM bittet in diesem Jahr unter dem Motto „25 Jahre danach: einen Versöhnungsdialog beginnen, Gesprächsräume öffnen" die Gemeinden, zu Gesprächen und zu Versöhnungsgebeten einzuladen; beide ostdeutschen Landeskirchen bieten Arbeitsmaterialien zum Thema für Konfirmanden und Jugendliche in der kirchlichen Jugendarbeit wie auch im schulischen Religionsunterricht an.

Doch vielleicht müssen wir noch weiter zurückgehen, um das Thema „Die Kirchen und ihre Schuld" in den Blick zu bekommen.

Die evangelischen Kirchen in der DDR standen wie die ganze Gesellschaft unter einem Anpassungsdruck, der schon die vorigen Generationen geprägt hatte: bis 1918 Staatskirche, mussten sie durch die Trennung von

---

[24] Grundsatzpapier zur Aufarbeitung der Folgen der kommunistischen Diktatur „Wer nach Gerechtigkeit und Güte strebt, findet Leben und Ehre", Beschluss der Kirchenleitung der EKBO, 20.Mai 2011.

Staat und Kirche in der Weimarer Verfassung 1919 ihren Platz in einer sich ausdifferenzierenden Gesellschaft teils behaupten, teils neu finden. Dabei war die Kirche lange Zeit Akteur und eher staatserhaltend und demokratiefeindlich als volksnah. Es begann zwar eine theologische Besinnung auf die biblischen und reformatorischen Grundlagen ihres Kirche-Seins – doch den klarsten Ausdruck dieser Besinnung fanden die Kirchen unter größtem Druck in einer nahezu gespaltenen Kirchenorganisation: 1934 in der Theologischen Erklärung von Barmen. Zugleich erfuhren sie eine Entfremdung großer gesellschaftlicher Gruppen, eine Entwicklung, die im 19. Jahrhundert begonnen hatte, aber in der Nazizeit voll sichtbar wurde. Als nach dem Zweiten Weltkrieg zahlreiche Flüchtlinge die Kirchengemeinden füllten und belebten, schienen noch einmal volkskirchliche Verhältnisse zurückzukehren. Doch dieser Eindruck verflog rasch: während Anfang der 1950er Jahre noch über 80 Prozent der ostdeutschen Bevölkerung der evangelischen Kirche angehörte, waren es 15 Jahre später, 1968, nur noch wenig über zwei Prozent.

Die Neuorganisation des kirchlichen Lebens nach dem Kriegsende und der ideologische Druck, der im Frühjahr 1953 einen ersten Höhepunkt erreichte, ließen den Gemeinden kaum Zeit, sich zu besinnen. Nur wenige lernten den gerade im Luthertum tradierten Gehorsam gegenüber dem Staat – die Obrigkeit nach Röm 13 – kritisch zu sehen. Der selbst in der Bekennenden Kirche schwache Widerstand gegen staatliche Willkür und die geringe Solidarität mit anderen Diskriminierten und Verfolgten, insbesondere den jüdischen Mitbürgern, wurde in der Erinnerung heroisiert. Doch nicht nur der Obrigkeitsgehorsam wurde nicht aufgearbeitet. Wie gering die geistliche Kraft der Gemeinden war, wie wenig z. B. die Konfirmation den persönlichen Glauben tatsächlich festigen konnte – die launig-verzweifelte Rede von der „Aussegnung" (statt Einsegnung!) in jenen Jahren ließ das erkennen – wurde vollends sichtbar, als die Jugendweihe in der zweiten Hälfte der 1950er Jahre in kurzer Zeit DDR-weit die Konfirmation weitgehend verdrängte. Den Heranwachsenden wurde damals eine Glaubensentscheidung zugemutet, die die Erwachsenen oft vermissen ließen – so müssen wir heute selbstkritisch feststellen.

Erst spät, gegen Ende der 1960er Jahre, begann, aus der Ökumene angeregt und unterstützt, ein neues Nachdenken über den Auftrag und über die Gestalt der Kirche. Mission als Strukturprinzip (so dass man auch über Strukturhäresien, nicht nur über Lehrhäresien nachzudenken begann), eine synodale Kirche, die geschwisterlich geleitet wird, ein an den Adressaten der biblischen Botschaft orientiertes Gemeindeleben („Kirche für andere") hießen die wesentlichen Markierungen dieses Aufbruchs. Wir lernten Mission als Präsenz (statt als Bekehrung) zu verstehen und zu leben, im alltäglichen Nebeneinander auch mit Marxisten. Die Praxis der Friedensgebete, auch der „Gebete für gesellschaftliche Erneuerung", aber auch Arbeitspapiere wie „Minderheit mit Zukunft"[25] sind in ihrer Bedeutung für die Präsenz von Christen in der DDR kaum zu überschätzen.

Die Rolle der Kirchen in der DDR und ihre eigenständige Position wurde besonders deutlich in der Friedensfrage. Trotz erheblichen staatlichen Drucks haben die Kirchen auf der Forderung bestanden, einen waffenfreien Dienst einzurichten. 1964 wurden innerhalb der „Nationalen Volksarmee" Baueinheiten geschaffen, in denen die Bausoldaten Wehrdienst ohne Waffen leisten konnten. Für diese in den Ostblockländern einmalige Regelung hatten verschiedene Faktoren gesorgt: Druck aus dem Westen, zahlreiche anstehende Strafverfahren wegen Wehrdienstverweigerung, Druck aus den theologischen Fakultäten, auch von dem in der DDR namhaften religiösen Sozialisten und Quäker, dem Leipziger Theologieprofessor Emil Fuchs, Druck aber auch von den an dieser Stelle konsequenten Kirchen.[26] Auch in den folgenden Jahren wurde beharrlich durch die Synoden und in vielen Einzelgesprächen und seit Ende der 1970er Jahre zunehmend durch die Friedensgruppen die Militarisierung des Alltags in der DDR kritisiert.[27]

Die evangelischen Kirchen in der DDR sind dem ideologischen Anpassungsdruck unterschiedlich begegnet. Sie waren die größte gesellschaftliche Institution, die eine relative Unabhängigkeit und Freiheit bewahren konnte. Sowohl durch ihre besonderen Beziehungen zu den westdeutschen Kirchen, durch die weltweite Ökumene und, oft undeutlich und gebrochen, aber doch fundamental: durch die biblische Botschaft, der sie ver-

---

[25] „Minderheit mit Zukunft". Zu Auftrag und Gestalt der ostdeutschen Kirchen in der pluralistischen Gesellschaft, Überlegungen und Vorschläge des Arbeitskreises „Kirche von morgen", epd-Dokumentation 3a/95 vom 16. Januar 1995. Eine Kirche, die sich nicht v. a. mit sich selbst beschäftigt – eine der Versuchungen (nicht nur) in Transformationsphasen!

[26] Eine wichtige Rolle spielte nicht nur seelsorgerlich, sondern auch friedensethisch „Zum Friedensdienst der Kirche. Eine Handreichung für Seelsorge an Wehrpflichtigen" 1965, in: Kirchliches Jahrbuch 93 (1966).

[27] Diese Rolle und diese Funktion der Kirche in der DDR beschreibt eindrücklich *Joachim Garstecki,* der als wohl einziger unabhängiger Friedensforscher in der DDR, als „katholischer Gastarbeiter" beim Bund der Ev. Kirchen in der DDR die friedensethische Arbeit der Kirchen in der DDR und die Aktivitäten der Friedensgruppen wesentlich geprägt und begleitet hat: *Heinz-Günther Stobbe* (Hg.): Gewaltfrei politisch denken. Anstöße zur Friedensdebatte in Ost und West 1981–2012, Münster 2013, darin: Friedensdiskurse der 80er- und 90er Jahre vor der Sicherheitskulisse des 21.Jahrhunderts. Eine biographisch-historische Einführung, 17–63.

trauten. Die Überzeugung, dass Gott die Gemeinden zum Zeugnis und Dienst auch in der DDR braucht – und nicht ideologische Zustimmung zur DDR-Propaganda – hat viele kirchliche MitarbeiterInnen bewusst in der DDR leben und bleiben lassen. Die umstrittene und missverständliche Formel von der „Kirche im Sozialismus" war in diesem Sinne als Ortsangabe, nicht als ideologische Verbeugung gemeint. Die Gemeinden haben „auf diesem dünnen Eis" (s. o. 3.) vielen Menschen, auch Andersglaubenden und Konfessionslosen, ein Dach bieten können. Verfolgte haben Unterstützung gefunden, bis hin zur Hilfe bei Ausreisebemühungen für die, denen in der DDR alle Lebensgrundlagen entzogen wurden.

Wie allerdings die Kirche mit den Pfarrern verfuhr, die Ausreiseanträge stellten und in der Regel relativ rasch die Ausreise bewilligt bekamen („aus der Staatsbürgerschaft der Deutschen Demokratischen Republik entlassen wurden"), ist heute umstritten: wenn nicht Krankheitsgründe vorlagen, konnten sie sich, so die Verabredung zwischen östlichen und westlichen Kirchenleitungen, während der ersten zwei Jahre nicht wieder auf eine Pfarrstelle bewerben. Kritiker dieser Praxis weisen auf das Recht zur freien Wahl des Wohnortes hin, also auf einen Verstoß gegen ein elementares Menschenrecht; Befürworter begründen diese Regelung mit einer Grundsolidarität mit der DDR-Bevölkerung, die in der Regel weitaus schwerer, oft mit Diskriminierungen auch der Familienangehörigen, mit Berufsverbot, mit viel längeren Wartezeiten und in vielen Fällen erst nach einer Inhaftierung eine Ausreise genehmigt bekam. Sie begründen sie auch mit der Grundüberzeugung, dass ein Pfarrer seine Gemeinde nicht zu verlassen habe und seinen Lebensort als von Gott zugewiesenen Ort anzunehmen habe.

Doch ist diese Art der Gegenüberstellung von widrigen politischen Bedingungen, von „Stärken" und „Schwächen" geeignet, sich der Frage nach der Rolle und Funktion der Kirche in der DDR und nach ihrer Schuld zu nähern? Allzu leicht kann der Eindruck eines Nullsummenspiels entstehen, eine Art von verrechnender Selbstentschuldigung. Ob ein anderer „in uns einer Kirche begegnet ist, die sich von Christus hat reformieren lassen zur grenzüberschreitenden Liebe, zur Solidarität mit den Schwachen und Ohnmächtigen, zur Stätte des freien Wortes und des radikalen Fragens, zur Bereitschaft, sich um des Menschen willen aufs Spiel zu setzen"?[28] Nach der Schuld der Kirche fragen, heißt auch, sich den aktuellen Aufgaben zu stellen.

---

[28] *Krusche,* Denkt daran (s. Anm.12).

Die Geschichte von Joseph und seinen Brüdern (Gen 50, 14 ff) ist ein biblisches Muster der Möglichkeit für Versöhnung ohne Vergebung: Joseph vergibt den Brüdern nicht (*„Ja, bin denn ich an Gottes Stelle?"*), aber er „hilft ihnen tragen". So *„lässt er sie aufatmen"* und sie können weiterleben, sich den Folgen ihrer Taten stellen, nicht von der Schuld erdrückt werden, sondern mit Schuld *leben*.[29] Dass Vergebung nicht entschuldigt, dass für Personen wie für Institutionen Schuld zu tragen eine Aufgabe bleibt, das ist an Gen 50 zu buchstabieren. „Was ist in unserer Kirche los ...?" So begann dieser Beitrag mit einem Zitat aus der Synode der Evangelischen Kirche der Kirchenprovinz Sachsen aus dem Jahr 1995. Wie ist diese Eingangsfrage von 1995 heute aufzunehmen? Wie wir *mit Schuld leben,* zeigt sich (auch) daran, welche Aufgaben wir uns stellen lassen aus den Versäumnissen, den Fehlern und Mängeln früherer Jahre. Einige solcher aktuellen Aufgaben sollen jetzt in Form von Fragen genannt werden und damit den noch offenen Ausgang dieses Themas markieren.

Aufmerksamkeit für die Opfer:
- Wo sind wir eher darauf bedacht, die vertraute kirchliche Situation zu sichern als uns „um des Menschen willen aufs Spiel zu setzen" (Werner Krusche)?
- Wie stellen wir uns der andauernden Belastung, was tun wir angesichts der erheblichen Leiden, der drohenden Altersarmut von politisch Verfolgten des DDR-Regimes?[30]

Theologische Arbeit:
- Wie nehmen wir die Differenz von Schuld und Sünde theologisch ernst? Welche Relevanz messen wir der Nähe von *Schuld* und *Schulden* zu? Und wie nehmen wir die breite außertheologische Bearbeitung der Themen Vergebung und Versöhnung in der theologischen Arbeit auf?[31]

---

[29] Vgl. diese Übersetzung und diese Lektüre der Josephsgeschichte bei *Jürgen Ebach:* Kommentar zu Genesis 37–50, HThKAT, Freiburg 2007, 650.

[30] *Kornelia Beer/Gregor Weißflog:* Weiterleben nach politischer Haft in der DDR. Gesundheitliche und soziale Folgen, Göttingen 2011, sowie *Harald J. Freyberger, Jörg Frommer, Andreas Maercker, Regina Steil:* Gesundheitliche Folgen politischer Haft in der DDR, hg. von der *Konferenz der Landesbeauftragten für die Unterlagen des Staatssicherheitsdienstes der ehemaligen DDR,* Dresden 2003.

[31] Beispielhaft ist das geschehen in: *Jürgen Ebach, Hans-Martin Gutmann, Magdalene L. Frettlöh* und *Michael Weinrich* (Hg.): „Wie? Auch wir vergeben unsern Schuldigern?" Mit Schuld leben, Gütersloh 2004.

Diaspora-Situation:

- Wie viel binnenkirchliche Geselligkeit pflegen wir – auch wenn wir von „missionarischem Gemeindeaufbau" sprechen? Was haben wir von der missionstheologischen Debatte der Ökumene verstanden, von der „Gemeinde auf dem Weg in die Diaspora" als Chance des Glaubens?

Öffentlichkeits- und der Bildungsauftrag der Kirche

- Was sind wir für Zivilcourage und Widerstand auch in der Demokratie aufzuwenden bereit? Wie setzen wir uns mit den Folgen von Luthers Erklärung zum 4. Gebot, einer (fast) unbeschränkten Erziehung zum Gehorsam auch gegenüber „den Herren" auseinander?

„Wir sollen Gott fürchten und lieben, dass wir unsere Eltern und Herren nicht verachten noch erzürnen, sondern sie in Ehren halten, ihnen dienen, gehorchen, sie lieb und wert haben." Wir sind Teil einer Tradition, in der Gehorsam gegenüber „den Herren" nicht nur Verhaltenskodex im Alltag war, sondern Teil des im Konfirmandenunterricht auswendig zu lernenden Glaubensbekenntnisses: Luthers Kleiner Katechismus mit Erklärungen. Wieviel davon wohl bis heute hängen geblieben ist? Ich stelle mir die Wirkungen unterhalb des Bewusstseins nicht erst vor, wenn ich den Film „Das weiße Band" sehe. Zu den vier Aufträgen, die zu lernen waren, gehört auch, „die Herren" nicht zu erzürnen: wie lernt der Mensch dann Kritik sagen, wie Protest zeigen, wie gar zivilen Ungehorsam – sie könnten „zürnen"? Luthers Erklärung des sogenannten Elterngebots, in der in lutherischer Tradition üblichen Zählung das vierte Gebot, gebraucht Worte, die an Erwachsene gerichtet waren (genauer: an erwachsene hebräische Männer), zur Belehrung und Erziehung von Kindern; dieser Missbrauch der Gebote ist bei diesem Gebot besonders folgenreich: wo ursprünglich (auch) gemeint war „setze dich mit deinen alternden Eltern auseinander, solange sie bei Kräften sind, damit du sie achten kannst, wenn sie nicht mehr bei Kräften und bei Sinnen sind", wird jetzt Gehorsam und konfliktvermeidende Dienstbereitschaft eingeschärft.

- Wie radikal fragen wir nach der Rolle von Kapital und Eigentum, nach Rolle und Funktion der „Kirche im Kapitalismus", nach dem Einsatz des Geldes in der Kirche und durch die Kirche?
- Wem gilt unsere „grenzüberschreitende Liebe, unsere Solidarität mit den Schwachen und Ohnmächtigen" – und wem nicht?
- Was tun wir für die Stärkung der Demokratie, für partizipatorische Verfahren in unserer Gesellschaft, und wie sorgen wir dafür in unseren kirchlichen Verfahren bis hin zu den Leitungsstilen?

• Wie lesen wir heute Römer 13?[32]

*Spiritualität im Gottesdienst – und in unserem Verständnis
von Kirche:*
  • Uns „von Christus reformieren lassen": welchen Anteil an unserer
    Bemühung um die Heilung der gestörten Beziehungen, für einen Ver-
    söhnungsdialog und für das Öffnen von Gesprächsräumen wird das
    Gebet um den Heiligen Geist, der befreit und eint, einnehmen? Wie
    können wir geistliche Begleitung stärker als bisher anbieten – und
    selbst in Anspruch nehmen?
  • Worum beten wir, wenn wir um Versöhnung bitten?
  • Vergebung entschuldigt nicht: Wie wollen wir unsere Schuld in den
    Blick nehmen und wie unsere manchmal leichtfertige, allzu geläufige
    Praxis des ritualisierten und anonymisierten gottesdienstlichen Ver-
    gebens ändern?[33]

Was die Kirchen vor, während und nach dem Herbst 1989 taten und
welche Rolle sie in der Gesellschaft wahrnahmen, geschah uneigennützig,
absichtslos: der Raum für Gerechtigkeits-, für Umwelt- und Friedensgruppen; die offenen Kirchen im Herbst 1989, und jetzt die psycho-soziale Beratung für Traumatisierte und politisch Verfolgte.[34] Es fragt sich jetzt aber,
wie die Wiederentdeckung von „absichtsloser Präsenz" in der Gesellschaft
als einer wesentlichen spirituellen Dimension der christlichen Tradition
unsere Kirche verändern wird, unseren Umgang mit Schuld, unsere Rolle
und Funktion in der Zivilgesellschaft.[35]

---

[32] Vgl. die sehr genaue Analyse des Textes Röm 13, 1–7 bei *Ulrich Duchrow:* Christenheit
      und Weltverantwortung. Traditionsgeschichte und systematische Struktur der Zweirei-
      chelehre, Stuttgart 1970, 137–180.

[33] Dazu *Frank Michael Lütze:* „So ist Versöhnung (…) eine Aufgabe, die noch mehr vor als
      hinter uns liegt". Zum Umgang mit Schuld im Gottesdienst, in: Pastoraltheologie 100
      (2011), 316–331, hier 318–322.

[34] Das ökumenische Institut für Diktatur–Folgen–Beratung hat landesweit psycho-soziale
      Beratungsangebote aufgebaut; die Arbeit und die Arbeitsaufgaben; (Wie) ist Heilung von
      Erinnerung möglich? 2.Fachtag des Instituts für Diktatur-Folgen-Beratung, Dokumenta-
      tion, Schwerin 2013.

[35] Möglicherweise haben die Kirchen eher nolens volens vor, während und nach der fried-
      lichen Revolution des Herbstes 1989 in ihrer gesellschaftlichen Rolle etwas ihrem Wesen
      Entsprechendes wieder gefunden: intentionslos, zweckfrei da zu sein, bereit, der Sen-
      dung Gottes in die Welt zu folgen. Dass diese absichtslose Präsenz die ihnen eigene Rolle
      ist, dass sie für die Kirchen selbst wie für die Gesellschaft gut war und ist und auch künf-
      tig ein wesentlicher Aspekt ihres Kirche-Seins bleiben soll – Gratuität: Die verschiede-
      nen Bedeutungen von »umsonst« – gratis, frustra, sine causa – wären zu buchstabieren.
      Vgl. *Falcke,* Konziliarer Prozess (s. o. Anm. 15), 83–86.

„Healing of Memories" der christlichen Kirchen, Kulturen und Religionen in Rumänien

Eine kurze Geschichte und Auswertung des Programms aus orthodoxer Perspektive

Daniel Buda[1]

Einführung

In diesem Beitrag möchte ich die Geschichte des Projektes *Healing of Memories* in Rumänien vorstellen, die Spezifika des Projektes herausarbeiten und eine Auswertung aus orthodoxer Perspektive versuchen. Mein besonderes Interesse an diesem Projekt ist mit meiner Herkunft, meiner ökumenischen Erfahrung und meiner professionellen Tätigkeit verbunden. Ich wurde in einer kleinen Stadt in Siebenbürgen geboren, wo Rumänen und Ungarn friedlich miteinander leben. Früher lebten dort auch viele Juden. Allerdings existierte diese ethnisch-religiöse Gruppe bereits zu meiner Kindheit nicht mehr dort. Gründe dafür sind die Verfolgung und Vetreibung, die von ungarisch-hortystischen Besatzungstruppen durchgeführt wurde, und die Auswanderung. Geboren in einer rumänisch-orthodoxen Familie wurde meine Identität sowohl ethnisch als auch konfessionell von Anfang an klar determiniert. Persönlich habe ich keine negativen Erfahrungen mit unseren ungarischen Mitbürgerinnen und Mitbürgern erlebt, aber mein Großvater erzählte mir, wie er in der Zeit der ungarischen Besatzung Nordsiebenbürgens während des Zweiten Weltkrieges gelitten hat. Er wurde mit anderen rumänischen Bauern als Zwangsarbeiter nach Budapest deportiert. Ich gebe zu, dass diese Geschichten meine Kindheit sowie mein Bild von den Ungarn beeinflusst haben.

[1] Erzpriester Dr. Daniel Buda ist Programmreferent für kirchliche und ökumenische Beziehungen im Ökumenischen Rat der Kirchen (ÖRK), Genf, und Dozent an der Lucian-Blaga-Universität Sibiu/Hermannstadt, Rumänien.

Diese einleitenden, autobiographischen Anmerkungen sollen auch verdeutlichen, dass ich die Quellen zu diesem Beitrag in drei Teile gliedern werde:

(1) die offiziellen Publikationen des Projektes und andere Aufsätze und Schriften zum Thema *Healing of Memories* in Rumänien;

(2) meine Erlebnisse als Siebenbürger in Beziehung zu anderen Ethnien und Konfessionen;

(3) meine Erfahrung als Mitarbeiter des Projektes. Ich habe zwischen April und Dezember 2008 als wissenschaftlicher Berater und stellvertretender Direktor der Stiftung Versöhnung in Südosteuropa (*Reconciliation in South-East Europe*) für das Projekt *Healing of Memories* in Rumänien gearbeitet.

1. Die Geschichte des Projektes Healing of Memories in Rumänien

Der Beginn des Projektes *Healing of Memories* in Rumänien sollte im europäischen Kontext verstanden werden. Der Impuls für Versöhnungsprojekte zwischen verschiedenen Kirchen in Europa wurde von der 2. Europäischen Ökumenischen Versammlung (Graz, Österreich, 1997) gegeben, deren Thema „Versöhnung – Gabe Gottes und Quelle neuen Lebens" war. Die *Charta Oecumenica* (ChOe)[2], welche von der Konferenz Europäischer Kirchen (KEK) und dem Rat der Europäischen Bischofskonferenzen (CCEE) am 22. April 2001 feierlich unterzeichnet wurde, war ein entscheidender Meilenstein auf dem Weg zur Versöhnung zwischen den Kirchen in Europa. Dieses Dokument, dessen Untertitel „Leitlinien für die wachsende Zusammenarbeit unter den Kirchen in Europa" lautet, beinhaltet verschiedene Aussagen zum Thema Versöhnung. Die Kirchen Europas verpflichten sich „als Kirchen gemeinsam dazu beizutragen, Völker und Kulturen zu versöhnen". Damit dies gelingen kann, verabreden die Kirchen, Verletzungen zwischen Konfessionen aus der Geschichte offenzulegen und Wege der Versöhnung im Dialog zu suchen (ChOe 3), Missverständnisse und Vorurteile zwischen Mehrheits- und Minderheitskirchen abzubauen (ChOe 4) und bei aktuellen Kontroversen das Gespräch zu suchen (ChOe 6).

Konkret wurde das Projekt *Healing of Memories* in Rumänien von dem Exekutivausschuss der Gemeinschaft Evangelischer Kirchen in Europa (GEKE) gutgeheißen und 2004 von den Präsidien der GEKE und der KEK

---

[2] Die Charta Oecumenica ist in verschiedenen europäischen Sprachen hier zu beziehen: http://ceceurope.org/current-issues/charta-oecumenica/ (aufgerufen am 21. März 2014).

genehmigt. Kurz danach wurde das Projekt auch von dem Rat der Europäischen Bischofskonferenzen (CCEE) aufgenommen.[3] Alle sogenannten „historischen" Kirchen Rumäniens, die Mitglieder in den oben erwähnten ökumenischen Organisationen sind, haben das Projekt kurz nach seiner
Initiierung genehmigt: Die Rumänisch-Orthodoxe Kirche, die Römisch-
Katholische Kirche, die Griechisch-Katholische (Unierte) Kirche, die Reformierte Kirche und die zwei Lutherischen Kirchen (eine deutschsprachige,
deren Hauptsitz in Sibiu/Hermannstadt ist, und eine hauptsächlich unga-
rischsprachige, deren Hauptsitz in Cluj/Klausenburg ist). Auch andere Kirchen, deren Hauptsitz nicht in Rumänien ist, die aber über ihre Mutterkir-
chen Teil der KEK sind, haben Interesse an dem Projekt gezeigt, so zum
Beispiel die Erzdiözese der Armenisch-Apostolischen Kirche, die zur Armenisch-Apostolischen Kirche Etschmiadsin gehört, die Serbisch-Orthodoxe
Diözese, die Teil der Serbisch-Orthodoxen Kirche ist oder das Ukrainisch-
Orthodoxe Vikariat, das der ukrainischen Minderheit in Rumänien dient
und kanonisch dem rumänisch-orthodoxen Bischof von der Maramuresch
untergeordnet ist sowie spirituelle Kontakte zur Orthodoxen Kirche in der
Ukraine (Moskauer Patriarchat) pflegt. Ähnliches Interesse kam von
Kirchen, die in Rumänien präsent sind, allerdings aus verschiedenen Gründen nicht Mitglied in den ökumenischen Organisationen sind, so zum Beispiel die unitarische Kirche in Siebenbürgen, deren Bischof in Sighi-
soara/Schässburg residiert, und die Kirche der Altgläubigen Russischen
Orthodoxie, deren Bischof in Braila amtiert. Etwas später hatte das Projekt
eine gut definierte interreligiöse Dimension, da jüdische und muslimische
Gemeinden aus verschiedenen Regionen Rumäniens sowie dessen Nach-
barstaaten sich beteiligten. Im Oktober 2004 wurde ein „Pilotprojekt" im
„inneren Siebenbürgen" – das heißt in Siebenbürgen in den Grenzen des
19. Jahrhunderts – lanciert, mit der Genehmigung der Vertreter aller historischen Kirchen Siebenbürgens. Als Leiter des Projektes wurde Dieter
Brandes, ein württembergischer Pastor und Theologe, beauftragt, der im
April 2005 ein Büro in Klausenburg/Cluj mit zwei Angestellten eröffnete.

Eine erste Tagung wurde vom 5. bis 7. Mai 2005 in Klausenburg/Cluj
organisiert,[4] auf der neun Referate vorgetragen wurden. Als gegenseitiges

[3] *Dieter Brandes:* Prolegomena und kurze Geschichte der historischen Regionen Rumäniens, in: epd-Dokumentation Nr. 40, Oktober 2005, 4.
[4] *„Healing of Memories":* Dialog über die gemeinsame Geschichte der christlichen Kirchen in Rumänien; Referate des „Ersten Interkonfessionellen und Interdisziplinären
Symposiums ‚Healing of Memories' christlicher Kirchen in Europa", 5. bis 7. Mai 2005,
Cluj/Klausenburg, Rumänien, epd-Dokumentation 40 (2005).

„Aufeinanderhören" oder als „gemeinsam durch die Geschichte gehen"[5] hat je ein Referent die Geschichte seiner eigenen Kirche kurz vorgestellt. Die Geschichte der folgenden in Siebenbürgen vertretenen Kirchen wurde präsentiert: die Orthodoxe Kirche, die Römisch-Katholische Kirche, die Evangelische Kirche Augsburgischen Bekenntnisses (deutsch-lutherisch), die Reformierte Kirche, die mit Rom unierte (griechisch-katholische) Kirche, die Evangelisch-Lutherische Kirche (ungarisch-lutherisch) und die Unitarische Kirche.

Das Projekt entwickelte sich zuerst in zwei verschiedene geographische Richtungen:

(a) *Healing of Memories* in den West-Regionen Rumäniens (Banat, Kreischgebiet/Crisana/Bihor und die Maramuresch/Satmar). Diese Regionen wurden mit dem Namen „Partium" benannt und haben die Gemeinsamkeit, dass sie als Folge des Trianon-Vertrages von 1920 jeweils zwischen Rumänien und den angrenzenden Staaten Serbien, Ungarn und der Ukraine aufgeteilt wurden. Ein Symposion für jede Region wurde organisiert. Daran beteiligten sich Kirchen und ethnische Gruppen, die in verschiedenen Ländern leben, aber zu derselben historischen Region gehören.

Im Juni 2006 wurde für den Kulturraum Banat eine Tagung in Temeschwar/Timisoara organisiert, mit Beteiligung der Orthodoxen Kirche (Rumänen und Serben), der Römisch-Katholischen Kirche (Ungarn, Deutsche), der Griechisch-Katholischen Kirche (Rumänen und Serben), der Reformierten Kirche (Ungarn), der Evangelisch-Lutherischen Kirche (Deutsche, Ungarn und Slowaken), der jüdischen Gemeinde und einem Vertreter der Roma-Minderheit. Für den Kulturraum Kreischgebiet/Crisana/Bihar wurde im Juni 2006 ein Symposion in Grosswardein/Oradea organisiert, mit Beteiligung der Orthodoxen Kirche, der Römisch-Katholischen Kirche, der Reformierten Kirche, der Griechisch-Katholischen Kirche, der Evangelisch-Lutherischen Kirche und der jüdischen Gemeinde. Ethnisch wurden Rumänen, Ungarn, Deutsche, Slowaken, Juden und Roma repräsentiert. Für den Kulturraum Maramuresch wurde im März 2007 ein Symposion in Frauenbach/Baia Mare organisiert mit der Beteiligung der Orthodoxen (Rumänen und Ukrainer), der Katholiken (Deutsche und Ungarn), der Griechisch-Katholiken (Rumänen und Ukrainer), der Reformierten und der Juden.[6]

---

[5]   A. a. O. (s. Anm. 4), 5.
[6]   *Dieter Brandes:* Healing of Memories zwischen Kirchen, Kulturen und Religionen in Rumänien. Das Geheimnis der Versöhnung heißt Erinnerung, in: *Dieter Brandes* (Hg.): Beziehungen der christlichen Kirchen in Siebenbürgen – geschrieben aus der Perspektive der Konfessionen, Cluj 2006, 51.

und Dobrudscha. Mit Ausnahme der Walachei sind alle diese Regionen 1944 aufgeteilt worden, nämlich Bukowina zwischen Rumänien und der Ukraine; Moldau zwischen Rumänien und der Republik Moldawien und der Ukraine; und Dobrudscha zwischen Rumänien und Bulgarien. Es wurden folgende Symposien organisiert: eins im Kulturraum Walachei/Oltenien (Nov. 2006) mit Beteiligung von Orthodoxen, Armenisch-Orthodoxen, Römisch-Katholischen, Griechisch-Katholischen, Reformierten, Evangelisch-Lutherischen, Juden und Muslimen (Türken, Tataren und Vertreter der arabisch-muslimischen Gemeinden); eins im Kulturraum Dobrudscha (Nov. 2006) mit Beteiligung der bereits erwähnten Kirchen und Ethnien sowie zusätzlich von altgläubigen Russen, Albanern, Bulgaren und Griechen; eins im Kulturraum Moldau (Mai 2006) und eins im Kulturraum Bukowina (Mai 2006) mit Beteiligung der erwähnten Kirchen und Ethnien sowie der Polen und Huzulen.[7]

Parallel zu diesen Symposien wurde die geschichtliche Forschung der Kirchen in Siebenbürgen weitergeführt und eine neue Etappe erreicht. Es ging um die Erforschung der Beziehungen der verschiedenen Kirchen in Siebenbürgen bis ins 18. Jahrhundert, aus unterschiedlicher konfessioneller Sicht. Es wurden Aufsätze mit folgenden Themen publiziert: die Beziehungen zwischen den verschiedenen protestantischen Konfessionen; sowie die orthodox-lutherischen Beziehungen, orthodox-reformierten, orthodox-römisch-katholischen und orthodox-griechisch-katholischen und der katholisch-protestantischen Beziehungen in Siebenbürgen,[8] ebenso auch die Position der Orthodoxie gegenüber der Reformation.

Der Leiter des Projekts bemühte sich stetig um die Vernetzung mit ähnlichen Projekten in Europa. Dies gelang auch, so ist beispielsweise eine konkrete Zusammenarbeit mit *Healing of Memories* in Irland und Nordirland sowie mit *Healing of Memories* in der Slowakei entstanden. Eine Publikation mit dem Titel *Healing of Memories in Europe* wurde im Vorfeld der 3. Europäischen Ökumenischen Versammlung (EÖV3) in Sibiu publiziert.[9] Das Buch basiert auf Vorträgen, die auf einer internationalen Konferenz in Bukarest, Rumänien, gehalten wurden. Der erste Teil der Publikation beinhaltet Aufsätze über Aspekte der Versöhnungsprozesse in Europa, während der zweite Teil Aufsätze über *Healing of Memories* in Rumänien

---

[7] Ebd., 52.
[8] Siehe Anm. 6. Die meisten Beiträge sind zweisprachig publiziert (Deutsch und Englisch oder Ungarisch und Englisch oder Rumänisch und Englisch).
[9] Vgl. *Dieter Brandes* (Hg.): Healing of Memories in Europe. A Study of Reconciliation between Churches, Cultures and Religion, Cluj 2007.

publiziert und dies unter orthodoxen, römisch-katholischen, protestanti-schen und jüdischen Gesichtspunkten. Der dritte Teil beschäftigt sich mit verschiedenen europäischen Versöhnungsinitiativen aus Nordirland, Ser-bien, Deutschland, Finnland, Russland, der Ukraine und der Slowakei. Es wurde eine Botschaft der Konferenz in Bukarest an die EÖV3 in Sibiu ge-schickt, in der die Teilnehmerinnen und Teilnehmer als „Vertreterinnen und Vertreter der Kirchen aus Nord-, West- und Osteuropa" von der Ver-sammlung in Sibiu verlangten, „weiterhin das in der Charta Oecumenica Art. 3 formulierte Anliegen ... zu fördern und zu unterstützen auf dem Weg zu einer versöhnten Koinonia der Kirchen und insbesondere die Kir-chen in den Regionen Mittel- und Südeuropa zu ermutigen, selbst Prozesse der Heilung von Erinnerungen einzuleiten".[10]

Kurz vor der EÖV3 erschien eine große und beindruckende Publikation des Projektes mit dem Titel *Die Geschichte der christlichen Kirchen aufar-beiten.*[11] Da diese für den Workshop in Sibiu vorgesehen war, beinhaltete das Buch fünf Teile: Teil A diente als Einführung und beinhaltet drei Aufsätze zum Thema „Die Versöhnungsaufgabe der Kirchen"; Teil B mit dem Titel „Healing of Memories in Rumänien: der gemeinsame Gang durch die Ge-schichte" beinhaltet Aufsätze, die in Konferenzen in Siebenbürgen, Wala-chei, Moldau, Banat, Bihor, Bukowina, Dobrudscha, die Maramuresch und Satmar vorgetragen wurden; Teil C beinhaltet „Besondere Themenstellun-gen der Geschichte der Konfessionen, Religionen und Kulturen in Rumä-nien": eine Geschichte der ökumenischen Frauenarbeit in Rumänien, eine kurze Geschichte der jüdischen Gemeinden in Rumänien, die Religiosität der Roma in Rumänien und ihre Beziehungen zu den Kirchen und die Religi-onspolitik in osmanischer Zeit; Teil D publiziert die Aufsätze über Versöh-nungsprozesse in verschiedenen europäischen Regionen, die in Bukarest vorgetragen wurden, auf Deutsch;[12] Teil E ist eine Geschichte in Zeittabellen von den sieben Provinzen Rumäniens, die in Teil A behandelt wurden: Sie-benbürgen, Walachei, Moldau, Banat, Bihor, Bukowina und Dobrudscha.

2006 wurde ich von Dieter Brandes als Leiter des Projektes *Healing of Memories* kontaktiert, als ich für die Vorbereitung der EÖV3 in Sibiu gear-beitet habe. Es ging hauptsächlich um die Organisation eines Workshops *Healing of Memories* innerhalb der EÖV3, was ich sehr begrüßte. Doch die Gespräche gingen darüber hinaus, so dass ich allmählich anfing, an die-

---

[10] Ebd., 219.
[11] *Dieter Brandes* (Hg.): Die Geschichte der christlichen Kirchen aufarbeiten. Healing of Memories zwischen Kirchen, Kulturen und Religionen. Ein Versöhnungsprojekt der Kir-chen in Rumänien, Cluj 2007.
[12] Siehe Anm 9.

sem Projekt aktiv teilzunehmen. Nach der EÖV3 hat die KEK entschieden, das Projekt *Healing of Memories* in Rumänien nicht mehr durchzuführen. Der Projektleiter Dieter Brandes entschied daraufhin, in Rücksprache mit kirchlichen Leitern und verschiedenen Mitarbeitern, das Projekt über eine in Rumänien registrierte Stiftung weiterzuführen. Anfang 2008 wurde ich angesprochen, für das Projekt als wissenschaftlicher Berater und stellvertretender Direktor der zukünftigen Stiftung zu arbeiten. In den neun Monaten, in denen ich für die Stiftung Versöhnung in Südosteuropa gearbeitet habe, habe ich die folgenden Aufgaben übernommen: die Stiftung rechtlich in Rumänien zu registrieren, die historischen Kirchen Siebenbürgens an dem Projekt zu beteiligen und die internationale Vernetzung des Projektes zu entwickeln. Mit der großzügigen Unterstützung von Dieter Brandes und den Kollegen aus Cluj wurden alle diese drei Aufgaben mindestens zum Teil erfüllt: die Stiftung wurde in Hermannstadt/Sibiu registriert und das ehemalige Büro des Projektes *Healing of Memories* aus Cluj wurde eine Filiale der Stiftung. Alle historischen Kirchen Siebenbürgens haben großes Interesse an diesem Projekt gezeigt. Dies war die Zeit nach der EÖV3, als die Kirchen mehr denn je bereit waren, miteinander zusammenzuarbeiten. Doch im Vorstand der Stiftung sind nur die Orthodoxe Kirche, die Reformierte Kirche und die Evangelische Kirche A. B. vertreten. Auf meine Initiative hin wurde das Programm *Healing of Memories* im Ökumenischen Rat der Kirchen (ÖRK) kontaktiert, um die Möglichkeit der Zusammenarbeit zu erörtern. Wir fanden offene Türen und dadurch ist eine fruchtbare Kooperation entstanden. Sofort nach der offiziellen Eröffnung der Stiftung in Sibiu wurde eine Tagung in Oradea, Rumänien und Biharkeresztes, Ungarn (April 2008) organisiert. Es folgten weitere Tagungen in Novi Sad, Serbien (August 2008).

Wie der Name schon sagt, ist das Ziel der Stiftung „Versöhnung in Südosteuropa", also der ganzen Region. Ein wichtiges Projekt war die Organisation einer Tagung, zusammen mit dem ÖRK und anderen Partnern, in Sarajevo, Bosnien-Herzegowina. Der Zweck der Tagung war, die gesammelte Erfahrung aus Rumänien in dieser Region bekannt zu machen und ein ähnliches Projekt in Bosnien-Herzegowina zu initiieren.[13] Das Interesse an einer globalen Vernetzung wurde weitergeführt. Die Stiftung nahm an ei-

---

[13]   Die Vorträge dieser Tagung wurden in *Manoj Kurian, Dieter Brandes, Olga Lukacs, Vasile Grajdian* (Hg.): Reconciliation between Peoples, Cultures and Religions. Reconciliation in Bosnia-Herzegovina compared to the European-Wide Experiences, Bonn/Hermannstadt 2012, publiziert.

ner Tagung in Kapstadt, Südafrika (September 2010) teil, um eine mögliche Zusammenarbeit mit dem berühmten *Institute for Healing of Memories* von Michael Lapsley zu suchen.

Ein Wendepunkt in der Geschichte des Projektes war die Pensionierung von Dieter Brandes. Er kam als Außenstehender in dieses Projekt, um neutral sein zu können. Seine Leidenschaft für Versöhnungsarbeit, seine Diplomatie und seine Zuneigung für die Geschichte der rumänischen Kirchen und Ethnien haben alle Beteiligten an dem Projekt sehr geschätzt.[14] Sein Nachfolger hat seine Arbeit weitergeführt. Sofort nach seiner Pensionierung wurde eine wichtige Tagung für die historische Region Bukowina (Oktober 2010) in Suceava und in Czernowitz organisiert, mit Beteiligung aller wichtigen Konfessionen und Ethnien der Region.[15]

Heute wird das Projekt *Healing of Memories* in Rumänien gänzlich von der Stiftung Versöhnung in Südosteuropa weitergeführt. Im Präsidium der Stiftung sind die Orthodoxe Kirche (Metropolie von Siebenbürgen), die Evangelisch-Lutherische Kirche A. B. in Rumänien und die Reformierte Kirche vertreten. Die Ambition zwei Büros, eines in Klausenburg/Cluj und eines in Hermannstadt/Sibiu zu behalten, wurde aufgegeben. Auch das Personal wurde gekürzt, so dass heute nur drei Personen angestellt sind: Prof. Dr. Walter Gebhardt ist Direktor der Stiftung, Prof. Dr. Vasile Grajdian ist stellvertretender Direktor und Lucica Elena Stefan ist Assistentin.[16] Die Prioritäten des Projektes scheinen heute in die Richtung der Rolle der Kirche in der Gesellschaft und Integration von Roma zu gehen.

2. Die Spezifika des Projektes

Es gibt einige Spezifika dieses Projektes, die unbedingt zu erwähnen sind:

(a) Der kontextuelle Schwerpunkt der Arbeit dieses Projektes war, zumindest am Anfang, Siebenbürgen. Es gibt verschiedene Gründe dafür. Zunächst ist diese Region reich an ethnischer und konfessioneller Vielfalt, besonders im Vergleich mit anderen Regionen Rumäniens. Hier leben neben

---

[14] Eine Illustration hierfür ist die Festschrift, die ihm gewidmet wurde: *Vasile Grajdian, Olga Lukacs* (Hg.): Telling Stories of Hope – Reconciliation in South East Europe Compared to World-Wide Experiences, Cluj-Napoca 2010.

[15] Die Vorträge dieser Tagung wurden veröffentlicht in: *Vasile Grajdian, Sergii Hakman, Olga Lukacs* (Hg.): Cultures and Religions in the Historical Bucovina. Retrospection and Perspectives of Development, Cluj-Napoca 2011.

[16] Siehe www.healingofmemories.ro (aufgerufen am 21. März 2014).

den *Rumänen*, die mehrheitlich orthodox sind, aber auch durch die Griechisch-Katholische Kirche repräsentiert werden, die Deutschen verschiedener Herkunft (Sachsen, Schwaben, Zipsers), die evangelisch-lutherisch und römisch-katholisch sind, die *Ungarn*, die reformiert, evangelisch-lutherisch oder römisch-katholisch sind; die Armenier, die Slowaken, die Roma, die Juden usw. Die Geschichte Siebenbürgens ist auch sehr vielschichtig, in dem Sinne, dass dieses Land zu verschiedenen Staaten und Reichen gehörte und für eine gewisse Zeit als unabhängiger Staat existierte. Seit 1918 ist es Teil Rumäniens. Siebenbürgen ist also tatsächlich eine besondere Provinz, deren reiche Geschichte einem *Healing of Memories*-Projekt viel bietet, aber ein solches Projekt auch braucht.

(b) Da das erste *Healing of Memories*-Projekt in Südafrika und das erste europäische Projekt in Nordirland initiiert wurden, war es wichtig klar zu stellen, dass die Situation in Rumänien mit der in Südafrika oder Nordirland nicht zu vergleichen ist. Bei uns gab es und gibt es keinen Rassismus oder ein großes Konfliktpotenzial. Über dieses Projekt wollte sich Rumänien als ein Brückenland zwischen West- und Osteuropa profilieren und zugleich zu einem Vorbild für Toleranz und gegenseitige Akzeptanz der Kulturen, Religionen und Völker werden. Man sollte dadurch etwas über unsere Toleranz lernen. Es gibt viele Beispiele, dass Rumänien in der Geschichte häufig Zufluchtsort für religiös verfolgte Gruppen war. Als die Unitarier überall in Europa verfolgt wurden, wurde ihre Konfession in Siebenbürgen rechtlich anerkannt. Die Altgläubigen Orthodoxen, die in Russland verfolgt waren, haben in Moldau Gleichbehandlung genossen.

(c) Nicht zuletzt war für die Orthodoxe Kirche in Rumänien wichtig, dass dieses Projekt kein Raum zum Ausdruck von Frustration wird, sondern ein Ort, an dem alle Beteiligten über die gemeinsame Vergangenheit, aber vor allem über die gemeinsame Zukunft sprechen können.

(d) Obwohl *Healing of Memories* für Rumänien und seine Nachbarn vorgedacht wurde, ist es hauptsächlich von westlichen Partnern finanziert worden. GEKE, KEK, später ÖRK, Gustav-Adolf-Werk, Kirchen helfen Kirchen, verschiedene Landeskirchen aus Deutschland (besonders Württemberg, Baden und Bayern) oder *otto per mille* (Mandatssteuer) blieben die wichtigsten Sponsoren dieses Projektes. Man muss noch erwähnen, dass das rumänische Staatssekretariat für religiöse Angelegenheiten sich finanziell an einigen Tagungen beteiligt hat, da die Bedeutung der Tagungen für die Kirchen und die rumänische Gesellschaft offensichtlich war.

3. Versuch einer Auswertung des Projektes Healing of Memories in Rumänien

Die kurze Geschichte der Entstehung, Entwicklung und der aktuellen Situation des Projektes *Healing of Memories* in Rumänien ermöglicht eine vorläufige Auswertung dieses Projektes. Ich gebe diese Auswertung hier in Kurzform wieder:

- Die Recherche der Geschichte verschiedener Regionen, Konfessionen und Ethnien, die im heutigen Rumänien oder in historischen Provinzen, die auf verschiedene Nachbarn Rumäniens verteilt sind, leben oder gelebt haben, hat neue Impulse zur historischen Forschung gegeben.
- Die verwendete Methodik der Recherche ist bedeutungsvoll und folgte Schritten, die für die Beteiligten nachvollziehbar waren: zuerst wurde die Geschichte jeder Konfession von eigenen Vertretern vorgestellt; danach wurden die Beziehungen zwischen verschiedenen Konfessionen dargestellt und letztlich wurden Recherchen über Konfessionen vorgestellt, die von Vertretern anderer Konfessionen erbracht wurden.
- Die Tatsache, dass die Ergebnisse der Konferenzen, Tagungen und Diskussionen in den verschiedenen Sprachen Rumäniens aber auch in internationalen Sprachen veröffentlicht wurden, ermöglichte weiten Kreisen von Interessierten Zugang zu diesen;
- *Healing of Memories* in Rumänien hat nicht nur eine ökumenische Dimension, sondern ist auch für den interreligiösen Dialog und die interreligöse Zusammenarbeit sowie für die Gesellschaft und Entwicklung des Landes von großer Bedeutung. Man kann eine Entwicklung innerhalb des Projektes sehen: es wurde von historischen Kirchen initiiert und allmählich haben sich auch Freikirchen daran beteiligt, wie etwa die Baptisten und die Pfingstler; es hat als eine christliche Initiative angefangen, später beteiligten sich auch Juden und Muslime;
- Das Projekt *Healing of Memories* in Rumänien versuchte, zugleich seine eigene Erfahrung zu „exportieren" aber auch von ähnlichen Projekten zu lernen;
- Die Entwicklung des Projektes von der rein historischen Forschung zur Implementierung einiger sozialer Entwicklungsprojekte sollte nicht als eine Abkehr vom ursprünglichen Zweck des Projektes, sondern als ein Versuch, den Bedürfnissen des Landes und der Region zu begegnen, gesehen werden.

In der Zukunft sollte die Stiftung versuchen, neue Herausforderungen, die in direkter Verbindung mit Versöhnungsarbeit stehen, anzunehmen. Diese neuen Herausforderungen sind: die Reintegration der rumänischen Mitbürgerinnen und Mitbürger, die mehrere Jahre im Ausland lebten und nach Rumänien zurückgekommen sind; sowie die Integration von Ausländern, die in Rumänien leben und kompakte Gemeinden bilden, wie etwa Chinesen, Iraner oder Philippiner.

„Restaurative Gerechtigkeit" als Ermöglichung von Versöhnung – in den Transformationsgesellschaften der ehemaligen DDR und Argentiniens

Bente Petersen[1]

Einleitung

„Keine Zukunft ohne Versöhnung", so lautet eine These des bekannten südafrikanischen Friedensnobelträgers Desmond Tutu, der in seinem gleichnamigen Buch zu einer Politik der Versöhnung aufruft und gleichzeitig vor einer Kultur des Vergessens warnt.[2] Bürger postautoritärer Gesellschaften sind vor ein fast unlösbares Dilemma gestellt: Auf welche Weise kann und soll geschehenes Unrecht aufgearbeitet werden? Südafrika setzte in seiner Aufarbeitungsstrategie den Schwerpunkt auf Wahrheit und Versöhnung. Doch dieser bis dahin einmalige Weg der Aufarbeitung birgt das große Problem der Amnestie für die Täter. Aber auch eine juristische Strafverfolgung würde den Ansprüchen einer fairen Aufarbeitung kaum gerecht, denn eine grundlegende Frage in der Aufarbeitungsdebatte von Transformationsgesellschaften ist ja, inwieweit *den Opfern* eines Regimes Gerechtigkeit widerfahren kann. „Wir wollten Gerechtigkeit und bekamen den Rechtsstaat",[3] klagte Bärbel Bohley, um ihrem Ärger über die einseitige ju-

---

[1] Bente Petersen ist Studentin der Ev. Theologie an der Universität Hamburg. Der vorliegende Beitrag fasst Ergebnisse ihrer Examensarbeit zusammen, deren Erarbeitung sich aus einem Studienjahr in Argentinien sowie Hauptseminaren zu Fragen der Versöhnung an der „Arbeitsstelle Theologie der Friedenskirchen" im Fachbereich Ev. Theologie ergab.

[2] Vgl. *Desmond Tutu:* Keine Zukunft ohne Versöhnung, Düsseldorf 2001.

[3] *Spiegel Online* (2010): Zitate von Bärbel Bohley, Internetauftritt: www.spiegel.de/fotostrecke/zitate-von-baerbel-bohley-wir-wollten-gerechtigkeit-fotostrecke-59251-3.html (aufgerufen am 17.02.2014).

ristische Aufarbeitung des DDR-Unrechts Luft zu machen. Ihre Kritik zielt dabei vor allem darauf, dass eine rein juristische Aufarbeitung kein menschliches Leid wiedergutmachen könne. Im Blick auf diese Kritik gilt es – im Lichte der christlichen Theologie – zu erörtern, in welchem Rahmen Versöhnung überhaupt stattfinden kann, wenn sie doch in einem erzwungenen juristischen Verfahren weder Wert noch Gültigkeit besitzt.

Der folgende Beitrag wird sich am Beispiel von Argentinien und der ehemaligen DDR der Frage widmen, wie ein Versöhnungsverständnis aus christlicher Perspektive aussehen kann und ob dieses mittels des Ansatzes der „restaurativen Gerechtigkeit" auf die staatliche Ebene übertragen werden kann. Daraus ergibt sich auch der Aufbau: Zunächst wird (1.) der Kontext der Beispielstaaten wahrgenommen und es werden jeweilige wichtige Probleme benannt, die eine Versöhnung innerhalb der Bevölkerung behindern; (2.) soll anhand der Ethik Dietrich Bonhoeffers und des Ansatzes der Befreiungstheologin Elsa Tamez ein theologisches Versöhnungsverständnis aufgezeigt werden, um schließlich (3.) die Frage zu stellen, inwieweit restaurative Gerechtigkeit die Umsetzung eines solchen Versöhnungsverständnisses gewährleisten könnte.

1. Beispiele für Transformationsgesellschaften: Die ehemalige DDR und Argentinien

Die Art der Aufarbeitung geschehenen Unrechts ist maßgeblich mit einem gelingenden Transformationsprozess verbunden. Erst wenn die Opfer des überwundenen Regimes Vertrauen in die neu konstituierte Regierungsform gefasst haben, ist ein Weg zur Neugestaltung und Versöhnung möglich.

a) Unter der SED-Regierung der DDR wurden etwa 250.000 Bürger inhaftiert, 3 Mio. Menschen flohen, 137 von ihnen wurden Opfer der Grenz- und Mauerschützen und fanden den Tod.[4] Es gilt festzuhalten, dass sich die Diktatur in den 40 Jahren ihres Bestehens durchaus verschiedener Arten der Repression bediente, die im Stasi-Jargon als „harte" bzw. „weiche Zersetzungsmaßnahmen" benannt wurden. Zurückgeblieben ist eine Gesell-

---

[4] *Bundesregierung* (2008): Bericht der Bundesregierung zum Stand der SED-Diktatur, Internetauftritt: www.bundesregierung.de/Content/DE/_Anlagen/BKM/2013-01-08-bericht-aufarbeitung-sed-diktatur.pdf?__blob=publicationFile (aufgerufen am 17.02.2014), 19.

schaft, in der die Bürger nicht nur Angehörige verloren haben, sondern aufgrund des Erlebten psychisch erkrankt sind und an dem Versuch, sich eine neue Existenz aufzubauen, scheitern. Fatal ist dabei, dass die meisten von ihnen durch die damalige „Ausnutzung von Vertrauensverhältnissen einschließlich der Instrumentalisierung von engsten Angehörigen der Opfer, ihrer Familien und ihres Freundeskreises"[5] unfähig geworden sind, überhaupt noch einem Menschen zu vertrauen. Laut Thomas Hoppe ist das hier beschriebene Unrecht „kaum oder gar nicht justiziabel".[6] Von staatlicher Seite aus werden im Hinblick auf diese sehr komplexe Ausgangslage unterschiedlichste Aufarbeitungsstrategien angewendet, um die Grundlagen für einen Versöhnungsprozess zu schaffen: So wurde etwa durch die Enquetekommission „Aufarbeitung von Geschichte und Folgen der SED-Diktatur in Deutschland" und dem Stasi-Unterlagen-Gesetz (StUG) eine „Aufklärung der Wahrheit durch Wahrheitskommissionen" angestrebt. Daneben wurden auch rechtliche Strafverfolgungen veranlasst und finanzielle und emotionale Rehabilitierung für die Opfer angeboten. Doch trotz des sehr vielschichtig angelegten Aufarbeitungsverfahrens, konnte eine innergesellschaftliche Versöhnung und eine damit verbundene Möglichkeit zu einem wirklichen Neuanfang nicht überzeugend vollzogen werden.

b) Die Periode der Militärdiktatur Argentiniens in der Zeit von 1976 bis 1983 ist vor allem durch das „Verschwinden" von tausenden, zum Großteil junger Menschen, den sogenannten *Desaparecidos,* bekannt geworden. Die Militärführung verfolgte eine konsequente Ausschaltung der eigenen Bevölkerung; eine klare Systematik war dabei allerdings nicht zu erkennen. Nach aktuellen Zahlen sind in dieser Zeit rund 30.000 *Desaparecidos* zu Tode gekommen, 500.000 Fälle von Exilanten sind dokumentiert.[7] Die Vergangenheitsbewältigung begann unmittelbar nach dem Kollaps der Junta mit der Etablierung der demokratischen Regierung unter Raúl Alfonsín, der eine nationale Kommission zur Aufarbeitung (*Comisión Nacional sobre la Desaparición de Personas*) einsetzte und die Strafverfolgung der Täter veranlasste. Doch sowohl die finanzielle und bürokrati-

---

[5]   *Thomas Hoppe:* Erinnerung, Gerechtigkeit und Versöhnung. Zur Aufgabe eines angemessenen Umgangs mit belasteter Vergangenheit – Eine sozialethische Perspektive; in: *Michael Bongardt* und *Ralf K. Wüstenberg* (Hg.): Versöhnung, Strafe und Gerechtigkeit. Das schwere Erbe von Unrechts-Staaten, Göttingen 2010, 41.

[6]   Ebd., 43.

[7]   Zahlen nach CONADEP (*Comisión Nacional sobre la Desaparición de Personas*), Internetauftritt: www.desaparecidos.org/arg/conadep/nuncamas/nuncamas.html (aufgerufen am 17.02.2014).

sche Last der Strafverfolgungen als auch die fast unveränderte Macht der Militärs brachten Alfonsín von seinem Plan einer flächendeckenden Aufarbeitung ab und ließen ihn 1986 das *Ley del Punto Final* unterzeichnen: Die Strafverfolgung wurde durch eine Generalamnestie aufgehoben.[8] Die Angst vor Verfolgung und Willkür musste sich demnach zwangsläufig mit der Erkenntnis fortsetzen, dass auch die neu gewählte Regierung nicht stark genug war, den Tätern ihre rechtmäßige Strafe zukommen zu lassen. Die Verstrickungen von Teilen der Bevölkerung und vor allem der Polizei in die Machenschaften der Junta schaffen bis heute eine allgemeine Atmosphäre des Misstrauens. Die Opfer haben also einerseits unter den Folgen des geschehenen Unrechts und der anhaltenden Ungewissheit über das Schicksal ihrer Angehörigen, andererseits unter einem nachhaltig enttäuschten Vertrauen zu leiden.

Obwohl Strategie und Wirkung der Aufarbeitungsprozesse in beiden Beispielstaaten sehr verschieden sind, ergibt sich die Gemeinsamkeit, dass das „Menschen mögliche Maß an Gerechtigkeit"[9] noch lange nicht erreicht ist. Das liegt zu einem großen Teil auch an der völligen Vernachlässigung eines Täter-Opfer-Ausgleichs, denn „befreien würde erst Versöhnung. Aber wie ist sie möglich?"[10]

2. Versöhnung theologisch denken: Die Spannung zwischen der allgemeinen Sündenvergebung und dem primären Recht der Opfer zur Vergebung

Paulus beschreibt im 2. Korintherbrief Gottes Versöhnungshandeln am Menschen. Die Schuld, die Versöhnung notwendig macht, wird in einer Kollektivschuld der Welt bzw. der Menschen verkörpert. Nun aber, in einer vorauslaufenden Vergebungshaltung, versöhnt Gott die Welt mit sich selbst, ohne dem Menschen diese Sünde anzurechnen. „Christus übernimmt unsere Sünder-Identität (Gal 3,13) und bestimmt sie so neu (2 Kor 5,17). Gottes Gerechtigkeit ist die Gegenwirklichkeit zur Sünde" (Gerhard Sauter).[11] Getauscht wird also „die Gottesfeindschaft der Menschen gegen

---

[8] Erst 2005 wurde das Amnestiegesetz unter Néstor Kirchner annulliert und ein Weg zur erneuten Aufarbeitung frei gemacht.

[9] *Bongardt/Wüstenberg,* Versöhnung, Strafe und Gerechtigkeit, a. a. O., 9.

[10] Ebd.

[11] *Gerhard Sauter* (Hg.): „Versöhnung" als Thema der Theologie, Gütersloh 1997, 32.

die neue Friedensrelation" (Ralf Wüstenberg).[12] Eine schlichte Übertragung des paulinischen Versöhnungsgedankens auf den politischen Bereich ist allerdings nicht ohne Weiteres möglich: Zunächst gilt es zu fragen, ob Versöhnung ohne ein aufrichtiges Reuebekenntnis von Seiten der Täter denkbar ist.[13] Es ist nach einer Definition von Schuld und der Praxis der Vergebung zu fragen: Der Gedanke einer kollektiven Schuld der Menschheit relativiert womöglich die individuelle Schuld der Einzelnen und verzerrt damit den Schuldbegriff in Allgemeinplätze.[14] Ferner übergeht eine „Vergebung von oben",[15] die das paulinische Modell impliziert, das Recht der Verletzten, über eine mögliche Vergebung selbst zu bestimmen. Dorothee Sölle kritisiert, dass diese fremde Vergebung eine „sublime Verachtung von Menschen" darstelle, „denen auch noch das minimale Recht, selber zu vergeben, was ihnen angetan wurde, genommen wird".[16] Folglich wäre für eine Versöhnung – auch auf politischer Ebene – das Eingeständnis der Schuld von Seiten der Täter zwingend nötig. Dabei dürfen zwar die Motive des Täters nicht untergehen, vor allem muss aber das Leid des Opfers Gehör finden. Eine „Vergebung von oben", die im Kontext politischer Aufarbeitung durch das staatliche Rechtssystem ausgesprochen würde, kann die Vergebung durch die Opfer nicht ersetzen.

Dietrich Bonhoeffer und Elsa Tamez haben sich theologisch ganz unterschiedlich mit dem Phänomen der Versöhnung auseinandergesetzt, wobei die theologische und die politische Dimension stets zusammen betrachtet werden. Diese Ansätze sollen hier nun dargestellt und kritisch gewürdigt werden.

---

[12] *Ralf K. Wüstenberg:* Politische Versöhnung in theologischer Perspektive. Zur Aufarbeitung von Vergangenheit in Südafrika und Deutschland; in: Evangelische Kommentare 69 (2009), 352.

[13] In der Kirchengeschichte wird deutlich, dass die Bußpraxis eines der wichtigsten Elemente zur Vergebung der Sünde ist. Eine vorauslaufende Vergebung wird also auch von der Kirche nicht gewährt.

[14] „Die konkrete Sünde als todbringende Sünde (Verelendung, Folter, Mord) wird hinter dieser Verallgemeinerung unsichtbar. [...] Wenn man im konkreten Fall der Folter weiterdenkt, heißt dies, daß die Opfer zu Tätern werden, weil ja auch sie Sünder sind"; *Ludger Weckel:* Menschenrechtsverletzung und Versöhnung. Zum Gebrauch des Versöhnungsbegriffs in Kirche und Theologie; in: Straflosigkeit, Gerechtigkeit, Vergebung. Christliche Wege zur Versöhnung? Internationales Seminar der FI.ACAT. Internationale Föderation der Aktion der Christen für die Abschaffung der Folter, Münster 7.–11. Juni 1995, St. Ottilien 1996, 130.

[15] *Dorothee Sölle:* Politische Theologie. Auseinandersetzung mit Rudolf Bultmann, Stuttgart 1982, 104.

[16] Ebd.

a) *Dietrich Bonhoeffer: Die neue Wirklichkeit als Wiederherstellung von Beziehungen in Christus*

Die Ethik Bonhoeffers ist geprägt von der Beschreibung eines innerweltlichen Versöhnungsgeschehens zwischen Gott und Mensch und dem damit verbundenen Aufruf zur Verantwortung. Bonhoeffer versteht die vorauslaufende Versöhnung Gottes mit der Welt als Grundlage allen Seins und Handelns. Das Versöhnungsgeschehen besteht in der Vereinigung Gottes mit der Menschheit durch Christus und der damit verbundenen Überwindung gegensätzlicher Wirklichkeiten. Die Unterscheidung von Gott und Welt wird also in einem dialektischen Prozess durch den Mittler Christus aufgehoben. Denn „im Leibe Jesu Christi ist Gott mit der Menschheit vereint, ist die ganze Menschheit von Gott angenommen".[17] Diese Vereinigung kann als eine „polemische Einheit"[18] bezeichnet werden, da sie den Unterschied von Gott und Mensch nicht aufhebt, schließlich bleibt Gott Subjekt des Handelns.[19] Ausgehend von der universalen Versöhnung gibt es nur eine letzte Wirklichkeit, die Gott ist. Gott, der von Bonhoeffer als Ursprung alles Guten verstanden wird, muss für den Menschen Ausgangspunkt aller Fragestellungen nach dem Guten sein, denn „was sollte ein Gutsein des Menschen und der Welt ohne Gott für eine Bedeutung haben?".

Bonhoeffer wehrt sich damit gegen ein rein abstraktes Verständnis von Gott, das ihn als eine von der Welt losgelöste Größe interpretiert. Durch die Menschwerdung Jesu Christi ist der Mensch nun dazu befähigt, Gott als konkrete Größe in seinem Leben wahrzunehmen. Die Akzentuierung des Diesseits verleiht Bonhoeffers Theologie größte Aktualität. Hierin liegt die Begründung der Notwendigkeit, dass der Christ sich in der Welt durch tätiges Handeln ausweist. Diese Tätigkeit entspringt nicht einem Müssen, sondern ist Konsequenz der Wirklichkeit in Christus, die durch das „Kreuz der Versöhnung"[20] vermittelt ist. „Das Kreuz der Versöhnung ist die Befreiung zum Leben vor Gott mitten in der gottlosen Welt, es ist die Befreiung zum Leben in echter Weltlichkeit."[21] In dieser echten Weltlichkeit werden

---

[17] *Dietrich Bonhoeffer:* Ethik, hg. v. *Ilse Tödt, Heinz Eduard Tödt, Ernst Feil* und *Clifford Green*, Gütersloh ³2010, 53.

[18] Ebd., 45.

[19] Vgl. *Hans V. Mikkelsen* (1995): „Nur der leidende Gott kann helfen". Dietrich Bonhoeffers Verhältnisdenken, Internetauftritt: http://home.online.no/~boethius/bonhoef. htm#3.1 (aufgerufen am 17.02.2014).

[20] *Dietrich Bonhoeffer,* Ethik, a. a. O., 404.

[21] Ebd.

die vergeblichen Versuche des Menschen, sich selbst zu vergöttlichen, unwichtig, da die „Konflikte zwischen ‚Christlichem' und ‚Weltlichem' überwunden"[22] sind. Die Befreiung besteht im Erkennen der eigenen Begrenztheit und Unvollkommenheit. Hans Mikkelsen erklärt, dass „die Welt gerade in der Begrenzung, die sie durch das Verhältnis zu Gott erfährt, dazu befreit wird, Welt zu sein. Sie wird davon befreit, sich selbst zu etwas Anderem, etwas Größerem zu erheben als sie selbst ist".[23]

Bezeichnend für Ethik und Theologieverständnis Bonhoeffers ist die Auffassung der Einheit des Ganzen: So verwirft er die Unterscheidung von Person und Werk und kommt zu dem Schluss, dass „das Gute [...] nach dem Ganzen [verlangt], nicht nur nach der ganzen Gesinnung, sondern auch nach dem ganzen Werk".[24] In der Frage nach der Einheit von Gott und Welt eröffnet sich auch die Frage nach Versöhnung, denn wo Gott und die Welt im Einklang gedacht werden, da sind Gott und Welt versöhnt. „Wo andererseits das Christliche als selbständiger Bezirk auftritt, dort weigert man der Welt die Gemeinschaft, die Gott in Jesus Christus mit ihr eingegangen ist."[25] Die Kirche hat bei Bonhoeffer die Funktion der Versöhnungsmittlerin. Durch sie soll Gottes Botschaft der Versöhnung konkrete Wirklichkeit in der Welt werden. Dabei rückt sein ekklesiologisches Verständnis allerdings von einem traditionellen Bild der Kirche ab. Er distanziert sich von dem allein räumlichen Verständnis der Kirche als „Kultverein"[26] und erklärt sie zu dem Ort, „wo bezeugt und ernst genommen wird, daß Gott die Welt in Christus mit sich versöhnt hat".[27] Ferner sei sie der Ort, an dem die Gläubigen ihre Schuld durch Christi Gnade erkennen. Die eine Wirklichkeit Gottes verbiete ihr den Rückzug in eine eigene Wirklichkeit. Erst durch ihren Bezug auf alle Menschen und die Konzentration auf Zeugnis und Dienst der Versöhnung sei sie Kirche Gottes in der Welt. Die Kirche, die als Gemeinschaft der Gläubigen in der Nachfolge Christi stehe, müsse in zwei Dimensionen betrachtet werden: Der Dimension der Christusgegenwart als Selbstzwecklichkeit und dem Ort des Dienstes als Funktionalität.[28] In diesen zwei Dimensionen erklärt sich das von Bonhoeffer ge-

---

[22] Ebd.
[23] *Hans V. Mikkelsen,* „Nur der leidende Gott kann helfen", a. a. O.
[24] *Dietrich Bonhoeffer,* Ethik, a. a. O., 37.
[25] Ebd., 46.
[26] Ebd., 49.
[27] Ebd., 46.
[28] *Gunter M. Prüller-Jagenteufer:* Befreit zur Verantwortung. Sünde und Versöhnung in der Ethik Dietrich Bonhoffers, Münster 2004, 174.

prägte *pro nobis* und *pro aliis:* Aus der Gegenwart Jesu Christi schöpft die Gemeinschaft der Gläubigen die Kraft, für andere da zu sein.[29] Die Kirche bestehe in einem Widerspruchsverhältnis zwischen der sündigen Welt und dem Reich Gottes, das aber durch Christus versöhnt wird. Durch dieses Verhältnis wird gleichzeitig die Diesseitigkeit der Kirche betont: Der Ort der Kirche „liegt nicht irgendwo jenseits der Wirklichkeit im Reiche der Ideen, sondern er liegt mitten in der Geschichte als göttliches Wunder, er liegt in Jesus Christus, dem Weltversöhner".[30] Bonhoeffer versteht unter der Kirche also die Wirklichkeit des lebendigen Christus in der Welt und nicht die bloße Verwirklichung christlicher Ideale.[31]

Gemäß der Auffassung des *pro aliis* und ihrer Diesseitigkeit hat Kirche in der Nachfolge drei Aufgaben gegenüber dem Staat: 1. „Die an den Staat gerichtete Frage nach dem legitim staatlichen Charakter seines Handelns", 2. „Der Dienst an dem Opfer des Staatshandelns" und 3. „Nicht nur die Opfer unter dem Rad zu verbinden, sondern dem Rad selbst in die Speichen zu fallen".[32] Die Kirche sei also der Ort, wo die Gemeinschaft der Gläubigen ihre Schuld erkenne. Das Schuldbekenntnis sei durch Jesus Christus möglich und betreffe den ganzen Menschen. Auch hier wird Bonhoeffers Konzept des Ganzen deutlich, denn die Vollständigkeit des Opfers Christi verlangt auch das vollständige Schuldbekenntnis des Menschen. In diesem Bekenntnis „fällt die ganze Schuld auf die Kirche, auf die Christen und indem sie hier nicht geleugnet, sondern bekannt wird, tut sich die Möglichkeit der Vergebung auf".[33] Das Schuldeingeständnis ist für Bonhoeffer demnach maßgeblich für eine Vergebung. Mit dieser Auffassung stellt er sich gegen eine „billige Gnade",[34] die das Wesen der Kirche verraten würde, denn: „In dieser Kirche findet die Welt billige Bedeckung ihrer Sünden, die sie nicht bereut und von denen frei zu werden sie erst recht nicht wünscht. Billige Gnade ist darum Leugnung des lebendigen Wortes Gottes, Leugnung der Menschwerdung des Wortes Gottes."[35] Eine teure Gnade wi-

---

[29]   Ebd., 175.
[30]   *Dietrich Bonhoeffer,* Ethik, a. a. O., 68.
[31]   Ebd.
[32]   *Dietrich Bonhoeffer:* Die Kirche vor der Judenfrage (1933); in: *Ders.:* Gesammelte Schriften, hg. v. *Eberhard Bethge.* Band 2. Kirchenkampf und Finkenwalde. Resolutionen, Aufsätze, Rundbriefe 1933–1943, München 1959, 48.
[33]   *Dietrich Bonhoeffer,* Ethik, a. a. O., 127.
[34]   *Dietrich Bonhoeffer:* Nachfolge, hg. v. *Martin Kuske* und *Ilse Tödt,* DBW, Band 4, Gütersloh 1998, 29.
[35]   Ebd.

derfahre dem Menschen erst in der Nachfolge Jesu Christi. – Hier wäre u. a. zu fragen, ob Gnade Voraussetzungen fordern kann oder ob die Gnade erst durch ihre Voraussetzungslosigkeit zu einer solchen wird.

Bonhoeffer fordert damit einen konsequenten Blick auf das eigene Versagen. Er verurteilt eine „moralische Degradierung",[36] die die eigene Schuld im Vergleich mit anderen leichter erscheinen lässt. Denn erst in der Verleugnung der eigenen Schuld mache man sich vor Christus schuldig.[37] Eine im Voraus ausgesprochene Vergebung würde von Bonhoeffer nicht als authentisch geachtet werden. Es bedürfe eines kompletten Bruchs mit dem eigenen schuldigen Leben, um auf einen Neuanfang zu hoffen.[38]

Was für den einzelnen Menschen gilt, kann aber nicht ohne Weiteres auf den Staat übertragen werden. Eine schuldig gewordene Gesellschaft hat nur die Möglichkeit, in einem allmählichen Heilungsprozess gesund zu werden. Die Kontinuität der Geschichte mache ein Vergessen der Schuld unmöglich. Es sei allein eine „Vernarbung der Schuld"[39] möglich, sofern keine neue Schuld auf sich geladen wird. In diesem Prozess müssen die Schuldigen ihrer Schuld überführt werden.[40] Bonhoeffer unterscheidet also zwischen einer kollektiven Schuld in der Sünde Adams und einer spezifischen, individuellen Schuld der Menschen. Der Mensch müsse diese Schuld durch Christus erkennen und um Vergebung bitten. Bonhoeffer ist sich darüber im Klaren, dass die wenigsten Menschen zu diesem Schritt bereit sind, und fordert eine gerichtliche Überführung der nicht-reuigen Täter. Er macht ferner darauf aufmerksam, dass „jede Illusion, Geschehenes durch Strafaktionen ungeschehen machen zu können, fallen gelassen [werden muss] und daß der Kirche Jesu Christi als Ursprung aller Vergebung, Rechtfertigung, Erneuerung Raum gegeben wird unter den Völkern".[41] Bonhoeffer unterstreicht in seinem Konzept also die Bedeutung von Beziehungen, wenn der Mensch sich erst in der Beziehung zu Christus seiner eigenen Wirklichkeit bewusst wird. Gott ist derjenige, der durch das Kreuz an diese Beziehung erinnert und sie durch Christus wiederherstellt. Eine solche Wiederherstellung von Beziehungen wird auch von der Kirche gefordert. Das Schuldeingeständnis jedes Einzelnen eröffnet also den Weg zur Realisierung einer versöhnten Gemeinschaft.

---

[36] *Dietrich Bonhoeffer,* Ethik, a. a. O., 132.
[37] Ebd.
[38] Ebd., 134.
[39] *Dietrich Bonhoeffer,* Ethik, a. a. O., 132.
[40] Ebd., 136.
[41] Ebd.

b) Elsa Tamez: Rechtfertigung in Christus – aus Sicht der Opfer – als Ermöglichung zum Leben für alle

Die Befreiungstheologie galt den führenden Widerständlern der Evangelischen Kirche am Rio de la Plata (*Iglesia Evangélica del Río de la Plata*, IERP) als Grundlage im Kampf gegen die Diktatur unter Videla in Argentinien. Vor allem die befreiungstheologischen Ansätze der „ersten Generation" zeichnen sich durch eine dualistische Weltsicht aus. Das Potential dieser Theologie liegt ja gerade in der Aufdeckung von Missständen und dem Aufschrei der Unterdrückten. Wie aber kann Versöhnung möglich werden, wenn die Welt in „Arm" und „Reich" und in „Opfer" und „Täter" eingeteilt wird?

Elsa Tamez deutet darum das Versöhnungsgeschehen im Hinblick auf die paulinische Rechtfertigungslehre neu und stellt es in den aktuellen Kontext der lateinamerikanischen Wirklichkeit: Die kollektive Sünde im christlichen Gebrauch trage zu einer Verallgemeinerung der Schuld bei und rücke die Bedeutung der individuellen Schuld in den Hintergrund. Dabei identifiziere sich die untere, sehr gläubige Bevölkerungsschicht mit dieser kollektiven Schuld und rücke in ihrer Selbstwahrnehmung in die Rolle der Schuldigen. Diese Bevölkerungsgruppe unterscheide dann oft nicht mehr „zwischen Sünde und strafrechtlich zu ahnender Schuld".[42] So schreibt Tamez: „Die Armen, die mit ihren Sünden an die Vergehen der Machtinhaber heute nicht einmal von weitem herankommen, gestehen [...] ihre Verfehlungen ein. Und die Ungerechtigkeit springt noch mehr ins Auge, wenn man sehen muß, daß gerade sie ständig daran erinnert werden, Sünder zu sein."[43] Sie plädiert daher für eine Ansiedlung der Rechtfertigungslehre in einen konkreten Kontext und wehrt sich gegen einen „konfusen Gebrauch"[44] der Lehre. Nur in der Verortung von Rechtfertigung in der Geschichte kann dann auch Versöhnung stattfinden. Das impliziere, Rechtfertigung nicht auf ein Versöhntsein mit Gott zu verkürzen, sondern diese Versöhnung auf eine zwischenmenschlich geschichtliche Ebene zu heben.

Bonhoeffer und Tamez stimmen in der Forderung überein, die Aktualität des Versöhnungsangebots Gottes zu erkennen. Dabei fordern beide die

---

[42] *Wolfgang Huber:* Gerechtigkeit und Recht. Grundlinien christlicher Rechtsethik, Gütersloh ³2006, 390.

[43] *Elsa Tamez:* Gegen die Verurteilung zum Tod. Paulus oder die Rechtfertigung durch den Glauben aus der Perspektive der Unterdrückten und Ausgeschlossenen, Luzern 1998, 12.

[44] Ebd.

Betrachtung des ganzen Menschen und machen auf einen oft falschen Gebrauch der Trennung von Person und Werk aufmerksam. Versteht man die Rechtfertigung aus Glauben als Ermöglichung zur Versöhnung zwischen Opfern und Tätern, so muss sie von der Situation der Opfer ausgehen.[45] Voraussetzung für eine Versöhnung ist zunächst die Anerkennung der Würde eines jeden Menschen. Unrecht wird ja erst dadurch ermöglicht, dass Täter die Menschenwürde ihrer Opfer missachten. Auch ganze Systeme drängen viele Menschen an den Rand der Gesellschaft und verwehren ihnen ihre Menschenrechte. Diese Umstände führen dazu, dass sich Unterdrückte und Ausgegrenzte als „Nicht-Menschen"[46] erfahren und sich durch ihr „Nicht-Sein"[47] definieren. „Die Rede von der Rechtfertigung aus Glauben muß auf die Ermöglichung von Leben abzielen – darauf, daß alle wirklich leben können."[48]

Konkret verstanden muss die theologisch postulierte Gottesebenbildlichkeit des Menschen in praktische Politik umgesetzt werden. Doch nicht nur die Opfer werden auf diese Weise in ihrem Menschsein wahrgenommen, sondern auch die Täter vor der Entmenschlichung bewahrt: Denn „die Mächtigen in vielen Ländern mit diktatorischen [...] Regimen praktizieren eine dermaßen irrationale Repression und Unterdrückung, daß sie sich auch selbst ihres Menschseins total begeben".[49] Rechtfertigung, die sich als Ermöglichung zum Leben versteht, ist für beide Seiten heilend und ebnet den Weg für Versöhnung. Aber die Wirklichkeit scheine eher „wie eine – spiegelverkehrte – theologische Parodie auf die Lehre von der unverdienten Rechtfertigung: Rechtfertigung aufgrund von Verdiensten".[50] Heil ist nur durch Verdienste zu erlangen und schließt einen Großteil der Bevölkerung aus, „denn das System kennt nicht die Dimension von Gnade und Glauben".[51]

Dieses „System des Todes" muss durch die permanente Vergewisserung der Gottesebenbildlichkeit aller Menschen durchbrochen werden und zwar durch die Berufung auf das eigene Menschsein. Konkret definiert Tamez vier grundlegende Aspekte der paulinischen Rechtfertigungslehre, die

---

[45] Ebd., 38.
[46] Ebd., 42.
[47] Ebd.
[48] Ebd., 47.
[49] Ebd., 49.
[50] Ebd., 187.
[51] Ebd.

auf die lateinamerikanische Wirklichkeit übertragen werden sollen. Alle Punkte können als logische Konsequenz davon verstanden werden, dass Rechtfertigung auf die Ermöglichung von Leben abzielt. 1. Integration der zuvor Ausgeschlossenen in das Volk Gottes, 2. Erkenntnis des Fehlens wahrer Gerechtigkeit und Gotteserkenntnis, 3. Verkündigung, dass Gottes Gerechtigkeit allen gilt, 4. Widerstand gegen die ungerechte Welt.[52] Diese Punkte wirken ineinander und können nicht voneinander getrennt werden: Die Erkenntnis der Abwesenheit von Gerechtigkeit führt beim gerechtfertigten Menschen zu dem Willen, diese Umstände zu ändern, um Leben zu ermöglichen. Die Integration Ausgeschlossener ist logische Konsequenz der Botschaft des Evangeliums und ein unerlässlicher Schritt zur Schaffung von Gerechtigkeit. Dabei ist der Widerstand gegen die bestehende ungerechte Welt nicht zu umgehen.

Tamez' Theorie zeichnet sich durch ihre anthropologische Zentrierung aus: Durch die Anerkennung der Gottesebenbildlichkeit des Menschen wird die Verbindung zu Gott möglich. Die Armen erkennen sich nicht mehr als Nicht-Menschen, sondern als von Gott erwählte Kinder. Diese Anerkennung ist durch den menschgewordenen, leidenden Gott möglich geworden. Gleichzeitig ermöglicht der Gedanke der Gottesebenbildlichkeit eine Begegnung aller Menschen auf Augenhöhe: In dieser Theorie gibt es keine „Nicht-Menschen" mehr, sondern nur noch Gottes Ebenbilder. Versöhnung wird schließlich durch die Begegnung von Opfern und Tätern auf Augenhöhe ermöglicht.

Der Ansatz von Tamez ist im besten Sinne eine Utopie zur Verwirklichung des Reiches Gottes auf Erden. Dabei zielt er auf eine Vermenschlichung des Systems, indem er die gegenseitige Anerkennung der Gottesebenbildlichkeit des Menschen zur Grundlage der Politik macht. Ausgehend von dem gerechtfertigten Menschen, der Gottes Gnade empfangen hat, zeichnet er eine Welt der Versöhnung und Solidarität.

Es bleibt nach der Universalität des Ansatzes zu fragen: Kann die geforderte Vergebung und die gegenseitige Anerkennung der Menschenwürde beispielsweise auch auf die Situation Deutschlands nach 1989 übertragen werden? Die biblische Praxis der Versöhnung fungiert m. E. als wichtige Botschaft eines idealen Versöhnungsgeschehens. Aber es bedarf Regeln, diese Versöhnung auch in einem rechtlichen Rahmen umzusetzen. Im christlichen Sinne ist also nach einem Instrument zu fragen, das die christ-

---

[52] Vgl. *Elsa Tamez,* Gegen die Verurteilung zum Tod, a. a. O., 177–183.

lichen Werte wie Gnade, Vergebung und (Feindes-)Liebe impliziert und diese in einem gesetzlichen Rahmen verankert. Hierzu bietet sich das Modell der restaurativen Gerechtigkeit an.

3. Der Ansatz der restaurativen Gerechtigkeit: Die vorrangige Frage nach Bedürfnissen und Verantwortlichkeiten

Die restaurative Gerechtigkeit wird als ergänzendes Modell zum bestehenden, *retributiv* ausgerichteten Rechtssystem verstanden. Im Mittelpunkt stehen hier die Betroffenen einer Straftat selbst, ihre Beziehungen zueinander und ihre Bedürfnisse. Begreift man Gerechtigkeit als Weg, den *schalom* Gottes in der Welt Wirklichkeit werden zu lassen und darum die Beziehungen der Menschen untereinander in den Vordergrund zu stellen, so stößt der Ansatz der retributiven Gerechtigkeit schnell an seine Grenzen: In der ausgleichenden Gerechtigkeit wird das Ausmaß der Schuld bestimmt, um eine dem Verbrechen angemessene Strafe verhängen zu können. Nach Wolfgang Huber hat „die Strafe [...] nach dieser Auffassung keinen außerhalb ihrer liegenden Zweck. Sie dient allein der Verwirklichung einer Idee: der Gerechtigkeit".[53] Solange die Gerechtigkeit aber eine Idee bleibt, hat sie keine praktische Funktion und übergeht wichtige menschliche Bedürfnisse.

Auch Howard Zehr beschreibt die retributive Gerechtigkeit als Wurzel gescheiterter Versöhnungsversuche: Wenn ein Verbrechen primär darin besteht, dass Gesetze gebrochen wurden, ist der Staat das Opfer dieses Verbrechens. Damit werden die Opfer einer Unrechtstat nahezu gänzlich aus dem Prozess ausgeschlossen und nehmen bestenfalls als Zeugen bzw. Nebenkläger an der Gerichtsverhandlung teil. Viele Opfer werden in dieser Situation vom Staat allein gelassen, obwohl doch gerade sie es sind, deren Leben nachhaltig geschädigt wurde. Sie benötigen einen Raum, um Wut und Verletzung artikulieren zu können und ihrem Leid Ausdruck zu verleihen. Vielen Opfern gelingt es darum nicht, aus der Opferrolle zu entkommen, weil sie vergeblich auf Wiedergutmachung und Gerechtigkeit warten. In den meisten Fällen steht der Wunsch nach Wahrheit im Vordergrund, der aber kann nur selten erfüllt werden.

---

[53] *Wolfgang Huber,* Gerechtigkeit und Recht, a. a. O., 398.

Während das Opfer also gänzlich in den Hintergrund tritt, wird der Fokus auf den Täter bzw. auf dessen Schuld gelegt. Das Festlegen von Strafe fordert ein Denken in Stereotypen: Der Täter wird allein auf das begangene Unrecht reduziert und auf Schuldfähigkeit hin geprüft. Marginal sind dabei die Umstände, aus welchem sozialen Umfeld der Täter stammt und welche Motive ihn zu dieser Tat bewegt haben. Ferner werden soziale Kategorien auf rechtliche Termini heruntergebrochen. In dieser Situation ist es für den Täter einfach, die Auseinandersetzung mit seiner Schuld und seiner Verantwortung zu vermeiden. Eigene Verantwortung wird dem Täter ohnehin aus der Hand genommen, indem er sich nicht persönlich für seine Taten zu verantworten hat. Der Konflikt zwischen Opfer und Täter wird zu einem Konflikt zwischen Ankläger (Staatsanwalt) und Verteidiger.

Während der Zeit einer zu verbüßenden Strafe – durch Haft – wird der Verurteilte in ein Umfeld gesetzt, in dem wiederum Gewalt die Regel ist. Diese wird – war sie während des Verbrechens vielleicht nur die Ausnahme – nun zum ständigen Begleiter des Täters und führt diesen dazu, sein Selbstbewusstsein primär durch Gewalt zu definieren. Durch Gewalt, so schreibt Zehr, glaube ein Täter sich aus seiner „personal nothingness"[54] befreien zu können. – Bei Tamez wurde bereits beschrieben, dass Unterdrückte sich oft als „Nicht-Menschen" erfahren. Dieses Phänomen trifft auch auf Täter zu, die sich in ihrem Menschsein nicht ernst genommen fühlen. Zehr hebt weiter hervor, dass Gefängnisaufenthalte beinahe jede Möglichkeit der Selbstbestimmung untergraben. Entlassen werden in vielen Fällen Menschen, die den Umgang mit Gewalt als normal empfinden und ein selbstbestimmtes Leben verlernt haben. Menschliche Bedürfnisse, sowohl die der Opfer als auch die der Täter, werden im bestehenden Rechtssystem hinter der Idee der Gerechtigkeit zurückgestellt. Die vorherrschende Auffassung von Gerechtigkeit in retributiven Rechtssystemen sieht Versöhnung also nicht vor.[55]

In der Suche nach alternativen und ergänzenden Ansätzen definiert Zehr ein Verbrechen daher primär als eine Verletzung von Beziehungen. Betroffen seien von dieser Verletzung das Opfer selbst, der Täter und eine

---

[54] *Howard Zehr:* Changing Lenses. A new Focus for Crime and Justice, Scottdale/PA ³2005, 36.

[55] Dennoch soll die retributive Gerechtigkeit nicht als negatives Gegenmodell zur restaurativen Gerechtigkeit ver-standen werden. Wichtig ist aber, ergänzende Ansätze zu finden, um auf die beschriebenen Bedürfnisse einzugehen und wenigstens die Möglichkeit für Versöhnung zu schaffen.

Gemeinschaft.[56] Die restaurative Gerechtigkeit richtet sich gemäß Zehr nach den fünf folgenden Leitfragen: 1. Wer wurde verletzt?, 2. Was sind ihre Bedürfnisse?, 3. Wessen Verpflichtung ist das?, 4. Wer ist in dieser Situation betroffen? und 5. Wie sieht ein angemessener Prozess aus, der die Betroffenen an dem Versuch beteiligt, die Dinge in Ordnung zu bringen?[57] Primäres Ziel der restaurativen Gerechtigkeit ist also nicht die Festsetzung von Strafe (wohl aber die Benennung von Schuld bzw. von Verpflichtungen), sondern – in Anlehnung an den *schalom*-Begriff – die Ermöglichung eines Miteinanderlebens und die Wiederherstellung von Beziehungen. – Den respektvollen Umgang hatte auch Elsa Tamez in ihrem Ansatz gefordert, nach dem jeder Mensch die Würde des anderen respektieren soll. Daher ist auch die strenge Unterteilung zwischen „Opfer" und „Täter" überholt, da niemand auf diese Termini reduziert werden solle. (Zur weiteren Klärung werden diese Termini in den folgenden Überlegungen daher jeweils in Anführungszeichen gesetzt.)

Das begangene Verbrechen wird in Verbindung mit dem weiteren Kontext des Täters gebracht und es wird nach möglichen Ursachen geforscht. Da die Bedürfnisse aller Menschen individuell bestimmt werden, müssen diese – im besten Fall im Dialog zwischen Opfer und Täter – benannt werden. Im Mittelpunkt steht aber das Opfer, das im retributiven System in seinen Bedürfnissen massiv übergangen wird. Daraus ergibt sich die Verpflichtung des Täters: Er soll Verantwortung für seine Handlung übernehmen. Die Verantwortung besteht aber nicht in dem Absitzen einer Gefängnisstrafe, sondern in einer konkreten Verantwortungsübernahme seiner Schuld. Diese beginnt mit dem Schritt, die eigene Schuld anzuerkennen und zu versuchen, die verursachten Folgen der Tat zu verstehen. Für diesen Schritt brauchen Täter Hilfe, die etwa in einer „Ermutigung und Unterstützung ihrer Integration in die Gemeinschaft"[58] von Seiten der Justiz bestehen kann. Ferner wird die Gemeinschaft involviert, da auch sie in ihrem Sicherheitsverständnis und Gemeinschaftsgefühl verletzt worden ist. In der Anerkennung ihrer Rolle in diesem Konflikt soll sie die Gelegenheit bekommen, „ein Gemeinschaftsgefühl und Verantwortung füreinander zu entwickeln".[59]

---

[56] *Howard Zehr,* Changing Lenses, a. a. O., 184.
[57] Vgl. *Howard Zehr:* Fairsöhnt. Restaurative Gerechtigkeit. Wie Opfer und Täter heil werden können, Schwarzenfeld 2010, 51.
[58] *Howard Zehr,* Fairsöhnt, a. a. O., 25.
[59] Ebd., 26.

Restaurative Gerechtigkeit basiert also auf gegenseitigem Respekt und gegenseitiger Anerkennung der Menschenwürde. Wie aber kann ein Mensch, der Opfer schwerer Gewalttaten geworden ist, dem Täter auf respektvolle Weise entgegentreten? Und wie kann restaurative Gerechtigkeit stattfinden, wenn das Opfer selbst die Tat nicht überlebt hat? Aus besagten Gründen ist es schwierig, das Konzept als Element der Rechtspflege anzuwenden und Gespräche zwischen Opfern und Tätern zu erzwingen. Restaurative Gerechtigkeit basiert auf Freiwilligkeit und setzt eine intensive Bestandsaufnahme der Bedürfnisse aller Parteien voraus. Sie ist im Idealfall die Verwirklichung christlicher Ideale und ein Versuch, auch die Feindesliebe im Alltag umzusetzen – eine schwere Aufgabe, die auf große Widerstände treffen kann. Das Resultat aber sollte Christinnen und Christen Anliegen und Aufgabe sein.

Wie könnte die Umsetzung nun also auf der Ebene unserer Beispielstaaten aussehen?

4. Versuch einer Anwendung der restaurativen Gerechtigkeit auf die Beispielkontexte DDR und Argentinien

a) Auch wenn die Zeit der SED-Diktatur an vielen Stellen aufgearbeitet wird, reicht dies zu einer Versöhnung zwischen Opfern und Tätern noch nicht aus. Kann aber restaurative Gerechtigkeit als Ermöglichung zur Versöhnung in den neuen Bundesländern dienen? Dies soll anhand der Leitfragen restaurativer Gerechtigkeit erörtert werden:

a.1) Wer wurde verletzt? Gerade am Beispiel der DDR ist zu sehen, dass die schlichte Unterteilung zwischen Opfern und Tätern zu einfach wäre. Viele „Inoffizielle Mitarbeiter", die der Stasi wichtige Informationen über ihre Mitmenschen haben zukommen lassen, handelten oft unter Zwang und Angst. In einigen Fällen fungierte „die Partei" als Familienersatz und Schutzfaktor. Sowohl die „Opfer" als auch viele „Täter" wurden dadurch in ihrem Vertrauen gegenüber Mitmenschen und Staat verletzt. Betroffen ist also ein Gemeinwesen.

a.2) Was sind ihre Bedürfnisse? Viele „Opfer" haben in erster Linie das Bedürfnis, Wahrheit zu erfahren. Dieser Anspruch ist mit dem Stasi-Unterlagen-Gesetz rechtlich verankert worden. Allerdings beinhaltet dieses Bedürfnis auch den Wunsch, die eigene Geschichte erzählen zu können und andere an ihren Erlebnissen teilhaben zu lassen. Die Narration ermöglicht eine direkte Konfrontation mit der Tat und kann gleichzeitig den Prozess der Heilung anstoßen. Auch die „Täter" bedürfen dieses Raumes, um ihre Beweggründe zu erläutern. Ihre Bedürfnisse dürften vor allem darin bestehen, nicht auf ihr Tätersein reduziert zu werden, sondern ihr Schicksal in ihrer Ganzheit vorzustellen.

a.3) Wessen Verpflichtung ist das? Die Frage der Verpflichtung ist eine der schwierigsten in diesem Konstrukt. In erster Linie muss der Staat die Schaffung einer heilen Gesellschaft anstreben. Auch die Täter selbst sollten sich ihrer Verantwortung bewusst sein und persönlich auf ihre Opfer zugehen. Neben dem Staat könnten sich weiterhin z. B. die Kirchen verantwortlich fühlen, geschützte Räume für Aussprachen zur Verfügung zu stellen.

a.4) Wer ist in dieser Situation betroffen? Betroffen ist eine gesamte Gesellschaft. Nach wie vor leben viele Menschen in den neuen Bundesländern in einem Misstrauensverhältnis zueinander. In vielen Fällen verweigern die Bürger ihre Einsicht in die Stasi-Akten, um die Wahrheit nicht erfahren zu müssen. Gemäß der Aussage Roland Jahns „Wahrheit schafft Klarheit"[60] könnten begleitende Unterstützungen zur Einsicht der Akten eingerichtet und Dialoge zwischen Opfer und Tätern angeboten werden. Dies geschieht bisher nur in Ansätzen.

a.5) Wie sieht ein angemessener Prozess aus, der die Betroffenen an dem Versuch beteiligt, die Dinge in Ordnung zu bringen? Zum einen muss gefragt werden, ob die Menschen 25 Jahre nach der friedlichen Revolution für eine neue Form der Aufarbeitung noch (oder schon?) bereit sind. Viele fordern einen neuen Weg, andere wünschen sich einen Schlussstrich, um einen Neuanfang zu ermöglichen. Die Anerkennung, dass Versöhnung nötig ist und diese durch restaurative Gerechtigkeit ermöglicht werden kann, wäre für den Aufarbeitungsprozess der Folgen der kommunistischen Diktatur ein großer Schritt in Richtung eines heilenden Neuanfangs.

b) Argentinien steht vor einer fast gänzlich unaufgearbeiteten Vergangenheit. Dass der Wunsch nach Aufarbeitung auch nach fast drei Jahrzehnten in der Bevölkerung groß ist, zeigt die aktuelle gesellschaftspolitische Debatte. Wie könnte restaurative Gerechtigkeit also in Argentinien aussehen?

b.1) Wer wurde verletzt? In der Militärdiktatur verschwanden 30.000 Menschen, die verschleppt, gefoltert und ermordet wurden. Besonders die Polizei spielte dabei eine Schlüsselrolle. Opfer sind die Familien der Ver-

---

[60]   *Zeit Online* (2012), *Roland Jahn:* „Wahrheit schafft Klarheit", Internetauftritt: www.zeit.de/2012/14/Interview-Jahn (aufgerufen am 17.02.2014).

schwundenen, die in vielen Fällen bis heute keine Gewissheit über das Schicksal ihrer Angehörigen haben. Die aktuellen Diskussionen in den argentinischen Medien verdeutlichen, dass viele Sachverhalte noch nicht nachhaltig geklärt wurden und die Argentinier sich mit ihrer Rolle während dieser Zeit auseinandersetzen müssen.

b.2) Was sind ihre Bedürfnisse? Die Familien suchen zum einen nach Wahrheit und Informationen über das Schicksal ihrer Angehörigen. Um den gefundenen Leichen ihre Identität zurückzugeben, wurde die Arbeitsgemeinschaft „Forensische Anthropologie" ins Leben gerufen. Tathergang und Motiv bleiben dadurch aber nach wie vor ungeklärt. Zum anderen besteht der berechtigte Wunsch, die Komplizen der Diktatur aus ihren heutigen Stellungen zu entfernen. So sollte gerade die Polizei sich gründlich mit ihrer Vergangenheit auseinandersetzen.

b.3) Wessen Verpflichtung ist das? Neben dem Staat als *enabler* können besonders die Menschenrechtsorganisationen eine Schlüsselrolle in diesem Prozess spielen. Sowohl die katholische als auch die evangelische Kirche würden an diesem Prozess – auf Grund ihrer eigenen Verstrickungen – nicht authentisch mitwirken können. Wichtig wäre darum, dass sie sich nicht in einer neutralen Rolle begreifen, sondern als Betroffene aktiv an dem Dialog teilnehmen.

b.4) Wer ist in dieser Situation betroffen? Wie das Beispiel der DDR gezeigt hat, ist hier die gesamte Gesellschaft betroffen, die sich in einem ständigen Klima des Misstrauens wiederfindet.

b.5) Wie sieht ein angemessener Prozess aus, der die Betroffenen an dem Versuch beteiligt, die Dinge in Ordnung zu bringen? Argentinien befindet sich politisch und wirtschaftlich in einem desolaten Zustand – unter anderem als Konsequenz der unterlassenen Aufarbeitung. Die Unterteilung in „Opfer" und „Täter" ist in Argentinien weniger komplex als in der DDR. Dennoch darf dies nicht in eine schlichte Kategorisierung beider Gruppen münden. Angemessen wäre es, den Schwerpunkt der Aufarbeitung auf die Rekonstruktion der Wahrheit zu legen und das Schicksal der einzelnen Menschen in den Vordergrund zu rücken. Gerade am Beispiel Argentiniens wird deutlich, dass die Reue der „Täter" unerlässlich für eine Versöhnung ist. Die betroffenen „Opfer" müssen in ihrem Leiden ernst genommen werden. Dafür muss die Regierung zeigen, dass sie an den individuellen Geschichten des Leids Interesse hat. Erst in einer aufrichtigen Wertschätzung der Bürger und ihrer Schicksale kann Versöhnung stattfinden.

5. Schlussüberlegungen

In diesem Beitrag wurde nach der Möglichkeit von Versöhnung in post-autoritären Gesellschaften gefragt. Am Beispiel von Argentinien und den Bundesländern der ehemaligen DDR sollte erörtert werden, inwieweit das Konzept der restaurativen Gerechtigkeit als Chance für einen Versöhnungs-prozess praktikabel sein könnte und inwiefern christliche Inhalte auf den politischen Bereich übertragen werden können. Sowohl in Argentinien als auch in den neuen Bundesländern hat Versöhnung noch nicht wirklich stattgefunden. Die gesamtgesellschaftlichen Debatten zeugen aber von einem gesteigerten Interesse an Aufklärung und Transparenz. Theologisch verstanden findet Versöhnung, so der Ansatz von Dietrich Bonhoeffer, durch das Geschehen am Kreuz statt. Dabei lässt die Versöhnung zwischen Gott und Welt den Menschen zum einen seine eigene Gottesebenbildlich-keit erkennen, zum anderen die Einsicht in seine Schuld. Dadurch wird Versöhnung auch in der zwischenmenschlichen Begegnung möglich. Res-taurative Gerechtigkeit schafft den Rahmen einer solchen Begegnung.

Darüber hinaus sollte diese Arbeit aufzeigen, inwieweit der Ansatz der christlichen Theologie auch im politischen Kontext aktuell ist und in prak-tische Handlungsoptionen umgesetzt werden kann. Gerade darum wäre es notwendig, dass die Kirchen in Argentinien und in Deutschland sich deut-lich mehr als bisher an der Aufarbeitung des systembedingten Unrechts be-teiligen, indem sie selbst geschützte Räume zur Ermöglichung von restaura-tiver Gerechtigkeit schaffen. Dies wäre gleichzeitig eine Chance für sie, ihre eigenen Verstrickungen zu thematisieren und aufzuarbeiten, denn das Konzept der restaurativen Gerechtigkeit lebt davon, dass alle Beteiligten Heilung erfahren. Während die Menschen sowohl in Argentinien als auch in den neuen Bundesländern auf Grund ihrer gefestigten Gesellschaften eine reale Chance hätten, durch die Umsetzung restaurativer Gerechtigkeit Heilung zu erfahren, könnte dieses Modell in der Praxis anderer Länder al-lerdings an Grenzen stoßen: Es ist fraglich, ob restaurative Gerechtigkeit ohne entsprechende politische Strukturen überhaupt denkbar ist, bzw. ob die Kirche als alleinige Akteurin in der Lage wäre, alle Stufen des Versöh-nungsprozesses zu begleiten. Daraus ergibt sich ebenfalls die Frage, inwie-weit restaurative Gerechtigkeit sich auch in nicht-christlich geprägten Län-dern bzw. in multireligiösen Konfliktsituationen umsetzen lässt. Hätte das Konzept z. B. in der Konfliktlage auf dem Balkan eine Chance auf Verwirk-lichung oder würde es angesichts der interreligiösen Konflikte von vorneherein zum Scheitern verurteilt sein? Hier tut sich die Frage auf, inwieweit restaurative Gerechtigkeit an religiöse und kulturelle Faktoren gebunden ist.

Festzuhalten bleibt: Die Konzeption der restaurativen Gerechtigkeit bietet in bestimmten politischen Kontexten eine begründetet Hoffnung, die Verletzungen und das geschehene Unrecht der Vergangenheit durch einen – wenn auch schmerzhaften – Versöhnungsprozess zu heilen. Das Konzept ist jedoch nicht zwangsläufig auf jeden Staat und jede politische Situation übertragbar. Dies sollte jedoch nicht daran hindern, es jeweils dort engagiert voranzutreiben, wo die politischen und kulturellen Rahmenbedingungen einen Erfolg der Bemühungen wahrscheinlich sein lassen.

Schuldbekenntnis und Bußgebet am 28. November 2010 (1. Advent)

Bischof Dr. Franz-Josef Bode, Bistum Osnabrück

Gott, du unser Vater,
du hast mich zum Bischof und Hirten
dieses Bistums Osnabrück berufen.
Heute trete ich im Angesicht deines Volkes
vor dich hin
voller Scham und Erschütterung
über die schweren Verfehlungen,
die von Dienern der Kirche,
von Priestern, Ordensleuten, Diakonen
und anderen Mitarbeitern,
an jungen Menschen begangen worden sind.

Ich trete aber auch vor dich hin
mit all dem, was wir als Kirche
– und besonders die Verantwortlichen in ihr –
dazu beigetragen haben,
dass diese Verfehlungen
einen Nährboden und ein Klima fanden,
in denen sie gedeihen konnten.

Du, Gott, unser Vater,
bist der Urgrund aller Autorität,
in der Macht und Liebe eins sind.
Dir dürfen wir uns bedingungslos anvertrauen.
Du lässt als immer größerer Gott
Menschen, die du geschaffen hast,
unter deiner väterlichen und mütterlichen
Liebe wachsen und reifen.
Umso schwerer wiegt
jeder Missbrauch von Vertrauen,
wiegt jede Unglaubwürdigkeit,
wiegt jede Form des Machtmissbrauchs.

Ich bitte dich inständig,
sieh auf uns,
sieh auf die, die Ihr Amt in der Kirche dazu benutzt haben,
Menschen klein und abhängig zu halten,
statt sie die Freiheit und Würde
ihrer Gotteskindschaft erfahren zu lassen.

Welche Bilder von deiner Größe und Liebe
hat das hinterlassen?!

Gott, unser Vater,
lass neues Vertrauen wachsen,
wo alles zerstört ist,
lass wieder Glaubwürdigkeit und Klarheit aufblühen,
wo wir Glauben behindert haben, Hoffnung enttäuscht haben
und Liebe vermissen ließen.

Herr Jesus Christus,
du Sohn des ewigen Vaters,
du bist der Gott-mit-uns,
für uns Mensch geworden bis in Leid und Tod.
Du hast dich besonders
den Armen und Kleinen zugewandt
und jede Verführung junger Menschen verabscheut.
Du bist gekommen, um zu dienen und
dein Leben als Lösegeld hinzugeben
für die vielen.

Ich bitte dich,
sieh auf uns,
sieh auf die, die im Namen der Kirche weggeschaut haben
vom unaussprechlichen Leid der Missbrauchten,
der Verführten,
der Erniedrigten,
der Opfer.
Um des Ansehens der Kirche willen
wurden Täter geschützt
und Opfer ein zweites Mal geopfert.
Sieh auf die, die den Dingen nicht konsequent genug
nachgegangen sind
und Schutzmaßnahmen vernachlässigt haben.
Wie vielen Unschuldigen sind dadurch
schwere Verletzungen zugefügt worden,
zu deren Heilung wir noch nicht genügend beigetragen haben?!

Herr Jesus Christus,
gib, dass wir dir entschieden nachfolgen
in der radikalen Zuwendung zu allen Menschen,
dass wir den Verstummten und Sprachlosen
wieder zur Stimme verhelfen
und selbst zu Anwälten der Erniedrigten werden.
Gott, Heiliger Geist,
du wohnst in jedem Menschen und
machst ihn zu deinem Tempel.

So verbindest du alle zu einer Gemeinschaft
des Glaubens, der Hoffnung und der Liebe
in Freiheit und Gerechtigkeit.

Ich bitte dich,
sieh auf uns,
sieh auf die, die sich gegen dich und deine Gaben
versündigt haben,
indem sie die Wahrheit verdunkelten,
indem sie keine Einsicht gewannen,
weil sie sich zu sehr um sich selbst drehten,
Rat von außen kaum annahmen und
sich hilfreichen Erkenntnissen verweigerten.
Deine Gabe der Stärke wurde verkehrt
in körperliche und geistliche Gewalt,
Frömmigkeit wurde zum spirituellen Deckmantel
und Gottesfurcht zu Angst vor dir gewandelt.

Komm, du Geist der Wahrheit,
bringe Licht in die Finsternis
unseres persönlichen und kirchlichen Lebens!

Komm, Herr, und säume nicht,
so rufen wir immer neu im Advent.
In diesem Jahr ist uns zum Schreien:
Komm, dringe in die Tiefe unserer Herzen
und treibe uns zur Umkehr!
Komm in unsere Mitte, hier im Dom,
in unserem Bistum, in unserer Kirche in Deutschland.
Erneuere deine Kirche von Innen her
und fange bei mir, bei uns an.

Wandle die jetzige tiefe Erschütterung
in Triebkraft für neue Schritte
in Demut, Vertrauen und neuer Hoffnung.

Auf dich, o Herr, haben wir unsere Hoffnung gesetzt;
in Ewigkeit werden wir nicht zuschanden.
Herr, sieh auf uns,
lass dein Angesicht leuchten,
dann ist uns geholfen.

Amen.

Friede sei mit euch!

Abschlusspredigt der 10. Vollversammlung des Ökumenischen Rates der Kirchen in Busan (Korea)

Father Michael Lapsley[1]

Ich grüße euch alle als Weggefährten – als Nachfolger Jesu, des Gekreuzigten und Auferstandenen.

Als ich gebeten wurde, diese Predigt zu halten, fühlte ich mich zunächst zutiefst geehrt – aber diese Empfindung machte sehr bald einem Gefühl von Angst, wenn nicht sogar Schrecken, Platz – wäre ich denn fähig, etwas von Belang zu sagen am Ende dieser großen Versammlung? Würde Gott mir die rechten Worte schenken – Worte des Lebens – Worte, die uns wirklich zu Frieden und Gerechtigkeit hinführen? Oft ist es Gottes Heiliger Geist, der uns aus unserer Ruhe aufstört und uns dann wiederum beruhigt und ermutigt, wenn wir verstört sind. Kann ich euch ebenfalls in Gottes Namen zugleich verstören und ermutigen? Nachdem meine anfängliche Angst etwas nachgelassen hatte, beschloss ich, das zu tun, was ich auch früher schon getan habe, nämlich all meinen Freunden, einschließlich meinen Facebook-Freunden, zu schreiben – Menschen mit verschiedenster Religionszugehörigkeit und auch ohne eine solche –, und sie zu bitten, mir ihre Gedanken zu dem Predigttext aus ihren Lebenskontexten in den verschiedensten Teilen der Welt heraus mitzuteilen. Gott ist nicht begrenzt durch die Art und Weise, wie die Weisheit zu den Menschen kommt. So lese ich z. B. regelmäßig meine NRSV-Bibel als kostenlosen Download auf meinem Smartphone.

Wie habt ihr diese Versammlung erlebt? Wir sind alle mit unseren eigenen Erwartungen hierher gekommen. In welcher geistlichen Verfassung wart ihr bei eurer Ankunft – wie ist es euch in diesen Tagen ergangen, und wie geht es euch jetzt? War es ein Auf und Ab oder eher gleichmäßig? Welche Erlebnisse haben sich euch eingeprägt und sind euch ans Herz gegangen? Über was habt ihr euch geärgert? Was von der 10. Vollversammlung werdet ihr niemals vergessen? Ich bete darum, dass ihr alle als durch Gottes Heiligen Geist erfüllte Mitarbeiter Christi im Kampf um Gerechtigkeit und Frieden hier abreisen werdet.

Wie steht es um dein Leben, deine Familie, Ortskirche, Konfession, Gesellschaft und dein Land? Was hast du für ein Geschlecht? Kommst du aus einem Kon-

---

[1] Father Michael Lapsley, SSM, ist heute Direktor des *Institute for Healing of Memories*, Kapstadt, Südafrika. Nach jahrzehntelanger Tätigkeit in Südafrika, u. a. als Pfarrer für Gemeinden des *African National Congress*, wurde er 1990, inzwischen wohnhaft in Simbabwe, kurz nach der Freilassung Nelson Mandelas durch eine Briefbombe der *South Africa Defence Force* verletzt. Er verlor beide Hände und ein Auge.

fliktgebiet? Siehst du dich selbst als Teil einer Mehrheit oder einer Minderheit hinsichtlich Gruppe, Rasse, Sprache, Sexualität? Sind Christen in deinem Land in der Mehrheit oder in der Minderheit? Siehst du dich und die zu dir Gehörigen als Zuschauer, Opfer oder Täter, oder können wir es wagen zu sagen, dass wir alles drei zugleich sein können, wenn auch in sehr unterschiedlicher Ausprägung?

Wir alle kommen zur Bibel im Kontext unseres eigenen Lebens, beeinflusst durch die Bibelinterpretationen in Bibelarbeiten und Predigten und vor allem dadurch, wie der lebendige Gott zu uns gesprochen hat in den verschiedenen Abschnitten unseres Lebens.

Wir haben die Vollversammlung begonnen mit dem Bericht von der Auferstehung, der unmittelbar vor dem heutigen Text aus Lukas steht. Zum ersten Mal in meinem Leben hörte ich das Evangelium gesungen in Aramäisch – in der Sprache, in der, wie uns die Gelehrten sagen, Jesus gesprochen hat. Diese Bibelstelle war bestimmend für unsere Reise in diesen Tagen.

Nun wenden wir uns dem heutigen Text zu: Lukas 24, Verse 36–49. Zuallererst fiel mir auf, wieviel Gefühl in diesem Text zum Ausdruck kommt. Als Jesus den Jüngern erschien, erkannten sie ihn nicht. Sie waren blind vor überwältigender Trauer. Jeder von uns, der einen sehr geliebten Menschen verloren hat, weiß, was es bedeutet, von Trauer überwältigt, ja aufgezehrt zu werden. Manchen gelingt es nicht mehr, ihr Leben wieder in den Griff zu bekommen. Ich weiß selbst: Wenn man ein Körperglied verliert, ist das so, wie wenn man ein geliebtes Wesen verliert. Ich habe beide Hände verloren, ganz zu schweigen von meinem einen Auge, und Schmerz und Trauer gehören dauerhaft zu meinem Leben. (Übrigens sagen meine Freunde im Scherz gelegentlich, dass ich schon immer auf einem Auge blind gewesen sei.)

In Vers 37 wird gesagt, dass die Jünger erschraken und große Angst hatten, als Jesus erschien, und dass sie meinten, sie sähen einen Geist. Dabei hatten zwei von ihnen bereits den auferstandenen Christus gesehen, aber das hatte ihre Zweifel nicht beseitigt. „Als sie aber in ihrer Freude noch immer nicht glauben konnten und sich verwunderten …"

Auf unserer Lebensreise sind Ambivalenz, Zweifel und Widersprüche keine ungewöhnlichen Erfahrungen und gehören auch zu unserer Glaubensreise. „Ich glaube, hilf meinem Unglauben." Vor Jahren sagte mir ein Freund: „Mir kommt das widersprüchlich vor." „So?", antwortete ich. Selbst bei wachsendem Glauben und Gottvertrauen sind Zeiten des Zweifels und der Ungewissheit normal. Ich persönlich finde es besorgniserregend, wenn Menschen sich in allem völlig sicher sind. Da scheint wenig Platz für den Heiligen Geist zu sein, der uns in alle Wahrheit führt.

„Warum seid ihr so erschrocken, und warum lasst ihr in eurem Herzen solche Zweifel aufkommen?" Jesus zeigt auf seine Wunden als Beweis für seine Identität und für seine Auferstehung. In dieser Textstelle sehen wir, wie Körper, Seele und Geist zusammenkommen: „Fasst mich an und seht" – Anfassen – das ist etwas, dessen Wert man besonders schätzen lernt, wenn es einem unmöglich geworden ist.

Eine Reihe von Textstellen über die Auferstehung zeigen, dass der auferstandene Christus auch der gekreuzigte Christus ist. Aber die Wunden bluten nicht länger; sie sind geheilt. Jesus erinnert die Jünger an seine Worte, dass der Messias leiden muss, um so in seine Herrlichkeit zu gelangen.

Jesus identifiziert sich und sein Schicksal mit all dem, was in der Hebräischen Bibel geschrieben steht. Plötzlich sind wir in einer Bibelarbeit mit Jesus als dem Lehrer. „Darauf öffnete er ihnen die Augen für das Verständnis der Schrift."

Und was ist mit dem gebratenen Fisch? Ich bin nicht sicher. Aber ich muss dabei an William Temple, den früheren Erzbischof von Canterbury, denken, der einmal sagte, dass das Christentum die materialistischste aller Religionen sei. Unsere Glaubensreise ist keine spiritualistische Reise – die unsere Leiblichkeit leugnet – und wir sind auch nicht aufgerufen, die Wirklichkeit der Schöpfung und unseres Anteils an ihr zu leugnen oder ihr zu entfliehen. Vielmehr durchdringt das Spirituelle das Körperliche und wird zum Fokus auf das Ganze.

Es sei mir gestattet, von meiner eigenen Reise der Kreuzigung, des Todes und der Auferstehung Zeugnis abzulegen. Durch und seit unserer Taufe sind wir alle eingeladen, an dieser Reise teilzunehmen. Manche von euch werden meine Geschichte bereits kennen. Ich wurde in Neuseeland in eine christliche Familie hineingeboren und von früh auf, so lange ich mich erinnern kann, in der Nachfolge Jesu erzogen. Ich war ein Anglikaner von der Wiege an. Diese Nachfolge führte mich zum Priesteramt in der Anglikanischen Kirche und zur Mitgliedschaft in dem anglikanischen Orden „Society of the Sacred Mission" (SSM). Die SSM entsandte mich 1973 nach Südafrika. Dort geschah es, dass ich plötzlich aufhörte ein Mensch zu sein und ein Weißer wurde.

Nachdem ich 1976 aus Südafrika ausgewiesen worden war, wurde ich Mitglied in Nelson Mandelas *National Congress* und arbeitete als Seelsorger in Lesotho und Simbabwe. Das Zusammenleben mit Menschen im Exil machte die biblischen Aussagen zum Exil lebendig. „An den Strömen von Babel, da saßen wir und weinten, wenn wir an Zion dachten."

Einige von uns werden dem Ökumenischen Rat der Kirchen immer dankbar sein für die prophetische Rolle, die er unter der inspirierenden Leitung von Dr. Philip Potter mit der Einrichtung des Programms zur Bekämpfung des Rassismus und des Sonderfonds übernahm. Niemand sollte unterschätzen, wie viel Hoffnung und Ermutigung dadurch all jenen gegeben wurde, die im Kampf gegen Rassismus an der vordersten Front standen, ungeachtet in welchem Stadium ihrer Glaubensreise sie sich gerade befanden. Gott war wirklich an der Seite der Armen und Unterdrückten.

Erlaubt mir, nun einen Sprung zu machen zu den Ereignissen von 1990. Nach 27 Jahren wurde Nelson Mandela freigelassen. Im April desselben Jahres schickte mir der Apartheidstaat eine Briefbombe, die zwischen den Seiten zweier religiöser Zeitschriften versteckt war. Wie ihr alle sehen könnt, habe ich meine beiden Hände verloren und ein Auge, ich hatte Verletzungen der Trommelfelle und, und, und... In unbändigem Schmerz spürte ich, dass Gott bei mir war. Gott war nicht eingeschritten und hatte gesagt: Es ist eine Bombe, öffne sie nicht. Ich öffnete sie. Das große Versprechen der Schrift ist mir erfüllt worden. „Und siehe, ich bin bei euch alle Tage bis an der Welt Ende." Ich spürte, dass Maria, die ihren Sohn am Kreuz sah, verstand, was ich durchmachte.

Die ausgezeichnete medizinische Versorgung in Simbabwe und in Australien half meinen Körper zu heilen – aber es waren die Gebete und die Liebe aus den Reihen der ökumenischen Bewegung ebenso wie die der Menschen anderer Religionen und auch von Atheisten und Agnostikern, die halfen, meine Seele zu heilen.

Heute stehe ich vor euch allen, um Danke zu sagen: Eure Gebete, eure Liebe waren das Mittel, das Gott benutzt hat, als Hilfe der Erlösung von dem Bombenanschlag – damit Leben aus dem Tod erwächst – und das Gute aus dem Bösen – damit die Reise möglich wurde, erst Opfer, dann Überlebender, dann Sieger.

So wie mich eine Vielzahl unterschiedlichster Menschen auf dem Weg der Heilung begleitet haben, so will ich – durch die Arbeit des *Institute for Healing of Memories* – andere auf ihrem Weg der Heilung begleiten. Als ich im Krankenhaus war und mich langsam damit abzufinden begann, dauerhaft mit körperlicher Behinderung leben zu müssen, musste ich an eine Ikone denken, die ich einmal gesehen hatte, und auf der Jesus mit einem verkürzten Bein abgebildet wird. Das Bild greift Jesaja 52-53 auf, wo es heißt, dass der Messias entstellt und seine Gestalt nicht mehr die eines Menschen sei, und dass er gemieden werde.

Viele von uns mit dramatischen körperlichen Behinderungen haben ihre eigenen Erfahrungen mit Menschen, die uns mit einer Mischung aus Schrecken und Mitleid anschauen und sich dann abwenden. Aber in Wirklichkeit sind gerade Menschen mit den sichtbarsten körperlichen und geistigen Behinderungen Bilder der ganzen Menschheit. Wir zeigen auf dramatische Weise, was für uns alle gilt: dass dieses Zerbrochene, Gebrochene, Nichtperfekte und Nichtvollkommene der Zustand des Menschseins ist. Und so wie viele von uns ohne das Mitgefühl und die Hilfsbereitschaft anderer Menschen nicht überleben und ihr Leben führen können, so sehr gilt das für alle Menschen: wir brauchen einander, um ganz Mensch sein zu können.

Als die Jünger auf dem Weg nach Emmaus waren und ihnen Jesus erschien, da hörte dieser zuerst zu, wie sie von ihrem Schmerz, ihrer Trauer, ihrer Verwirrung und Betrübnis sprachen, bevor er ihnen half, ihrer Befindlichkeit einen Sinn zu geben. Vielleicht sollten wir alle, und besonders wir Geistlichen, weniger predigen und mehr zuhören. Es ist zwar vielleicht ein Gemeinplatz, aber Gott hat uns nicht zufälligerweise zwei Ohren, aber nur einen Mund gegeben. Ich habe entdeckt, so wie viele von euch sicher auch, dass Schmerz etwas Transzendentes ist und uns miteinander verbinden kann. Besonders dann, wenn wir einander zuhören.

Unser Eröffnungsgottesdienst begann mit Worten der Klage von allen Kontinenten, die Zeugnis ablegten von den Armen und Geknechteten in allen Ländern. In den Veranstaltungen im Vorfeld der Vollversammlung, in den ökumenischen Gesprächen, in den Plenarsitzungen und im Madang-Programm öffneten wir unsere Herzen, um miteinander von unserem Leid zu hören – Leid, das sich in unsere Seelen eingeprägt hat – und manche zeigten sich in all ihrer Tapferkeit verwundbar.

Wir wurden inspiriert durch Erzählungen von Mut, Glauben und Barmherzigkeit, nicht zuletzt von denen, die mit HIV/AIDS infiziert sind und unter geschlechtsspezifischer Gewalt, insbesondere Gewalt gegen Frauen und Kinder, leiden. Aber wir hörten auch von Vergewaltigung als Form von Kriegsverbrechen, besonders von Frauen, aber auch von Männern.

In unserem südafrikanischen Kontext kann es geschehen, dass eine schwarze Mutter mit einer weißen Mutter zusammensitzt und dieser sagt, dass ihr Kind vom Kampf gegen die Apartheid nie wieder zurückgekommen ist, und dass die weiße Mutter ihr entgegnet, ihr Kind sei zwar zurückgekommen, es sei aber immer noch traumatisiert durch seine Erfahrungen. Plötzlich sind beide Mütter vereint in dem Schmerz, den sie in sich tragen.

Viele von uns waren sehr bewegt durch die Bilder von Nord- und Südkoreanern, die sich nach Jahrzehnten der Trennung in der entmilitarisierten Zone zum ersten Mal wiedersahen – der Schmerz ist so deutlich spürbar wie die Freude.

Auf meine Bitte um Hilfe zu dieser Predigt hin schrieb mir ein in Israel lebender jüdischer Freund über den Schmerz, den viele Juden über die Generationen hinweg empfinden angesichts unseres Unvermögens, als christliche Familie unsere Mitverantwortung an ihrem Leiden anzuerkennen. Das *Institute for Healing of Memories* ist Mitglied eines internationalen Friedensnetzwerkes, dem auch der *Parents Circle* angehört – palästinensische und jüdische Mütter, die vereint sind im Schmerz darüber, dass ihre Kinder getötet wurden.

Wenn es uns gelingt, jeweils auf das Leid des anderen zu hören, kann uns das zu einer gemeinsamen Verpflichtung zum Einsatz für eine inklusive Gerechtigkeit führen. Wenn wir jeweils auf das Leid des anderen hören, verschwindet die Trennung zwischen „wir" und „sie", und wir werden alle einfach „wir". Unsere Erfahrung einer gemeinsamen Menschlichkeit ist sehr viel tiefer als alles, was uns trennt oder uns zu etwas Besonderem und Unterschiedenem macht.

Die anglikanische Bischöfin von Edmonton, meine Freundin Jane Alexander, sagt es so: „Ich denke da an die Erfahrung, die ich kürzlich bei einer Anhörung der TRC (*Truth and Reconciliation Commission*) hier in Kanada gemacht habe. Bei der Lesung musste ich daran denken, wie sehr doch wahrer Friede und wahre Versöhnung nur dann eine Chance haben, wenn alle Beteiligten auch körperlich anwesend sind. Wir hatten Gelegenheit, an einem kirchlichen Aufarbeitungskreis teilzunehmen, zusammen mit früheren Schülerinnen und Schülern der *Residential Schools* und ihren Familienangehörigen. Wenn man dem anderen nah genug ist, um seinen Atem zu hören, gemeinsam zu weinen und im gemeinsamen Kreis Raum für das Kommen des Geistes zu schaffen, spürt man, wie ein heiliger Raum entsteht. Es scheint mir, dass Jesus zu den ganz normalen Orten im Leben seiner Jünger kommt und sie heilig macht, durch seine Gegenwart und durch seine Worte."

Seine Heiligkeit Karekin II., Oberster Patriarch und Katholikos aller Armenier, hat uns an das tiefe, seit Generationen andauernde, durch den Genozid an den Armeniern verursachte Leid und dessen Leugnung von verantwortlicher Seite erinnert. Eure Heiligkeit und alle Armenier – ich möchte hier und heute sagen, dass wir euch gehört haben – euer Volk hat wahrlich großes Unheil erlitten. Der große Heiler möge euch begleiten, so dass jene Wunden wirklich verheilen können und alle Armenier befähigt werden, anderen zu helfen auf ihrer eigenen Reise des Heilens.

Ich bete, dass das neue Zentralkomitee programmatisch deutlich machen wird, dass es jetzt Zeit ist für die Heilung der Erinnerungen in der menschlichen Gemeinschaft.

Dank an Euch, Eure Heiligkeit, für die Ermahnung „unsere Mitmenschen ohne Ausnahme in ihrer vollen Würde und Ganzheit ihrer Person wahrzunehmen". In den letzten Jahren haben sich viele Glaubensgemeinschaften, nicht zuletzt meine eigene, entzweit über Themen der Sexualität, insbesondere hinsichtlich gleichgeschlechtlich liebender Menschen, ganz zu schweigen von anderen sexuellen Minderheiten. Manche sind der Ansicht, dies sei eine Nebensache angesichts von Krieg und Armut. Das wäre zutreffend, wenn wir uns nur auf die Sexualität konzentrierten und die großen anderen Probleme ignorierten. Aber wenn es sich dabei um eine Angelegenheit handelt, die selbst nach den konservativsten Schätzungen wenigstens ein Prozent, wenn nicht vier oder fünf Prozent aller Menschen weltweit betrifft, handelt es sich dann wirklich um eine Nebensache? Ich sage hier und heute als Christ, als ein Priester, der ganzen LGBTI-Gemeinschaft[2], ich bedaure zutiefst, welchen Anteil wir als religiöse Menschen an der Verursachung des Leids haben, das ihr über die Jahrhunderte hinweg erfahren musstet. Ich habe den Traum, dass zu meinen Lebzeiten noch alle Repräsentanten der großen Glaubenstraditionen eben diese Entschuldigung aussprechen werden.

Manch einer wird vielleicht sagen, dass es letztlich um die Interpretation des Wortes Gottes geht. Für mich stellt sich die Frage: Glauben wir, dass die Offenbarung mit der Festlegung des Kanons der Heiligen Schrift geendet hat oder führt uns der Heilige Geist Gottes weiterhin in alle Wahrheit?

Während wir hier in Busan zusammen waren, ist in Deutschland beschlossen worden, dass Kinder nach der Geburt zum ersten Mal als männlich oder weiblich registriert werden können *oder* der Vermerk frei gelassen werden kann – ein historischer Schritt hin zur Anerkennung und Erleichterung des Leides all jener, die intersexuell oder transsexuell sind. Paulus hat uns gelehrt, dass es in Christus weder Mann noch Frau gibt.

In den 1970er Jahren stand das Programm zur Bekämpfung des Rassismus an erster Stelle im prophetischen Zeugnis der ökumenischen Bewegung, was nicht ohne Kontroversen blieb. Was steht heute an erster Stelle in der voranschreitenden ökumenischen Bewegung – so kontrovers sie auch immer sein mag?

---

[2]   Lesbian, Gay, Bisexuals, Transsexuals, Intersexuals-Gemeinschaft. In Deutschland verwendet man die Abkürzung LSBTTIQ (lesbische, schwule, bisexuelle, transsexuelle, transgender, intersexuelle und queere Menschen). Es handelt sich dabei um eine Gemeinschaft mit unterschiedlicher Thematik, deren Gemeinsamkeit es ist, nicht der Heteronormativität zu entsprechen.

Es gab zwar bedeutende Erfolge, aber wir alle müssen uns mitreißen lassen im fortdauernden Kampf gegen den Rassismus, im Bemühen um Gendergerechtigkeit, das Ende der sexistischen Gewalt und der Gewalt gegen Kinder. Es kann keinen Frieden auf der Erde geben, solange die Ungleichheit innerhalb und zwischen den Ländern wächst. Die Gier bringt uns um.

Aber was sind die wesentlichen Dinge? Wir sind hier nach Asien gekommen, auf den Kontinent, auf dem die großen religiösen Traditionen des Ostens uns viel über die Bedeutung einer inneren spirituellen Reise zu sagen haben, auch wenn wir unseren eigenen geistlichen Schatz wertschätzen.

Es sollte alle religiösen Menschen auf dieser Erde mit Scham erfüllen, dass eine große Zahl von Konflikten in der Welt, ja wie manche sagen: eine wachsende Zahl, eine religiöse Dimension hat. Wenn wir wollen, dass die menschliche Gemeinschaft in Frieden zusammenlebt, dann ist dringend das nötig, was meine lateinamerikanischen Freunde „Makro-Ökumene" nennen, eine Ökumene, die nicht nur die Christen zusammenbringt, sondern alle großen Weltreligionen und auch die indigenen Weltanschauungen berücksichtigt. Unser Zeugnis soll sich bekunden durch die Tiefe unserer Barmherzigkeit, unsere Bereitschaft zu hören und zu lernen, nicht einfach nur zu tolerieren, sondern zu achten und zu respektieren. Wie heißt es bei Johannes: „Ich habe noch andere Schafe, die sind nicht aus diesem Stall." (Joh 10,16)

Unsere Kirchen haben uns hierher auf die koreanische Halbinsel eingeladen, wo uns die Liebenswürdigkeit und der Glaube unserer koreanischen Schwestern und Brüder überwältigt und bewegt haben. Aber wir können nicht übersehen, dass die koreanische Halbinsel ein riesiges Waffenlager ist, mit ungeheuren Waffenarsenalen auf beiden Seiten. Ich träume davon, dass diese Halbinsel wieder eine Zone des Friedens wird, bewundert für ihr Streben nach Verhandlungslösungen und Heilung alter Wunden. Ich glaube, dass unser prophetisches Zeugnis vordringlich in der Form von Lobbyarbeit gegen den Waffenhandel abzulegen ist. Was für eine schreckliche Ironie, dass die fünf größten waffenexportierenden Nationen zugleich die fünf ständigen Mitglieder des Sicherheitsrates der Vereinten Nationen sind, dazu kommt dann noch Deutschland, und dass die Empfänger die Entwicklungsländer sind. Als Christen sind wir aufgerufen, unmissverständlich zu sagen, dass der Versuch, internationale Konflikte mit Waffengewalt zu lösen, unvereinbar ist mit dem Evangelium unseres Herrn Jesus Christus.

Der Gekreuzigte und Auferstandene lädt uns ein, gegenseitig unsere Wunden anzuschauen und zu berühren – zuzuhören und das Leid eines jeden wahrzunehmen und so eins zu werden. Aber nicht nur die menschliche Gemeinschaft ist von Leid geplagt – der Aufschrei von Mutter Erde selbst wird immer verzweifelter. Wie viele Naturkatastrophen müssen noch geschehen, bis wir erkennen, dass die Zukunft des menschlichen Lebens auf diesem Planeten gefährdet ist? Ganz sicher muss etwas von dem, was so viele indigene Kulturen schon immer verstanden haben, so schnell wie möglich an die erste Stelle unser aller Agenda auf diesem Planeten Erde rücken.

Meine lieben Schwestern und Brüder, ich frage mich oft: „Warum hast du eine Bombe überlebt, die dich töten sollte?" So viele andere hätten es verdient zu leben. Aber sie mussten sterben. Ich glaube, dass es wichtig war, dass einer von uns überlebte, um zu bezeugen, was Krieg und Hass den Körpern und Seelen der Menschen antun. Und noch wichtiger, ich hoffe, dass ich auf meine eigene bescheidene Weise ein Zeichen dafür sein kann, dass stärker als das Böse und der Hass noch die Kräfte der Gerechtigkeit, der Güte, der Sanftmut und der Barmherzigkeit sind – des Friedens – des Lebens – Gottes.

Mit den Worten der Benediktinerschwester Ruth Fox (1985) gesagt:

Möge Gott euch segnen mit rastlosem Unbehagen angesichts allzu einfacher Antworten, Halbwahrheiten und oberflächlicher Beziehungen, auf dass ihr mit Kühnheit die Wahrheit suchet und die Liebe tief in eurem Herzen spüret.

Möge Gott euch segnen mit der Gabe der Tränen, die ihr vergießt mit den Leidenden, den Abgewiesenen, den Hungernden, mit denen, die alles, was sie lieben, verloren haben, auf dass ihr eure Hände ausstrecken möget, sie zu trösten, ihre Pein in Freude zu verwandeln.

Möge Gott euch segnen mit so viel Narrheit, dass ihr glaubt, wirklich etwas bewirken zu können in dieser Welt, so dass ihr mit Gottes Gnade fähig seid das zu erreichen, von dem andere behaupten, dass es gar nicht sein kann.

Gott des Lebens, führe uns zu Gerechtigkeit und Frieden.

Amen.

Übersetzung aus dem Englischen: Dr. Wolfgang Neumann

Ein feste Burg ist unser Gott

Predigt zu einem reformatorischen Kirchenlied[1]

Teil I

Liebe Schwestern und Brüder,

es gibt solche Augenblicke, in denen sich alles gegen einen verschworen hat. Beruflich laufen die Dinge schief, es gibt Ärger mit den Nachbarn, mit der Gesundheit hapert es, manchmal ist es das Wetter oder irgendeine Naturkatastrophe. Irgendwie ist alles übereingekommen, einem das Leben schwer zu machen. Das passiert mir und Ihnen, aber auch ganzen Familien, Städten und Kommunen oder sogar Ländern und Staaten. Das sind böse Zeiten.

Dabei ist es unerheblich, was es mit dem Bösen genau auf sich hat. Manche bezweifeln ja, dass es das wirklich gibt, das sogenannte Böse. Andere vermuten einen Teufel, der in und hinter allem Übel und Ungemach steckt. So hat beispielsweise Martin Luther das ganz fest geglaubt und sogar sein berühmtes Tintenfass nach ihm geworfen. Andere machen einen Unterschied, ob es sich bei den Nöten des Lebens um eigenes oder fremdes Verschulden handelt. Natürlich ist es nicht dasselbe, ob es sich um eine Krankheit handelt, die einen heimsucht, oder um ein Verbrechen oder einfach nur um naturgegebene Unglücke oder Schicksalsschläge.

Aber einerlei, was und warum. In all dem wird ja doch eines immer gleichermaßen fühlbar: unser Leben ist gefährdet. Etwas oder jemand ist hinter uns her und will und wird unserem Leben schaden. Es bedroht meinen Körper, meine Seele, meinen Geist, egal, wie es heißt, egal, was es ist, egal, wo es herkommt. Es hat mich im Visier, und ich bin derjenige, dem es im bösen Falle dreckig geht.

Das Unheimliche an der persönlichen Erfahrung von Leid und Bösem ist, dass wir es nicht wirklich verstehen. Es gibt keine rechte Erklärung dafür. Mag ja sein, dass jemand mir einen Tsunami erklären kann. Physikalisch meinethalben oder sonstwie wissenschaftlich. Aber er kann mir nicht erklären, warum genau diese Flutwelle mich, meine Familie, mein Dorf, meine Region trifft und die daneben liegende nicht. Und natürlich kann ich sozial oder psychologisch verstehen, warum manche Menschen gewalttätig werden und welche Abgründe in ihnen am Werk sind. Aber es hilft mir gar nichts, wenn es mein Sohn ist, der verprügelt wird, mein Freund, der im Krankenhaus liegt, und mein Kollege, der einfach und zufällig Opfer irgendeiner Attacke geworden ist.

---

[1] Predigt von Superintendent Helmut Aßmann im Radiogottesdienst am 9. März 2014 in der St. Andreas-Kirche in Hildesheim.

Hinzu kommt noch ein weiteres. Das Böse ist ja nicht nur da draußen und belauert unsere mehr oder minder heile Welt. Es ist auch in uns drinnen und belauert die mehr oder minder heile Welt der anderen. Wir sind Opfer und Täter. Nur wenig entscheidet am Ende darüber, auf welcher Seite wir stehen. Nirgendwo ist das Böse nicht. Unberechenbar ist es – wie Gott.

Wenn sich alles gegen uns verschworen hat oder das Böse in uns selbst Gestalt annimmt, dann brauchen wir keine Erklärungen, dann brauchen wir einen Ort der Hoffnung. Wir benötigen dann keine Gedanken, so hilfreich sie sein mögen, sondern vor allem Kraft, Lebenskraft. Fast nie gibt es einen Mangel an Erklärungen, im Gegenteil, da sind wir immer schnell bei der Hand, aber fast immer hadern wir mit einem Mangel an Kraft. Keine großen Pläne sind in bösen Zeiten notwendig, sondern vor allem jemand, der einen ehrlichen Zuspruch für uns hat, einen Trost, eine Geste des Schutzes, ein klares Wort, was jetzt Gut und was jetzt Böse ist. Wenn sich alles gegen uns wendet, dann suchen wir einen Zufluchtsort, keine Ausflüchte.

Ein feste Burg ist unser Gott, sagt der 46. Psalm, den Luther in seinem Kampf und Trostlied vertont hat, *ein gute Wehr und Waffen.* Ja, das brauchen wir, wenn sich alles gegen einen verschworen hat und das Böse sich in unser Leben drängt.

Teil II

Manchmal fragt man sich, wozu einer eigentlich auf der Welt ist. Macht es einen Unterschied, ob ich da bin oder nicht? Hat jemand ein ernsthafteres Interesse an mir, über das Maß der bescheidenen Aufmerksamkeiten meiner Nächsten hinaus?

Denn, offen gestanden, wir sind höchst selten Herr unserer Lebenslage. Wir kommen darin vor, aber wir beherrschen sie nicht. Wenn wir Glück haben, kommen wir zur rechten Zeit an den rechten Ort und tragen den Erfolg des günstigen Augenblicks davon. Wenn wir aber Pech haben, erscheinen wir zur falschen Stunde an verkehrter Stelle und haben das Nachsehen, gelegentlich auch den Spott auf unserer Seite. Mit unserer Macht ist nichts getan, haben wir gesungen. Wie wahr, wie wahr.

Kann denn jemand etwas dafür, dass er in seinen Kinderjahren nur gelernt hat, Konflikte mit Gewalt auszutragen? Nein, kann er nicht. Und eine Geburt in behüteter und wohlhabender Umgebung ist niemals Folge der eigenen Bemühungen. Es ist einfach Glück. Ich glaube nicht, dass die vielen tapferen Versuche etwas taugen, in den Wechselfällen des Lebens so etwas wie eine nachvollziehbare Logik zu entdecken. Im Gegenteil, so etwas ist zynisch.

Ein junger Mann hat mir einmal gesagt: „Sie haben ja keine Ahnung, wie die Welt wirklich aussieht da draußen, so behütet wie Sie sind. Sie gehören auf die Seite der Gewinner, ich auf die der Verlierer." Jemand mit Drogen- und Knastkarriere. Ich mußte zugeben, daß er recht hatte. Ich hatte Glück, mit meiner Familie, meinem Wohnort, meiner Schulausbildung, meinen Freunden, er nicht. Ursächlich haben wir beide damit nichts zu tun, aber wir müssen jeder auf eigene Weise damit leben. Und ich weiß bis heute nicht viel dazu zu sagen, warum das alles so kam.

Außer wie sehr ich dankbar, ja demütig dankbar bin für meine Herkunft. Es sieht doch alles einigermaßen gleich verteilt aus – es hält sich alles die Waage. Die Summe aller Interessen ist immer Null, hat mir mein früherer Chef einmal etwas resigniert gesagt. Ist das Böse nicht einfach nur die andere, die Schattenseite des Guten?

Klingt einleuchtend, aber ich glaube das nicht. Gut und Böse sind nicht einfach im Gleichgewicht. Tod und Leben, Anfang und Ende, Friede und Krieg befinden sich nicht in einer Balance und heben sich in der Summe keineswegs auf. Seit Christus von den Toten auferstanden ist, gibt es eine fundamentale Unwucht in der Welt.

Konkret: Es gibt sozusagen immer mehr Leben als Tod. Ein Lebensüberschuss. Bevor man sterben muss, muss immer schon gelebt worden sein. Der Tod kommt immer später als das Leben und kommt an dessen Niveau nicht heran.

Weiter: Es gibt immer mehr Liebe als Hass in der Welt. Denn jeder Hass hat ein Ende, nur die Liebe ihrerseits hat keines. Sogar die Wissenschaftler haben inzwischen herausgefunden, dass Menschen von Haus aus, also von Geburt an, soziale Wesen sind, sich eigentlich einander zuwenden und sich nicht gegenseitig zerstören wollen. Die bösen und finsteren Ambitionen kommen immer erst danach, später, sind nachgeordnet.

Weiter: Es gibt immer mehr Versöhnung als Sünde in der Welt, immer mehr Vergebung als Schuld. Seit Christus von den Toten auferstanden ist, gibt es nichts mehr, was nicht vergeben werden kann. Nicht, weil wir alle bessere Menschen geworden sind, beileibe nicht. Wir müssen uns nur im Spiegel anschauen, um uns diesbezüglich eines Besseren zu belehren. Aber der Zusammenhang zwischen unseren Taten und ihrer Vergeltung ist an Gottes Stelle aufgehoben, abgebrochen, neu bestimmt: Gott will nicht richten, sondern versöhnen. Das Gericht am Ende ist keine Abrechnung, sondern eine Verwandlung.

Und: Es gibt immer mehr Schöpfung als Vernichtung in der Welt. Seit Christus von den Toten auferstanden ist, ist das Ende nicht einfach der Ausgleich zum Anfang. Unser Dasein ist kein Nullsummenspiel. Die Sache geht nicht auf. An die Auferstehung glauben, heißt immer auch: insgesamt kommen wir positiv heraus. Ja, die Sache geht gut aus. Auch mit uns selbst. Trotz allem.

Teil III

Manchmal frage ich mich dennoch, wovon genau uns unser Glaube eigentlich erlöst. „Erlöse uns von dem Bösen" beten wir im Vaterunser, auch nachher in diesem Gottesdienst. „Der Fürst dieser Welt, wie sauer er sich stellt, tut er uns doch nicht – das macht, er ist gericht', ein Wörtlein kann ihn fällen ...", so heißt es in Luthers Trost- und Kampflied. Was ist denn für uns Christen so anders, dass wir solche Lieder singen? Was ist es, von dem wir erlöst sind, und woran merkt man es? Die Indizien sind auf den ersten Blick ja alles andere als ermutigend.

Wir bleiben schließlich verführbar, und wir werden auch verführt. Von so groben Dingen, wie Besitz, Macht und Sex, und ebenso von den sublimen, wie Ruhm,

Eitelkeit und Geiz. Davor schützt uns weder Kirchenmitgliedschaft noch ehrenamtliches Engagement. Weder Bildung noch gesellschaftliches Ansehen sind dafür ein Hemmnis. Manchmal hat es der Verführer in den spirituellen und ambitionierten Kreisen sogar noch leichter als andernorts: man gehört ja zu den Guten, also rechnet man nicht so aufmerksam mit ihm und ist unversehens noch ehrgeiziger, noch eitler und noch machthungriger als im normalen Leben. Wir bleiben sterblich, auch wenn wir glauben, auch wenn wir die Heiligen Schriften studieren. Unsere Seele bleibt auch weiterhin ein schwankender Halm, und mancher wackere Glaubende ist in seinem Inneren ein wackelnder Glaubender. Der Teufel ist weiterhin aktiv, und die Engel müssen weiterhin auf uns Acht geben.

Wovon also werden wir erlöst? Der entscheidende Hinweis steckt in der Geschichte von der Versuchung Jesu, aus der Lesung des Evangeliums. Im Ergebnis wird der Versucher in unserer Geschichte ja nicht vernichtet und in Ewigkeit kaltgestellt. Er kapituliert vielmehr. Er haut ab, weil er nichts beschicken kann. Er versucht sein Glück bei anderen, willigeren oder unaufmerksameren Zeitgenossen. Und er ist, wie die Weltgeschichte oder ein Blick in die Nachrichten zeigt, zu allen Zeiten reichlich fündig geworden.

Die Sache ist die: Sowenig wir genau sagen können, was das Böse ist, so wenig läßt sich dann natürlich sagen, wovon man denn genau erlöst wird. Der Status des Teufels ist immer unbestimmt. Wer immer genau wissen will, was das Böse und wer der Teufel ist, der ist ihm näher, als ihm lieb sein kann. Das Böse liebt das ethische Pathos. Die Frage nach dem „wovon erlöst" läuft also – ohne weitere Orientierung – ins Leere.

Die wichtigere und geistliche Frage lautet vielmehr so: Wie kommt es dazu, dass der Teufel, wer immer das ist, einfach abhaut und das Weite sucht? Aus welchem Grund verschwindet er, wie immer man ihn begreift, und lässt uns in Ruhe? Nicht die Erkenntnis, was der Böse ist, sondern die Erfahrung, dass er von uns weicht, steht im Mittelpunkt des Glaubens. Wichtiger ist am Ende immer, dass er geht, nicht, dass wir ihn verstanden haben.

Die Geschichte aus der Wüste berichtet davon, wie das bei Jesus vonstatten gegangen ist. Erstaunlicherweise erkundigt er sich nicht, wer ihm da entgegentritt. Er stellt auch keine Diagnose über die Motive, die die Situation treiben. Er pariert jede der drei Fragen mit Zitaten aus den alten Schriften, aus dem Wort Gottes. Er antwortet also nicht direkt, sondern um die Ecke. Nimmt immer Gott dazu. Hört immer auf das, was Gott ihm zuflüstert.

Das ist wohl die entscheidende Haltung: vor allem darauf achten, dass der Blick auf Gott nicht getrübt wird. Dass das Gottvertrauen wichtiger bleibt als die Aussicht auf mögliche Gewinne. Wichtiger auch als die Motive und die Hintergründe der anderen. Also: alles im Licht Gottes anschauen, alles erst einmal aus dieser Perspektive betrachten. Vor allem die Zusagen und Verheißungen Gottes sprechen lassen. Erst dann Stellung nehmen, erst dann Ja und Nein sagen.

Bei dieser Haltung vergeht dem Teufel offenbar die Lust. Denn er hat es in diesem Fall bei allen Zugängen und Versuchen immer mit Gott zu tun, und das mag er nicht.

Wie wir also vom Bösen erlöst werden?

Nicht direkt antworten, Umwege gehen. Gott fragen. Nicht lange grübeln, ob der Böse dahintersteckt, sondern sich Gottes Begleitung anvertrauen. Sich in seine Worte hüllen. In dieser Haltung gehen wir auf Gott zu. Das ist genauer als vom Teufel wegzugehen. Und der damals dem Teufel widerstanden hat, der wird auch uns nicht in der Wüste stehen lassen. Darauf setze ich.

Und der Friede Gottes, welcher höher ist als alle Vernunft, bewahre unsere Herzen und Sinn in Jesus Christus, unserem Herrn.

Amen.

(Helmut Aßmann ist Superintendent des Kirchenkreises Hildesheim-Sarstedt. Die Superintendentur ist mit der St. Andreaskirche pfarramtlich verbunden.)

Paul Schneider-Gedenkgottesdienst am 18. Juli 2013 in Dickenschied

Text: 1 Petr 5,6–11

An der Trauer um den auf telefonische Anordnung Hitlers am 18. Juli 1939 im KZ Buchenwald durch den Lagerarzt ermordeten evangelischen Pfarrer Paul Schneider und an seiner Beerdigung nahmen neben mehr als 500 evangelischen Pfarrern und Christen auch die katholische Kirchengemeinde des Hunsrückdorfes Dickenschied und seiner Umgebung warmherzigen Anteil. Dieser zeigt sich bis heute an ihrer jährlichen Teilnahme an den abendlichen Gedenkfeiern der evangelischen Kirchengemeinde auf dem Dickenschieder Friedhof. Die Diözese Trier billigt diese Teilnahme und sieht darin ein Zeichen ökumenischer Verbundenheit, so dass es geboten erschien, auch einen katholischen Theologen um die jährliche Andacht auf dem Dickenschieder Friedhof zu bitten.

Im letzten Herbst, Anfang Oktober, war ich wieder einmal in Buchenwald.

Von Weimar aus, wo ich einen Literatur-Kurs mit anderen Theologen geleitet habe. Wir haben Nietzsche gelesen.

Ausgerechnet Friedrich Nietzsche – in Weimar, wo er die letzten drei Jahre seines Lebens im Haus seiner Schwester verbracht hat. Hinfällig, geistig umnachtet, ganz auf die Pflege seiner Schwester angewiesen.

„Gott ist tot! Wir haben ihn getötet!" – schreibt er im „Zarathustra".

Den „Übermenschen" will er hervorbringen.

Den, der sich ganz von einer Sklavenmoral der Schwachen befreit hat und seine Moralität nur aus sich selbst und aus dem „Willen zur Macht" schöpft.

Friedrich Nietzsche – der Haus- und Hof-Philosoph für die Nazis. Sie haben ihn für sich in Anspruch genommen, sich ihn nutzbar gemacht.

Der „Übermensch", in den gestählten Kraftprotz-Männern und den anmutigen Mutter-Frauen der deutschen „Herrenmenschen" Fleisch geworden.

Buchenwald und Dachau, Auschwitz und Treblinka – das sind die schrecklichen Wegmarkierungen dieses Denkens.

Buchenwald. Es war ein kalter und regnerischer Oktobertag, als ich dort war.

Nur wenig ist erhalten oder wieder aufgebaut:

der Torbau mit den Einzelhaft-Zellen, eine Lagerbaracke, das Krematorium, das mehrgeschossige Haus, in dem heute das Dokumentationszentrum mit dem Museum untergebracht ist.

Am meisten haben mich die „Leerstellen" beeindruckt.

Die Umrisse und Fundamentreste der Baracken hauptsächlich.

Sie bieten dem Auge nicht viel. Kaum etwas.

Genau darin liegt ihre Kraft.

Sie lenken den Blick nach innen. Das Ohr nach innen.

Dann ist Raum für die wichtigen Fragen:

Wie hätte ich damals …? Wie viel Verführung braucht es …?

Ich gehe zurück zum Torbau:

Die Arrestzelle, die kahlen Wände, die Pritsche, das Fenster.

Ich stellte mir vor, wie Paul Schneider sich hochreckt am Fenster, um seine Predigten aus wenigen Sätzen hinauszurufen auf den Appellplatz.

Wie nach kurzer Zeit die Tür aufgerissen wird, Paul Schneider herausgezerrt, unterwegs schon verprügelt und auch vor seinen Mitgefangenen ganz zusammengeschlagen wird. Oder im Prügelblock festgeschnallt.

Wieder einmal. Unbeugsam.

Andere Fragen:

Wie hält ein Mensch das aus? Warum tut er das? Wird ein Mensch zum Märtyrer geboren? Was hätte ich getan?

Später kamen mir Filmszenen in den Sinn, die ich irgendwann gesehen habe.

Dokumentarische und Spielfilme:

Pater Alfred Delp vor seinem Richter Roland Freisler.

Sophie Scholl, diese junge Widerstandskämpferin der „Weißen Rose", die demselben Freisler die Stirn bietet.

Der Luxemburger Pfarrer Jean Bernard, dessen KZ-Tagebuch zur Grundlage des Films „Der neunte Tag" von Volker Schlöndorff wurde, der freiwillig wieder zurück in die Hölle von Dachau geht.

Dietrich Bonhoeffer, der in einem Brief aus dem Gefängnis an seine Braut Maria von Wedemeyer ihr das „Ja zu dieser Erde" ans Herz legt.

Was sind das für Menschen, die so etwas können?

Sie alle sind keine „Übermenschen", wie Nietzsche sie sich gedacht hatte.

Aber sie sind starke Menschen – in ihrer Schwachheit stark. Gewaltlos, ausgeliefert der Willkür von „Übermenschen" nach dem Muster Nietzsches.

Ihre Stärke ist nicht klein zu kriegen.

Paul Schneider: Immer und immer wieder lässt er sich zusammenschlagen, um gleich wieder seine Stimme zu erheben.

Alfred Delp, Sophie Scholl: Sichtbar frei stehen sie vor dem Richter, der das Todesurteil fällen wird.

Jean Bernard: Freiwillig geht er zurück ins KZ nach Dachau.

Dietrich Bonhoeffer: Er lässt sich seine Treue zur Erde nicht rauben.

„Beugt euch in Demut unter die mächtige Hand Gottes, damit er euch erhöht, wenn die Zeit gekommen ist."

Und: „Werft alle eure Sorge auf ihn. Denn er kümmert sich um euch."

Ist es das?

Das sind mächtige Sätze.

„Sich in Demut unter die mächtige Hand Gottes beugen" –

Wenn ich sie sehe – Paul Schneider und die anderen – dann werde ich klein.

Weil ich mir dieses Gottvertrauen für mich nicht vorstellen kann.

Weil ich Angst vor Schmerzen hätte. Weil ich leben möchte.

Aber eigenartig. Ich komme von Menschen wie ihm nicht los. Warum?

Ich glaube, weil er zeigt, wie Menschen über sich hinauswachsen können, wenn die Situation es erfordert.

Weil die Not den Glauben nicht unbedingt auslöscht, auch nicht nur für eine kurze Zeit Beten lehrt.

Sondern weil der Glaube an die „mächtige Hand Gottes" wirkliche Größe („Erhöhung") schenken kann.

Dem „Teufel" oder wie immer man die schreckliche Macht des Bösen nennen mag, kann man widerstehen mit diesem Gott an der Seite.

Als Getaufte sind wir erlöste Menschen.

Erlöst davon, aufzugeben, kapitulieren zu müssen vor dem Bösen, das uns immer wieder einzureden versucht:

„Gib's auf! Es hat ja doch keinen Zweck! Du hast keine Chance. Diese Welt ist wie sie ist. Und du wirst sie nicht ändern."

Doch! Ich werde sie ändern.

Weil letztlich an Menschen wie Paul Schneider, Sophie Scholl, Dietrich Bonhoeffer dieses ganze mörderische Gebäude von damals zerbrochen ist.

Weil die Geschichte ihnen recht gegeben hat – und nicht den Anderen. Wir erleben jeden Tag die Grausamkeit politisch oder religiös begründeten Terrors, hören zumindest davon.

Wir erleben aber auch, wie Kriegsverbrecher – oft nach langen Jahren – vor Gericht gestellt werden.

Wie diktatorische Regime zu Staub zerfallen.

Wir erleben, wie sich immer wieder die Kraft des Lebens gegen die vielfältigen Formen des Todes durchsetzt.

An Paul Schneider können wir ablesen, dass der gewaltige Schlusssatz unserer Lesung aus dem 1. Petrusbrief stimmt:

„Sein – Gott – ist die Macht. Amen."

Schluss. Aus.

Die kleinen Herrgötter, die sich so gerne aufplustern, die sich als „Übermenschen" an die Stelle Gottes setzen wollen – auf Dauer haben sie keinen Bestand.

Mit seinem berühmt gewordenen Satz, den Paul Schneider seinen Mitgefangenen aus der Zelle heraus am Ostersonntag zugerufen hat, hat er recht:

„Kameraden, hört mich. Hier spricht Pfarrer Paul Schneider. Hier wird gefoltert und gemordet. So spricht der Herr: ‚Ich bin die Auferstehung und das Leben!'"

Da steht das eine neben dem anderen.

Menschliche Grausamkeit, Tod „in Vollendung" und die Auferstehung und das Leben in Christus.

So hart steht beides oft beieinander. Und es gibt kein direktes und leichtes „Von-hier-nach-dort". Vom Tod zum Leben.

An uns liegt es, uns zu entscheiden: Wem vertraue ich mehr?

Wem traue ich den Sieg in diesem Kampf um alles oder nichts zu – dem Tod oder dem Leben?

Dem „Ich kann ja doch nichts ändern?" oder dem „Leistet ihm Widerstand in der Kraft des Glaubens?"

Wem schreibe ich mehr Macht zu – dem Teufel oder dem Christus?

Ich kenne mich. Und ich weiß, dass diese Entscheidung keine ist, die ich ein-für allemal gefällt haben werde. Ich werde sie jeden Tag neu fällen müssen.

Ich werde mich jeden Tag neu auf die Seite des Lebens stellen müssen, weil und wenn ich es denn will.

Und ich werde jeden Tag mein eigenes „Ja, aber …!" zu hören bekommen.

Die Macht des Bösen räumt nicht so leicht das Feld. Sie versteht es, sich zu tarnen:

Sie kommt gerne in der Maske des Vernünftigen daher: „Sei doch vernünftig. Renn dir doch nicht immer wieder den Kopf ein. Finde dich mit den Gegebenheiten ab! Es ist wie es ist."

Oder in der Maske „Ich habe Angst!".

Oder: „Ich bin doch viel zu schwach!".

In der Maske „Die Anderen machen es auch so!".

Es würde mich sehr wundern, wenn Paul Schneider das nicht gekannt hätte, was wir „Anfechtung" nennen.

So paradox es klingen mag: Ich glaube, dass er die Anfechtung durch sein Leiden überwunden hat.

Das ist ja bisweilen das Geheimnis des Leidens.

Dass es auf seltsame Weise stärkt, frei macht, die Angst nimmt.

Dass gerade dann, wenn nichts mehr zu gehen scheint, alles geht.

Als ob ein Schalter umgelegt würde.

Paul Schneider ist ein Heiliger über die engen Konfessionsgrenzen hinweg.

In der Situation, in der er seinen Weg gegangen ist,

spielen von Menschen errichtete Grenzmarkierungen,

das Gerangel, gar der Streit um konfessionelle Lehrfragen keine Rolle mehr.

Da geht es nur noch um das nackte Mensch-Sein.

Um den Sieg des Guten oder des Bösen.

Um den Glauben und inwieweit er trägt oder am Leiden zerbricht.

Um Tod und Leben.

Als Katholik danke ich für das Zeugnis Ihres Pfarrers Paul Schneider.

Engelbert Felten

(Pfarrer Dr. Engelbert Felten ist Leiter des Theologisch-Pastoralen Instituts in Mainz.)

Schlusserklärung der Internationalen Konferenz „Versöhnung und nachhaltiger Frieden – Impulse der Theologie Dietrich Bonhoeffers für den europäischen und afrikanischen Kontext"

Kibuye/Ruanda vom 25. bis 28. Februar 2014

Als Theologen, Kirchenführer, Studierende und engagierte Christen aus unterschiedlichen Ländern Afrikas und Europas haben wir uns in Kibuye/Ruanda vom 25. bis 28. Februar 2014 zu einer internationalen Konferenz versammelt, um über die Bedeutung des deutschen Theologen Dietrich Bonhoeffer für Frieden und Versöhnung im europäischen und afrikanischen Kontext und darüber hinaus zu diskutieren.

Wir haben Berichte gehört über das Leid der deutschen Bevölkerung unter der Naziherrschaft, über das Leid in Ruanda während des Genozids und über das Leid im heutigen Kongo – Berichte von Opfern massiver Gewalt. Wir haben vom Zeugnis Dietrich Bonhoeffers gehört, seinem Ruf nach Frieden und Gerechtigkeit in Zeiten der Naziherrschaft. Wir haben uns beeindrucken lassen von den Schuldbekenntnissen der Kirchen in Deutschland und in Ruanda und von Bonhoeffer selbst. Mit Freude haben wir von Beispielen der Vergebung und Versöhnung zwischen früheren Feinden erfahren.

Wir haben von Dietrich Bonhoeffer gelernt, dass es die Pflicht der Kirchen ist, für die Opfer einzutreten und angesichts von Ungerechtigkeit laut die Stimme in der Öffentlichkeit zu erheben. Wir fühlen uns verpflichtet, unsere Kirchen zu ermutigen, öffentliche Kirchen zu werden, die das Evangelium nicht nur im privaten Lebensbereich, sondern auch in Politik und Gesellschaft bezeugen.

Kirchen sollten sich vor der Politik nicht scheuen, aber sie sollten sich auch nicht von ihr vereinnahmen lassen. Die Kirche sollte der Politik nicht zu nahe kommen, um sich nicht zu verbrennen, aber sie sollte sich auch nicht zu ferne halten, um nicht zu erfrieren. Wir brauchen eine Theologie im öffentlichen Raum, die uns lehrt, im öffentlichen Leben Zeugnis abzulegen, ohne in eine dieser Fallen zu tappen.

Wir sind besorgt über den andauernden Krieg in der Region, wo wir uns versammelt haben. Zahlreiche Menschen in den Kivu-Provinzen im Kongo sind indirekt Opfer des Genozids in Ruanda, selbst heute noch. Verschiedene Milizgruppen destabilisieren die Region und begehen Verbrechen gegen die Menschlichkeit. Ein dauernder, gerechter Frieden ist die notwendige Voraussetzung, um ein Leben in Würde für alle Menschen in dieser Region möglich zu machen.

Bonhoeffer hat uns gelehrt, dass Gewalt keinen Frieden schaffen kann. Nur Vertrauen kann Frieden möglich machen. Wir beten um Gottes Beistand für die Opfer der Gewalt. Wir appellieren an die politisch Verantwortlichen in der Kivu-Region, alle nur möglichen Anstrengungen zu unternehmen, die zu einer friedlichen Entwicklung der Region beitragen können. Es ist die Aufgabe der internationalen Gemeinschaft, solche Entwicklungen zu unterstützen. Als Kirchen wollen wir die Friedensanstrengungen mit all unseren Mitteln unterstützen und die Menschen zusammenführen, damit Vertrauen entstehen kann. Wir versprechen, weiterhin in Geschwisterlichkeit zusammenzukommen, um unsere Erfahrungen und Gedanken aus unseren verschiedenen kulturellen und geografischen Kontexten heraus auszutauschen und auf diese Weise als Gemeinschaft der Kirche Zeugnis abzulegen, als ein Zeichen für unser gemeinsames Menschsein. Wir werden den Vorschlag der Einrichtung eines Dietrich Bonhoeffer Research Center for Public Theology for Central Africa in Kigali/Ruanda aufgreifen.

Angesichts aller Herausforderungen, denen wir in der Arbeit für Frieden und Gerechtigkeit heute gegenüberstehen, lassen wir unseren Blick in die Zukunft von den Worten Dietrich Bonhoeffers leiten: „Mag sein, dass morgen der jüngste Tag anbricht. Dann wollen wir gern die Arbeit für eine bessere Zukunft aus der Hand legen, vorher aber nicht."

Übersetzung aus dem Englischen: Dr. Wolfgang Neumann

Heilung der Erinnerungen

Das Verhältnis der evangelischen Frei- und Landeskirchen im 19. Jahrhundert – Eine Projektskizze

Träger des Forschungsprojektes:
Evangelische Kirche im Rheinland
Evangelische Kirche von Westfalen
Evangelisch-methodistische Kirche
Bund Evangelisch-Freikirchlicher Gemeinden
Bund Freier evangelischer Gemeinden
Arbeitsgemeinschaft Mennonitischer Gemeinden in Deutschland
Konfessionskundliches Institut, Bensheim

Das Projekt ist für weitere Träger offen.

Ziel
Ziel des Projektes ist es, das Verhältnis von Frei- und Landeskirchen im 19. Jahrhundert (1817–1918) zu untersuchen, insbesondere die nicht aufgearbeiteten »Verletzungsgeschichten«. Dabei ist von einer unterschiedlichen Erinnerungskultur auszugehen, die durch gemeinsame wissenschaftliche Forschung angenähert werden soll. Am Ende des Projektes soll eine Sammlung von Forschungsarbeiten in einer oder mehreren Veröffentlichungen im Auftrage der Träger herausgegeben werden.

Fragestellungen des Forschungsprojektes
• Welches Gedankengut über die jeweils anderen Kirchen wurde verbreitet?
• Was ist von staatlicher Seite unternommen worden?
• Was ist von kirchlicher Seite beeinflusst worden?

Zeitlicher Rahmen
Das Projekt ist mit einer Tagung im Jahr 2013 eröffnet worden, bis 2016 sollen Forschungsergebnisse erarbeitet werden, die in einem Sammelband veröffentlicht werden. Das Projekt begleitet die Vorbereitung auf das Reformationsjubiläum im Jahr 2017.

Methode
Wissenschaftliche Arbeiten im Umfang von ca. 25.000–50.000 Zeichen von Historikern, Kirchenhistorikerinnen, Juristen, Theologinnen.

Arbeiten von Professorinnen und Dozenten, aber auch Studierenden und Promoventen sollen konkrete Konfliktfälle, theologische Abgrenzungen und Interaktion zwischen Landes- und Freikirchen darstellen. Das Projekt ist interdisziplinär angelegt.

Autoren und Autorinnen
Studierende und Lehrkörper freikirchlicher Fachhochschulen, theologischer, historischer und juristischer Fakultäten, wissenschaftlich Forschende aus Frei- und Landeskirchen. Die Vereine für die regionale Kirchengeschichte und die Freikirchenforschung sind einbezogen.

Geographischer Raum
Der geographische Raum ist auf Deutschland begrenzt, da das Verhältnis der Kirchen untereinander und das Staats-Kirchenverhältnis in anderen Ländern nicht vergleichbar sind mit der Situation in Deutschland. Das Projekt soll konkrete regionale Themen aufgreifen. Es kann und wird nicht um eine umfassende Darstellung des Forschungsgegenstandes gehen, sondern um Fallbeispiele (*study cases*).

Wissenschaftlicher Beirat
Für die Sichtung der eingehenden Forschungsbeiträge wird ein wissenschaftlicher Beirat gegründet, der die wissenschaftlichen Standards festlegt und prüft. Er besteht aus frei- und landeskirchlichen Mitgliedern.

Geschäftsstelle des Forschungsprojektes
Konfessionskundliches Institut
Ernst-Ludwig-Straße 7
64625 Bensheim
Dr. Walter Fleischmann-Bisten
Tel.: 06251/8433-12
E-Mail: walter.fleischmann-bisten@ki-eb.de

Der Beitrag der Ökumene in der theologischen Ausbildung

Tagungsbericht der 25. Jahresversammlung der Arbeitsgemeinschaft Ökumenische Forschung (Ecumenical Research Forum) in der Missionsakademie an der Universität Hamburg 2013

Von 8. bis 11. November 2013 traf sich die Arbeitsgemeinschaft Ökumenische Forschung/Ecumenical Research Forum (AÖF-ERF) in Hamburg zu ihrer 25. Jahrestagung unter dem Thema „Der Beitrag der Ökumene in der theologischen Ausbildung".

Das Besondere an dieser Tagung war nicht nur, dass ein Jubiläum gefeiert wurde, sondern, dass abermals junge Ökumenikerinnen und Ökumeniker aus den verschiedensten Teilen Europas (und wenn man die Ursprungsländer der Teilnehmer/innen berücksichtigt, sogar aus der ganzen Welt) zusammengekommen sind, um über das Tagungsthema und darüber hinaus ins Gespräch zu kommen. Neben der akademischen Auseinandersetzung mit dem Thema kam vor allem auch der in der Ökumene genauso wichtige persönliche Austausch nicht zu kurz. Vertreter/innen einer Vielzahl von Konfessionen (römisch-katholisch, baptistisch, evangelisch-reformiert, orthodox, mennonitisch, evangelisch-lutherisch, hussitisch, anglikanisch) aßen zusammen, beteten zusammen und stießen miteinander an. Wie jedes Jahr im Laufe der Geschichte der AÖF-ERF, wurde diese Vielfalt immer als bereichernd und anregend empfunden.

Genauso verhielt es sich auch mit den Hauptreferaten, die sich aus unterschiedlichen Perspektiven dem Tagungsthema näherten. Am Freitagabend sprach Prof. Dr. Ivana Noble, Professorin am Ökumenischen Institut der Evangelisch-Theologischen Fakultät der Karls-Universität und wissenschaftliche Mitarbeiterin am Internationalen Baptistisch-Theologischen Seminar in Prag sowie Pfarrerin der hussitischen Kirche, aus hussitischer Sicht über das Verhältnis von Ökumene und theologischer Ausbildung. Noble beleuchtete das Tagungsthema von den Spaltungen der Kirchen her und untersuchte den Zusammenhang zwischen den dadurch entstandenen Überlieferungen und den daraus folgenden Schwerpunktsetzungen innerhalb der Theologie. Sie teilte die Schismata in historische und intentionale Trennungen, die auf ihre Weise auf die theologische Ausbildung Einfluss nahmen. Die Arbeit an diesen Herangehensweisen, deren Konsequenzen und ihren Wert für die theologische Ausbildung aus einer ökumenischen Perspektive, beschrieb Noble als zentral. Eine Folge dieses Ansatzes sei auch, sich Gedanken über neue methodologische Ansätze zu machen, welche den ökumenischen Dialog und seinen Niederschlag in der theologischen Ausbildung antreiben könnten.

Prof. Dr. em. Grigorios Larentzakis lehrte über 40 Jahre an verschiedenen österreichischen theologischen Fakultäten und europäischen Forschungseinrichtungen orthodoxe und ökumenische Theologie. Als Initiator des sogenannten „Grazer Prozesses" gilt er als profunder Kenner der europäisch-ökumenischen Hochschullandschaft. Larentzakis näherte sich dem Thema der Tagung in seinem Vortrag am Samstagvormittag von einer praktischen und grundlegenden Seite. Im Zusammenspiel zwischen theologischer Ausbildung und Ökumene ist für ihn vor allem die ökumenische Gesinnung jedes Einzelnen von großer Bedeutung. Ohne eine positive Grundhaltung dem Anliegen der Ökumene gegenüber sei ein Gelingen nicht möglich. Um eine solche Grundhaltung an Studierende zu vermitteln, sollten Lehrveranstaltungsleiter/innen dazu angehalten werden, ihre Lehrveranstaltungen mit ökumenischem Geist vorzubereiten und durchzuführen (v. a. Kirchengeschichte, Kirchenrecht, Pastoraltheologie aber auch Dogmatik). Andernfalls besteht die große Gefahr, dass tendentiöse oder gar falsche Darstellungen an die Studierenden weitergegeben werden und dadurch ökumenische Gräben nicht nur nicht geschlossen, sondern auch vertieft werden könnten. Die ökumenische Arbeit an den gemeinsamen Quellen des Glaubens, sowie die ständige Anstrengung im Rezeptionsprozess von ökumenisch bereits Erreichtem waren ebenfalls zentrale Punkte von Larentzakis' Referat.

Im Anschluss an beide Hauptreferate erhielten die Teilnehmer/innen die Möglichkeit, in die Diskussion mit den Hauptrednern/innen einzutreten, was auch lebhaft genutzt wurde. Verschiedenste inhaltliche Zugänge aber auch terminologisch unterschiedliche Auffassungen zu bestimmten Themen wurden hier deutlich, nichtsdestoweniger aber als bereichernd und herausfordernd von allen Seiten wahrgenommen.

Im Anschluss an das Referat am Samstag standen Projektvorstellungen im Vordergrund. Acht Projekte wurden während je einer Stunde vorgestellt und diskutiert. Oftmals arbeiten junge Wissenschaftler/innen an Themen, die an ihren Heimatfakultäten isoliert dastehen. Die Jahrestagungen der AÖF-ERF bieten diesen Forscherinnen und Forschern die Möglichkeit, die vielfältigen Forschungsbereiche ökumenischer Arbeit vorzustellen und zu diskutieren. Gerade für exotischere Projekte ist es besonders wichtig, Netzwerke aufzubauen, die sich ebenfalls akademisch mit ökumenischen und missionswissenschaftlichen Fragen auseinandersetzen.

So wurden dieses Jahr Forschungsfragen besprochen, die sich beispielsweise mit der Frage nach der Rolle der Ökumene und ihrem Einfluss auf die orthodoxe theologische Ausbildung auseinandersetzten, aber auch Projekte, die sich mit der „Transkulturation in Mittelkalimantan – Das Totenfest (Tiwah) am Kahayan" beschäftigten. Weitere Projektvorstellungen kamen aus dem Bereich der alten Kirchengeschichte („Bildung im Spannungsfeld der Spätantike. Der heidnische Rhetor Libanios und sein christlicher Schüler Basilios von Cäsarea") oder der politischen Theologie ("The church as a non-familial political body: A conversation between Hannah Arendt, Dietrich Bonhoeffer and Dumitru Staniloae"). Auch die Rolle der orthodoxen Kirchen in den Medien bzw. die theologische Ausbildung und die Mission der baptistischen Kirche in den Ländern der ehemaligen Sowjetunion oder auch die Entwicklung der ökumenischen Bewegung in Myanmar wurden als Forschungsfragen präsentiert und besprochen.

Am Samstagabend wurde die Jahrestagung nochmals gemeinsam reflektiert, zwei neue Mitglieder wurden ins Fortsetzungskomitee gewählt (Joel Driedger, Deutschland, und Michaela Kusnierikova, Slowakei) und zwei „alt-gediente" Komiteemitglieder (Joshua T. Searl, UK, und Irena Zeltner-Pavlovic, Deutschland) mit großem Dank für alles Engagement verabschiedet.

Der Sonntag bildete den Abschluss der Tagung. Nach der Teilnahme am evangelischen „Gedenkgottesdienst zum 9. November 1938" in der nahegelegenen Kirche Hamburg-Nienstedten und einem Gespräch mit der Jugendreferentin Ina Riedel, besuchte die Gruppe das Grab der Theologin Dorothee Sölle. Ein gemeinsames Mittagessen bildete schließlich den Abschluss der Tagung.

In wenigen Tagen ökumenische Vielfalt möglichst fruchtbar erleben, so ähnlich könnte man die Jahrestagungen der AÖF-ERF zusammenfassen. Das Zusammenspiel der Hauptreferate renommierter Ökumenikerinnen und Ökumeniker, die kollegialen und konstruktiven Projektpräsentationen und – vielleicht heutzutage das Wichtigste in der Ökumene – das gegenseitige Kennenlernen beim Essen oder einem Glas Wein sind wohl die zentralen Gründe, warum seit nun 25 Jahren die AÖF-ERF jährlich zusammenkommt und Menschen mit vielfältigen Hintergründen zusammenbringt.

Die nächste Jahresversammlung wird vom 14. bis 16. November 2014 in Hamburg in der Missionsakademie stattfinden.

Florian Tuder

(Florian Tuder [Mag. Theol.] ist Mitglied des Fortsetzungskomitees der Arbeitsgemeinschaft Ökumenische Forschung – Ecumenical Research Forum. Von 2010 bis 2013 war er Leiter des Generalsekretariats der Stiftung PRO ORIENTE in Wien.)

Vom 16. bis 18. Januar trafen sich fast hundert Vertreter/innen aus den deutschen ÖRK-Mitgliedskirchen in der Evangelischen j311Akademie Loccum, um ihre Erfahrungen bei der 10. ÖRK-Vollversammlung zu teilen und ein gemeinsames Weitergehen auf dem *Pilgerweg der Gerechtigkeit und des Friedens* zu besprechen, zu dem der Ökumenische Rat der Kirchen bei seiner 10. Vollversammlung in Busan (Südkorea) aufgerufen hat. In diesem Sinne stellte auch das ökumenische Netzwerk MEET (More Ecumenical Empowerment Together) Pläne für einen Pilgerweg im Herbst 2014 vor. Der Pilgerweg soll junge Erwachsene aus verschiedenen Konfessionen an „Stationen" zum Thema Flucht und Migration führen.

Die Frage, wie der 500. Jahrestag der Reformation im Jahr 2017 ökumenisch gestaltet werden kann, stand im Mittelpunkt der *„Ökumenischen Studientage"* des Johann-Adam-Möhler-Instituts für Ökumenik in Paderborn. An der Tagung für Pfarrer und Ökumene-Beauftragte nahmen auch Kirchenvertreter aus Italien, Polen und Großbritannien teil. Der Leitende Institutsdirektor Wolfgang Thönissen zeichnete, ausgehend vom jüngsten Dokument der Internationalen lutherisch-katholischen Dialogkommission *„Vom Konflikt zur Gemeinschaft. Ge-*

meinsames lutherisch-katholisches Reformationsgedenken im Jahr 2017", katholische Zugänge zur Reformation auf. Der Braunschweiger Landesbischof und Catholica-Beauftragte der Vereinigten Evangelisch-Lutherischen Kirche Deutschlands (VELKD), Friedrich Weber, stellte die Projekte vor, die von verschiedenen Seiten bis zum Jahr 2017 geplant sind, und betonte, dass das Jahr 2017 ökumenisch begangen werden solle. Markus Iff von der Theologischen Hochschule des Bundes Freier evangelischer Gemeinden (FeG) in Ewersbach plädierte dafür, die evangelischen Freikirchen beim Gedenken der Reformation nicht zu vergessen.

Vom 6. bis 9. März sind in Istanbul alle Oberhäupter der autokephalen Orthodoxen Kirchen zusammengetroffen und haben das *Panorthodoxe Konzil für das Jahr 2016* angekündigt – mit dem bewusst gewählten Zusatz: „wenn nicht unvorhergesehene Umstände eintreten". Um den Modus der Einberufung und die Geschäftsordnung zu klären, konnte man nicht auf Präzedenzfälle zurückgreifen. Die getroffenen Entscheidungen können und wollen als „inszenierte Ekklesiologie" gelesen werden: Das Konzil wird einberufen und präsidiert vom Ökumenischen Patriarchen von Konstantinopel, der von den übrigen Oberhäuptern der Lokalkirchen auf gleicher Augenhöhe umgeben ist. Jede Kirche ist mit maximal 24 Bischöfen vertreten und hat jeweils nur eine Stimme.

Die bundesweite christlich-jüdische *Woche der Brüderlichkeit* wurde am 9. März in Kiel eröffnet. Unter dem Motto *„Freiheit – Vielfalt – Europa"* fanden bundesweit zahlreiche Veranstaltungen statt. Im Mittelpunkt der Auftaktveranstaltung stand die Vergabe der Buber-Rosenzweig-Medaille an den ungarischen Schriftsteller György Konrad, der für sein „entschlossenes Engagement für eine freie Gesellschaft und wider den Ungeist von Rassismus und Antisemitismus insbesondere in seinem Heimatland Ungarn" geehrt wurde.

„Was hindert's, dass ich mich taufen lasse? Taufpastoral in ökumenisch multilateraler Perspektive", war das Thema einer Studientagung der Arbeitsgemeinschaft Christlicher Kirchen in Deutschland (ACK), der ACK Sachsen-Anhalt und der Katholischen Akademie Magdeburg am 11. und 12. März in Magdeburg. Die gemeinsamen Herausforderungen in der Praxis der Taufe wurden hervorgehoben, obwohl nach wie vor theologische Unterschiede bestehen. Die Taufe dürfe nicht ausgrenzen, sondern solle vor allem die bedingungslose Liebe Gottes zu den Menschen verdeutlichen. In Magdeburg hatten 2007 elf Kirchen gegenseitig ihre Taufe anerkannt. Die Kirchen der täuferischen Tradition unterzeichneten die Erklä-

rung nicht, aber sie schätzen die entstandenen Gemeinsamkeiten.

Das *37. Missionale-Treffen 2014* am 15. März stand unter dem Leitwort *„Fest".* Zum einen wollte es Mut machen, mehr Feste zu feiern, zum anderen aber mit diesem Leitwort auch deutlich machen, dass jeder Mensch etwas Festes unter den Füßen braucht. Die Missionale hat in der Vergangenheit immer wieder wichtige Brücken gebaut, nicht zuletzt zwischen Evangelikalen und „moderner Theologie", zwischen Landeskirchen und Freikirchen. Auch die ökumenische Öffnung ist vorangekommen. Gleiches gilt für die Betonung der Spiritualität.

Am 20. März empfing der Ökumenische Rat der Kirchen (ÖRK) Vertreter des Jüdischen Weltkongresses (WJC) im ökumenischen Zentrum in Genf (Schweiz). Anlass für die Begegnung war die *Wiedereröffnung der Büros des Jüdischen Weltkongresses in Genf.* Anlässlich dieses Treffens wurden zukünftige Möglichkeiten der Zusammenarbeit erörtert. Zur Diskussion standen unter anderem die besorgniserregenden fremdenfeindlichen Unterströmungen in manchen Teilen Europas sowie die Radikalisierung der Religionen.

Eine Delegation der Kirchenleitung der Vereinigten Evangelisch-Lutherischen Kirche Deutschlands (VELKD) war vom 25. bis 30. März zu *Gesprächen mit Kirchenvertretern in England.* Unter anderem gab es Begegnungen mit dem Erzbischof von Canterbury, Justin Welby, dem Bischof der Lutherischen Kirche in Großbritannien (LCiGB), Martin Lind, sowie mit Vertretern vom Rat der Lutherischen Kirchen (CLC) in England. Hinzu kam ein Gespräch mit dem Rat für die Einheit der christlichen Kirchen (CCUC) in England.

Die *Mitgliederversammlung der Arbeitsgemeinschaft Christlicher Kirchen in Deutschland* (ACK) traf sich am 26./27. März im Erfurter Augustinerkloster. Im Zentrum der Beratungen stand das *100-jährige Gedenken an den Ausbruch des Ersten Weltkrieges.* Martin Greschat, ehemaliger Ordinarius für Kirchengeschichte an der Universität Gießen, warf einen historischen Blick auf diese Zeit. Guy Liagre, Generalsekretär der Konferenz Europäischer Kirchen (KEK), stellte die zahlreichen Initiativen vor, die in europäischen Ländern zum Gedenken des Ersten Weltkriegs gestartet wurden. In einem Gottesdienst am 27. März wurden in der Augustinerkirche Erfurt die Apostolische Gemeinschaft und der Freikirchliche Bund der Gemeinde Gottes als *neue Gastmitglieder* der ACK aufgenommen.

Initiativen aus ganz Deutschland laden zu einer *Ökumenischen Versammlung* nach Mainz ein. Das bundesweite Treffen vom 30. April bis 4. Mai sucht nach Antworten auf Krisen der Zeit, wie Klima-, Finanz- und Rohstoffkrise. Unter dem Motto *„Die Zukunft, die wir meinen – Leben statt Zerstörung"* will die Versammlung den gemeinsamen Weg von Initiativen und Kirchen für Gerechtigkeit, Frieden und Bewahrung der Schöpfung stärken. Themen der Versammlung sind solidarisches Wirtschaften, gerechter Frieden und ökumenische Spiritualität. Im Internet kann man sich auf der Seite www.oev2014.de und bei Facebook (www.facebook.com/oev2014) informieren.

Mit einer prominent besetzten Tagung blicken die Arbeitsgemeinschaft Christlicher Kirchen und die Akademie des Bistums Mainz vom 15. bis 17. Mai 2014 in Mainz aus multilateral ökumenischer Perspektive auf das Zweite Vatikanum. Neben Kurt Kardinal Koch, dem Präsidenten des Päpstlichen Rates für die Einheit der Christen, und Karl Kardinal Lehmann, Bischof des Bistums Mainz, nehmen Landesbischof Friedrich Weber (Wolfenbüttel), Präsident der Gemeinschaft Evangelischer Kirchen in Europa (GEKE), der ACK-Vorsitzende Bischof Karl-Heinz Wiesemann (Speyer) sowie die evangelisch-methodistische Bischöfin Rosemarie Wenner (Frankfurt a. M.) und Bischof Martin Hein (Kassel) an der Tagung teil. Das Zweite Vatikanum wird vor allem aus der Sicht der verschiedenen Konfessionen beleuchtet.

Vom 4. bis 22. August werden sich bis zu 30 junge Erwachsene aus der ganzen Welt während eines Sommerseminars am *Ökumeni-*

schen *Institut Bossey* des Ökumenischen Rates der Kirchen (ÖRK) mit folgender Frage beschäftigen: „Was können wir als gläubige Muslime, Juden und Christen tun, um mit den drängenden Problemen unserer Zeit wie Gewalt und Konflikt umzugehen und sie zu überwinden, und um gemeinsam auf Respekt und Zusammenarbeit gründende Gesellschaften aufzubauen, die zu gegenseitiger Rechenschaft bereit sind?" Auf dem Programm stehen Begegnungen mit der Spiritualität der Anderen, gemeinsames Nachdenken über heilige Schriften sowie thematische Vorlesungen und Workshops.

Unter dem Titel *„MissionRespekt. Christliches Zeugnis in einer multireligiösen Welt"* laden die ACK und die Evangelische Allianz mit dem EMW und missio zu einem Kongress ein. „Mission gehört zutiefst zum Wesen der Kirche", so beginnt die Erklärung „Christliches Zeugnis in einer multireligiösen Welt". Sie wurde vom Päpstlichen Rat für den Interreligiösen Dialog (PCID), der Evangelischen Weltallianz (WEA) und dem Ökumenischen Rat der Kirchen (ÖRK) 2011 veröffentlicht und bietet Orientierungen für eine respektvolle Mission in multireligiösen Kontexten. Wie das verantwortungsbewusst in Deutschland und weltweit gelebt werden kann, das will der Kongress ergründen. Am 27. und 28. August werden in Berlin Einsichten einer größeren Öf-

fentlichkeit vorgestellt, die sich aus einem ökumenischen Lernprozess ergeben haben. Dazu hat sich historisch erstmalig ein Trägerkreis von fast zwanzig Kirchen, kirchlichen Organisationen und Dachverbänden zusammengefunden.

Die Arbeitsgemeinschaft Christlicher Kirchen in Deutschland verleiht alle zwei Jahre einen *Ökumenepreis.* Sie zeichnet damit Projekte und Initiativen aus, die zur Einheit der Christen beitragen und ein gemeinsames Engagement von Christinnen und Christen verschiedener Konfession fördern. Der Preis ist mit 3.000 Euro dotiert. Das Preisgeld wird durch die Versicherer im Raum der Kirchen und die Bank für Kirche und Caritas zur Verfügung gestellt. Der Ökumenepreis wird im Rahmen eines Empfangs im Anschluss an den bundesweiten Gottesdienst zur Gebetswoche für die Einheit der Christen verliehen. Die nächste Verleihung findet am 25. Januar 2015 in Schwerin statt (siehe www.oekumenepreis-der-ack.de).

Der *39. Deutsche Evangelische Kirchentag,* der vom 3. bis 7. Juni 2015 in Stuttgart stattfindet, steht unter der Losung „damit wir klug werden" (Ps 90,12). Dies hat das Kirchentagspräsidium im Februar beschlossen.

Von Personen

Stephen Robson, seit Sommer 2012 Weihbischof im Erzbistum Saint Andrews und Edinburgh, ist jetzt Bischof der Diözese Dunkeld in Schottland. Mit seiner Amtseinführung am 9. Januar hat er die Nachfolge des Ende Juni 2012 aus Gesundheitsgründen vorzeitig zurückgetretenen Bischofs *Vincent P. Logan* angetreten.

Rüdiger Gebhardt, bisher Studienleiter am Theologischen Studienseminar der Vereinigten Evangelisch-Lutherischen Kirche Deutschlands (VELKD) in Pullach, hat am 1. Februar seinen Dienst als Rektor und Professor für Kirchliche Handlungsfelder an der CVJM-Hochschule in Kassel aufgenommen.

Metropolit Rastislav Gong, seit Oktober 2012 Erzbischof von Presov ist am 9. Februar als neues Oberhaupt der orthodoxen Kirche in Tschechien und in der Slowakei eingeführt worden. Er ist Nachfolger von *Metropolit Krystof Pulec,* der als Kirchenoberhaupt und als Erzbischof von Prag zurückgetreten war. Als Nachfolger von Erzbischof Krystof in Prag wurde am 1. Februar *Erzbischof Jachym Hrdy* eingeführt.

Ziphozihle Siwa, Vorsitzender Bischof der Methodistischen Kirche des Südlichen Afrika, ist als Nachfolger des anglikanischen Bischofs *Jo Seoka* zum neuen Präsidenten des Südafrikanischen Kirchenrats (SACC) gewählt worden. Erster Vizepräsident wurde der als Anti-Apartheid-Kämpfer bekannt gewordene *Frank Chikane* (Apostolic Faith Mission). Zum Vizepräsidenten gewählt wurde auch der anglikanische Geistliche *Michael Lapsley.*

Hendrik Mattenklodt ist am 6. März in seinen Dienst als theologischer Referent am Gemeindekolleg der Vereinigten Evangelisch-Lutherischen Kirche Deutschlands (VELKD) in Neudietendorf eingeführt worden. Die Einführung im Rahmen eines Gottesdienstes nahm der Leiter des Amtes der VELKD, Dr. Friedrich Hauschildt (Hannover), vor.

Zu neuen Mitgliedern der für die katholische Laienarbeit zuständigen Kurienbehörde berief der Papst aus Deutschland den Münchner Erzbischof, *Reinhard Kardinal Marx,* und aus Österreich den Wiener Erzbischof, *Christoph Kardinal Schönborn OP.*

Reinhard Kardinal Marx, Erzbischof von München und Freising, ist am 12. März als Nachfolger von *Robert Zollitsch,* bis 17. September 2013 Erzbischof der Erzdiözese Freiburg, zum Vorsitzenden der Deutschen Bischofskonferenz gewählt worden. Papst Franziskus hat den Amtsverzicht des Erzbischofs Robert Zollitsch angenommen und ihn zum Apostolischen Administrator des Erzbistums Freiburg ernannt. Diese

Ernennung gilt bis zum Amtsantritt eines Nachfolgers im Amt des Erzbischofs von Freiburg.

Ignatius Afrem II. Karim, bisheriger Metropolit von New York, wurde am 31. März an die Spitze der Syrischen Orthodoxen Kirche gewählt. Er ist Nachfolger des verstorbenen *Ignatius Zakka I.* Der 122. Nachfolger des hl. Petrus auf seiner ersten Kathedra zu Antiochia steht für eine möglichst enge Zusammenarbeit zwischen den altorientalischen Kirchen der Aramäer, Kopten, Äthiopier, Armenier und Syro-Inder.

Friedrich Weber, Bischof der Evangelisch-Lutherischen Kirche in Braunschweig, wird am 26. April mit einem Gottesdienst im Braunschweiger Dom verabschiedet. Über den Eintritt in den Ruhestand hinaus bleibt er u. a. bis 2018 geschäftsführender Präsident der Gemeinschaft Evangelischer Kirchen in Europa (GEKE). Ebenso ist er Moderator des Herausgeberkreises der wissenschaftlichen ökumenischen Zeitschrift „Ökumenische Rundschau". Zwischen 2005 und 2014 wurde er dreimal in Folge zum Catholica-Beauftragten der VELKD berufen. Seine Nachfolge in diesem Amt tritt *Karl-Hinrich Manze,* Bischof der Evangelisch-Lutherischen Landeskirche Schaumburg-Lippe an.

Cornelia Götz, bisher Persönliche Referentin des braunschweigischen Landesbischofs *Friedrich Weber,* wird neue Dompredigerin am Braunschweiger Dom. Sie tritt die Nachfolge von *Joachim Hempel* an, der am 30. Juni in den Ruhestand geht.

Kardinal Isaac Cleemis Thottunkal, seit 2007 syro-malankarischer Großerzbischof von Trivandrum, ist zum neuen Vorsitzenden der Indischen Bischofskonferenz (CBCI) gewählt worden. An der Spitze der CBCI folgt er auf den lateinischen Erzbischof von Mumbay (Bombay), *Kardinal Oswald Gracias.*

Ulrich Lilie, derzeit Theologischer Vorstand der Graf-Recke-Stiftung, wurde am 28. März von der Konferenz Diakonie und Entwicklung, der Mitgliederversammlung der Diakonie, als neuer Präsident der „Diakonie Deutschland" bestätigt. Er tritt am 1. Juli die Nachfolge von *Johannes Stockmeier* an, der Mitte Mai in den Ruhestand geht.

Corinna Schmidt, mennonitische Pastorin, übernimmt im Sommer die geistliche Leitung des Ökumenischen Forums HafenCity in Hamburg, ein bundesweit einzigartiges Zentrum von 19 christlichen Kirchen. Die bisherige Leiterin *Antje Heider-Rottwilm,* evangelische Pastorin, wird am 11. Juli in den Ruhestand verabschiedet. Sie hatte das Ökumenezentrum seit dessen Gründung 2008 geleitet.

Es vollendeten

das 65. Lebensjahr:

Friedrich Weber, Bischof der Evangelisch-Lutherischen Kirche in Braunschweig (bis 31. Mai), früherer Vorsitzender der ACK, seit 2012 Präsident der Gemeinschaft Evangelischer Kirchen in Europa, am 27. Februar;

das 70. Lebensjahr:

Walter Altmann, brasilianischer lutherischer Pastor, Moderator des Zentralkomitees des Ökumenischen Rates der Kirchen von 2006 bis 2013, am 4. Februar;

das 75. Lebensjahr:

Rüdiger Minor, Bischof der Evangelisch-methodistischen Kirche (EmK) in der DDR (1986–1992), die er während der Friedlichen Revolution und bis zur Vereinigung mit der damaligen westdeutschen EmK leitete, am 22. Februar;

das 85. Lebensjahr:

Theo Sorg, ehemaliger Bischof der Evangelischen Landeskirche in Württemberg (1988–1994), am 11. März;

Johannes Hempel, ehemaliger Bischof der Evangelisch-Lutherischen Landeskirche Sachsens (1972–1994), 1975 wurde er Mitglied des Zentralausschusses und des Exekutivausschusses des Ökumenischen Rates der Kirchen in Genf, der ihn 1983 zu einem seiner sieben Präsidenten wählte, am 23. März;

Martin Kruse, Bischof der Evangelischen Kirche von Berlin-Brandenburg (1977–1994), Ratsvorsitzender der EKD von 1985 bis 1991, am 21. April;

das 90. Lebensjahr:

Eduard Lohse, früherer Bischof der Evangelisch-Lutherischen Landeskirche Hannovers (1971–1988) und Ratsvorsitzender der EKD (1979–1985), am 19. Februar.

Verstorben sind:

Benedict John Osta SJ, früherer lateinischer Erzbischof von Patna/Indien, im Alter von 82 Jahren, am 30. Januar;

Lois M. Dauway, früheres Mitglied des Zentralkomitees des Ökumenischen Rates der Kirchen und des Exekutivausschusses, übergangsweise stellvertretende Generalsekretärin der Abteilung für Globale Dienste der Evangelisch-methodistischen Kirche, im Alter von 65 Jahren, am 4. Februar;

Tuikilakila Waqairatu, Präsident der Methodistischen Kirche in Fiji und Rotuma (MCFR), Fürsprecher der Geschlechtergerechtigkeit, Versöhnung, des Dialogs und der spirituellen Erneuerung der Kirchen, im Alter von 66 Jahren, am 11. Februar;

Ignatius Zakka I. Iwas, Patriarch der Syrisch-Orthodoxen Kirche von Antiochien, im Alter von 81 Jahren, am 21. März.

Zeitschriften und Dokumentationen

I. Ökumene

Peter Neuner, Zur ökumenischen Anerkennung der kirchlichen Ämter. Ein (fast) vergessener Vorschlag von Karl Rahner SJ, StimdZ 3/14, 173–183;

Christoph Böttigheimer, Von der Gegen- zur Mitreformation. 50 Jahre Ökumenismusdekret, KNA-ÖKI 14/14, Dokumentation, I–VI;

Johannes Oeldemann, Von der Kontroverse zum Dialog oder vom Dialog zur Kontroverse? Begegnungs- und Spannungsfelder im ökumenischen Dialog zwischen Orthodoxen und Katholiken, Ostkirchliche Studien 1/13, 115–135.

II. Religiöser Fundamentalismus

Johannes Fischer, Zwischen religiöser Ideologie und religiösem Fundamentalismus. Zu einem Irrweg evangelischer Ethik, EvTheol 1/14, 22–40;

Erich Geldbach, Geschichtliche Kriterien zur Identifizierung des protestantischen Fundamentalismus, UnSa 1/14, 2–13;

Heinz-Günther Stobbe, Einige Argumente für einen vorsichtigeren Umgang mit einem Schlagwort, ebd., 14–24;

Gisa Bauer, Fundamentalismus in den evangelischen Landeskirchen in Deutschland, ebd., 63–72.

III. Sozialethik

Hans Joachim Eckstein, Wertschätzung, Anerkennung und Toleranz. Zum Menschenbild und Umgang mit Menschen aus theologischer Sicht, TheolGespr 1/14, 3–24;

Doris Beneke, Sinnvolle Forderungen.Warum die Ausrichtung der EKD-Orientierungshilfe zur Familie sozialpolitisch richtig ist, StimdZ 3/14, 15–17;

Paul M. Zulehner, Differenzierung ist nötig. Was Katholiken über die Ehe denken, HerKorr 3/14, 129–134;

Jens Kramer, Verbindung mit dem Religionsunterricht. Zehn Jahre Studiengang „Lebensgestaltung, Ethik, Religionskunde" (LER) in Potsdam, Zeitzeichen 2/14, 18–20.

IV. Aus der Orthodoxie

Vasilios N. Makrides, Orthodoxer Rigorismus und Orthodoxismus. Die Bedeutung des wortgetreuen Verständnisses von Rechtgläubigkeit, UnSa 1/14, 44–50;

Johannes Oeldemann, Orthodoxes „Aggiornamento"? Patriarchen vereinbarten Fahrplan zum Panorthodoxen Konzil, KNA-ÖKI 12/14, 3–5;

Barbara Hallensleben, Aggiornamento der Orthodoxie. Perspektiven eines Studientags zum Primat in Fribourg/Schweiz, ebd. 14/14, 5–8;

Athanasios Vletsis, „Die Eucharistie macht die Kirche" – oder doch umgekehrt? Chancen und Unwegsamkeiten der „eucharistischen Ekklesiologie", OrthForum 2/13, 153–167;

Ciprian Streza, Die Liturgie des christlichen Ostens – die ewige und immer dauerhafte Einladung des Menschen zur Teilnahme an der vollkommenen Liebe der Heiligen Dreifaltigkeit, ebd., 209–220;

Assaad Elias Kattan, The Ways of Polemic Literature, Vatican I in al-Hadiyya, Ostkirchliche Studien 1/13, 136–142.

V. Religionswissenschaft

William O. Beeman, Religion and Ritual Performance, IntKult Theol 4/13, 320–341;

Michael Tilly, Frühchristliche Religion als Wahrnehmungsobjekt und Erkenntnisprozesse. Möglichkeiten und Grenzen eines religionsgeschichtlichen Zugangs zum Neuen Testament, EvTheol 1/14, 6–21;

Dirk J. Smit, „Jesus" und „Politik"? Neuere Literatur zur Bedeutung der Christologie für die Öffentliche Theologie – aus südafrikanischer Perspektive, ebd., 57–70;

Hartmut Tyrell, Zum Begriff der Religion bei Max Weber, StimdZ 4/14, 219–232.

VI. Weitere interessante Beiträge

Andreas Lob-Hüdepohl, Inklusive Gemeinschaften. Ethische Implikationen der Behindertenkonvention, StimdZ 4/14, 243–256;

Wilfried Haubeck, Gottes Erwählung nach dem Epheserbrief, TheolGespr 1/14, 25–43;

Klaus Vellguth, Unterdrückung und Gewalt. Zur Lage der Christen in Pakistan, HerKorr 3/14. 151–156;

Bernd Oberdorfer, Einheit und Differenzpflege. Schlaglichter auf die aktuelle Diskussion um die Zukunft der EKD, EvTheol 1/14, 76–80.

VII. Dokumentationen

„Die Erosion von Anerkennung. Soziologische und theologische Perspektiven". Symposium der Evangelischen Akademie der Nordkirche, Hamburg, 28.11.2013, epd-Dok 14/14;

Gemeinsame Verantwortung für eine gerechte Gesellschaft (Initiative des Rates der Evangelischen Kirche in Deutschland und der Deutschen Bischofskonferenz für eine erneuerte Wirtschafts- und Sozialordnung), epd-Dok 12/14;

Heilung der Erinnerungen. Das Verhältnis der evangelischen Frei- und Landeskirchen im 19. Jahrhundert. (Ein Forschungsprojekt in der Reformationsdekade), epd-Dok 9/14.

Neue Bücher

AUS DER ORTHODOXIE

Anastasios Kallis, Auf dem Weg zu einem Heiligen und Großen Konzil. Ein Quellen- und Arbeitsbuch zur orthodoxen Ekklesiologie. Theophano Verlag, Münster 2013. 647 Seiten. Pb. EUR 39,90.

Anastasios Kallis, emeritierter Professor für orthodoxe Theologie an der Universität Münster und einer der bekanntesten zeitgenössischen orthodoxen Theologen in Deutschland und darüber hinaus, legt mit diesem Buch ein bedeutsames Werk zu Fragen der orthodoxen Ekklesiologie vor, welches sowohl für den innerorthodoxen Dialog als auch für den theologischen Dialog mit den anderen Kirchen unerlässlich sein wird. Es handelt sich nicht um eine gewöhnliche Abhandlung zum Thema, sondern um ein für Fragen der orthodoxen Ekklesiologie und Theologie grundlegendes Arbeitsbuch bzw. ein Handbuch, das in seiner Art in der deutschen theologischen Literatur einmalig ist. Einmalig und bedeutend deshalb, weil darin zum ersten Mal alle relevanten Dokumente zum Thema in einer Publikation veröffentlicht werden.

Zum Inhalt des Werkes: Nach einem Vorwort und einer Einleitung, in denen Verf. die Problematik des vor über einem Jahrhundert ins Auge gefassten „Orthodoxen Konzils" umreißt (Bezeichnung, Thematik, Strukturfragen, Einberufungsdatum etc.), bringt er in fünf Kapiteln (43–628) alle orthodoxen Dokumente zum Thema, die einen Zeitraum von über 100 Jahren umfassen:

I. Der konziliare Aufbruch (1902–1904),

II. Der erste Anlauf zum Konzil (1923–1936),

III. 500 Jahre Autokephalie der Russischen Orthodoxen Kirche – Die Konferenz von Moskau (1948),

IV. Die panorthodoxen Konferenzen (1961–1970),

V. Die Vorkonziliaren Panorthodoxen Konferenzen (1971 ff).

Zum besseren Verständnis der jeweiligen Dokumente werden den fünf Kapiteln ausführliche Kommentare vorangestellt. Abgeschlossen wird das Werk mit einem ausführlichen Epilog (629–641), in dem die Hauptfragen der orthodoxen Ekklesiologie im Zusammenhang mit dem ins Auge gefassten Panorthodoxen Konzil, das als Weg und nicht als Ziel verstanden wird, behandelt werden. Ein Abkürzungsverzeichnis und eine ausführliche Bibliographie mit Quellen- und Sekundärliteratur (22–34) werden den Texten vorangestellt.

Insofern kann das neue Buch von Kallis verstanden werden als sinnvolle Ergänzung zum zweibändigen Werk von Prof. I. Karmiris, Die dogmatischen und symbolischen Monumente der Orthodoxen Katholischen Kirche, 2 Bde., Athen 1951–1993, Graz ²1968 (beide in griechischer Sprache), und zum Handbuch von Athanasios Basdekis, Orthodoxe Kirche und Ökumenische Bewegung. Dokumente – Erklärungen – Berichte 1900–2006, Frankfurt a. M. 2007.

Die Zusammenstellung und die mühsame Übersetzung der Texte aus vielen Sprachen ins Deutsche begann bereits in den 1980er Jahren und wurde als Forschungsprojekt von der Deutschen Forschungsgemeinschaft finanziell unterstützt. Insofern kann das Werk von Kallis als ein krönender Abschluss seiner langjährigen Lehr- und Forschungsarbeit an der Universität Münster angesehen werden.

Zur Intention der Dokumentation schreibt Kallis, der für seine kritischen Anmerkungen zu überkommenen orthodoxen ekklesiologischen Positionen bekannt ist, in seinem Vorwort:

„Daher wird hier der Versuch unternommen, in einer Art Entmythologisierung der schuldogmatischen orthodoxen Ekklesiologie, d. h. empirischer Betrachtung der Organisationsmechanismen der orthodoxen Kirche anhand ihrer Kommunikationsmodi im 20. Jahrhundert bzw. aus ihrer konkreten Lebenswirklichkeit heraus ein Bild zu erschließen, das die Theorie im Licht der Realität verstehen lässt. Insofern zielt die Dokumentation nicht auf das anvisierte Heilige und Große Konzil, sondern auf den Weg dahin, in dem die Funktionsmodalitäten der Gemeinschaft der orthodoxen Kirchen in ihrem Wirken als eine Kirche ersichtlich sind" (16). „Die Intention der Publikation ist: zum einen einer realitätsbezogenen innerorthodoxen ekklesiologischen Selbstbestimmung und zum anderen dem Dialog mit der orthodoxen Kirche eine Hilfe zu sein" (17).

Seine Betrachtung des konziliaren Prozesses der orthodoxen Kirche schließt Kallis mit einem Appell an die ekklesiologische Glaubwürdigkeit seiner Kirche, indem er auf die in seinen Einführungen zu den Dokumenten wiederholt kritisierte Dissonanz zwischen Ekklesiologie und ekklesialer Realität anspielt: *„Aus den Reibungen und Rückschlägen bei der Einübung in die Konziliarität wird die Dringlichkeit der Notwendigkeit offenkundig, dass die orthodoxen Kirchen mit einer Stimme sprechen müssen, wenn sie als eine Kirche ihrer Sendung gerecht sein wollen"* (641).

Die jüngste Publikation von Kallis wird ein unerlässliches Nachschlagewerk und ein notwendiges Arbeitsbuch für alle orthodoxen und nicht orthodoxen Theologen sein, die an ekklesiologischen Fragen der orthodoxen Kirche und an einem Dialog mit ihr interessiert sind. Dafür gebührt Kallis großer Dank.

Athanasios Basdekis

Manfred Richter, Johann Amos Comenius und das Colloquium Charitativum von Thorn 1645. Ein Beitrag zum Ökumenismus=Labyrinthi TOM I., Siedlce 2013. 545 Seiten mit 30 Abb. EUR 30,–.

Beschränkte sich die wissenschaftliche und die aus ihr folgende praktische Wahrnehmung des 1592 in Nivnice (Südmähren) und 1670 in Amsterdam verstorbenen letzten Bischofs der böhmischen Brüder Johann Amos Comenius darauf, dass er als der Pädagoge des 17. Jahrhunderts angesehen wurde, der eine Pädagogik vom Kind her entwickelte, so ist seine theologisch-ökumenische Bedeutung erst in den letzten Jahrzehnten entdeckt worden. Sein Lebensweg ist gezeichnet von familiären Katastrophen, Emigration, Verlust von Hab und Gut, um die letzten 14 Jahren hochangesehen in Amsterdam zu leben. Erst die Wiederentdeckung seines Hauptwerkes „De rerum humanarum emendatione consultatio catholica" 1934 in Halle hat sein Gesamtwerk in angemessener Weise „als von Grund auf theologische und zugleich philosophische, pädagogische und politische Antwort auf den Umbruch der Zeit im Übergang zur Moderne sichtbar werden lassen" (Nipkow).

Theologisch wurde ihm der Gedanke wichtig, dass der biblische Glaube – fern jeder konfessionellen Polemik – zur Fundierung einer neuen Friedensordnung beitragen könne.

Dass dieses Kapital des Comenius noch lange nicht hinreichend entdeckt und gewürdigt wird, ist – ganz abgesehen von der äußerst detaillierten, umfangreichen und kenntnisreichen Erarbeitung des Beitrags des Comenius zum Colloquium Charitativum – die wesentliche Aussage der Studie Manfred Richters. Eindrucksvoll beschreibt Richter die Situation im Europa des 17. Jahrhunderts, entfaltet umfangreich an Hand der Quellen das Denken des Comenius im europäischen und polnischen Kontext, um mit der Darstellung des Kolloquiums von Thorn und des Hauptwerks des Comenius „De rerum humanarum ..." überzuleiten auf die aktuelle Frage, welche Bedeutung Comenius für den Ökumenismus heute haben könnte. Aufschlussreich sind in diesem Zusammenhang die aufgezeigten Verbindungen zu Leibniz, sowie seine Bedeutung für Daniel Ernst Jablonski. Richter entfaltet weiter die Wirkungsgeschichte in einem weiten Bogen über Lessing, Herder bis zu Schleiermacher.

Richter stellt die Schriften des Comenius, vor allem auch die wiederentdeckten aus dem Jahre 1934, in den Zusammenhang einer Erschließung des Beitrags Comenius, zu den Thorner Religionsgesprächen. Diese sollten 1645 der Überwindung interkonfessioneller Spannungen im Königreich Polen, die durchaus auch politische Dimensionen hatten, dienen. Während dieser Gespräche begegnete Comenius, der den Reformierten als Beratern diente, auch G. Calixt aus Helmstedt, der von seiner eigenen lutherischen Konfessionsfamilie wegen Synkretismusverdachts abgelehnt wurde.

38 Sitzungen brachten kein positives Ergebnis, nicht zuletzt deswegen, weil es unverhohlen um die Rückführung des Protestantismus in die katholische Kirche Polens ging. Das Thorner Kolloquium wird von Richter in einer Durchdringung dargestellt, wie sie selten zu entdecken ist, dies auch deswegen, weil die Darstellung sehr kenntnisreich in den weiten politischen wie geistesgeschichtlich-theologischen Hintergrund des 17. Jahrhunderts eingebunden ist. Dass er zudem u. a. auf a Lasco, Calixt und Leibniz zu sprechen kommt, öffnet weitere bisher nur als historisch bedeutsam angesehene Themenfelder für die gegenwärtige ökumenische Theologie.

Von besonderer Bedeutung ist im abschließenden Kapitel der Studie Richters Zusammenschau der aktuellen ökumenischen Situation mit den visionären Perspektiven von Comenius. Der wünschte sich ein allgemeines Konzil, an dem alle Betroffenen, d. h. Theologen, Politiker, Philosophen, samt dem Normalbürger teilnehmen könnten, um einen gesteuerten Gesprächsprozess zu eröffnen, an dessen Ende sich die Wahrheit durchsetzen würde.

Die Arbeit Richters zeigt, wie ertragreich auch für die gegenwärtige ökumenische Forschung eine vertiefte Auseinandersetzung mit Comenius sein kann, beschreibt sie doch deutlich, dass Comenius trotz wesentlicher Einbringung in die Brüderunität die Notwendigkeit der Einheit sah. Richter plädiert für eine „Verschiedenheit in Gemeinschaft", die mit den Worten Comenius ein „Zusammen-wachsen" ermöglichen könnte.

Friedrich Weber

ÖKUMENISCHE BEWEGUNG

Bärbel Wartenberg-Potter, Anfängerin – Zeitgeschichten meines Lebens. Gütersloher Verlagshaus 2013. 320 Seiten. Gb. EUR 19,99.

Um es vorweg zu sagen: Wer dieses Buch in die Hand nimmt und zu lesen beginnt, wird in den folgenden Tagen jede freie Minute nutzen, um es zu Ende zu lesen. Wer Bärbel Wartenberg-Potter zuhört, wenn sie predigt oder Vorträge hält oder wenn sie im Freundeskreis von ihren neuesten Entdeckungen berichtet, weiß: Sie ist eine begabte Erzählerin. In ihrem neuesten Buch, einer Autobiographie, macht sie von dieser Begabung reichen Gebrauch. Die einzelnen Kapitel spiegeln natürlich ihren Lebenslauf. Aber sie sind gleichzeitig in sich geschlossene Erzählungen aus einem Leben voller Neuanfänge, sehr persönliche, nicht nur berufliche, nicht nur Erfolge, sondern auch Scheitern. Vor allem aber Annahme von Herausforderungen – mit Schwung und

Elan, mit Neugier und ohne viel Zaudern.

Gleichzeitig ist dieses Buch auch ein Zeitdokument, es erzählt einen Abschnitt der Geschichte der ökumenischen Bewegung im Kontext lokaler und globaler eigener Erfahrungen. Bärbel Wartenberg-Potter tiefstes Anliegen, die Rolle der Frauen in Kirche und Gesellschaft zu stärken, scheint überall durch, aber sie hat immer das Ganze im Blick, die große Gemeinschaft der weltweiten Kirche, die ganze Menschheit, die ganze Schöpfung, die Marginalisierten und Unterdrückten in aller Welt, und schließlich als Bischöfin in Lübeck alle Menschen in ihrem Sprengel.

Dabei wird auch deutlich, was sie trägt und immer wieder neu motiviert: Das Buch beginnt und endet mit Szenen aus ihrem familiären Umfeld, die fünf Schwestern, aufgewachsen in einem Elternhaus, das ihnen einen Lebensvorrat an Geschichten und vor allem Liedern mitgegeben hat, bleiben ein Leben lang eng untereinander verbunden. Freundschaften durchziehen alle Phasen ihres Lebens. Sie halfen ihr, das Schwerste zu ertragen, was einer Mutter geschehen kann: den frühen Verlust ihrer zwei kleinen Kinder. Sie setzt einigen unter ihnen in ihrem Buch ein literarisches Denkmal. Was wäre die Ökumene ohne das Band von Freundschaften?

Vor allem aber enthält dieses Buch sehr persönliche Zeugnisse ihres Glaubens, die es wie ein roter Faden durchziehen. Sie sind gefüllt von Erfahrung, gegründet im biblischen Zeugnis, ermutigend wie das Evangelium eigentlich gemeint ist, unkompliziert, klar und gewinnend.

Zum roten Faden gehören besonders eindrücklich Geschichten von Kindern, von ihren eigenen toten Kindern und zwei Kindern, denen sie auf ihren Reisen begegnet ist: In Ghana trifft sie in einer ambulanten Klinik auf ein Baby, das schon vom Hungertod gezeichnet ist. Das andere ist ein mit HIV infiziertes kleines Waisenkind in Südafrika. Es sind diese Engel, die sie durch ihr Leben begleiten und sie daran erinnern, wie konkret das Leiden ist, für dessen Überwindung sie sich engagiert. Und wie nahe Gott gerade diesen Kleinen ist, um dessen Verständnis wir so oft nur theoretisch-theologisch ringen.

Und wer Bärbel Wartenberg-Potter nie als Predigerin gehört hat, kann am Ende des Buches gleich drei Predigten aus jüngster Zeit lesen. Vielleicht ist es sogar besser, mit der Lektüre der Predigten zu beginnen. Diese machen sicher neugierig zu erfahren, wer diese Frau ist, was sie geprägt und motiviert hat. Sie gibt in ihrer Autobiographie freimütig Auskunft, wie jemand, der einem freundschaftlich erzählt, wer sie oder er ist.

Rudolf Hinz

MISSIONSTHEOLOGIE

Henning Wrogemann, Missionstheologien der Gegenwart. Globale Entwicklungen, kontextuelle

Profile und ökumenische Herausforderungen. Lehrbuch Interkulturelle Theologie/Missionswissenschaft, Band 2. Gütersloher Verlagshaus, Gütersloh 2013. 482 Seiten. Kt. EUR 29,99.

Pünktlich ein Jahr nach Erscheinen des ersten Bandes seines *Lehrbuches Interkulturelle Theologie* (vgl. die Rezension in ÖR 62, 3/2013, 459 f) hat Henning Wrogemann den umfangreichen zweiten Band über die *Missionstheologien der Gegenwart* folgen lassen. Wichtig ist dabei, genau auf den Titel zu achten: W. legt keine ausgeführte Missions*theologie* vor, sondern möchte missionstheologische Entwürfe unserer Zeit vorstellen. Dabei fasst er den Begriff Missionstheologie sehr weit; für ihn gehören nicht nur akademische Abhandlungen, sondern viele Formen reflektierter missionarischer Praxis zur Missionstheologie.

Das Buch ist in fünf große Teile gegliedert. Auf eine Einleitung, die ins Thema einführt (17–46), folgt als erster Hauptteil: *I. Missionstheologische Entwicklungen des 20./21. Jahrhunderts* (47–172). W. behandelt hier in chronologischer Reihenfolge die klassischen missionstheologischen Entwürfe von G. Warneck, K. Hartenstein, W. Freytag, J. C. Hoekendijk und G. Vicedom, die missionstheologischen Perspektiven der großen Weltmissionskonferenzen seit Edinburgh und der Vollversammlungen des ÖRK von Neu-Delhi bis in Busan, einschließlich der Kontroversen zwischen Ökumenikern und Evangelikalen in den 1970er Jahren.

Der zweite Hauptteil, *II. Missionstheologien im Plural – konfessionelle und kontextuelle Profile* (173–273), umfasst Darstellungen der römisch-katholischen Missionstheologie vor und nach dem II. Vatikanum, der orthodoxen Missionstheologie, des Nordamerikanischen Protestantismus (vor allem am Beispiel des *Church Growth Movement*), des missionarischen Entwürfe in der Anglikanischen Kirche, von missionstheologischen Profilen in Pfingstkirchen und -bewegungen und von missionarischen Aufbrüchen und Herausforderungen in Lateinamerika, Schwarzafrika und Asien.

Im dritten Hauptteil, *III. Kontinente – Kontexte – Kontroversen* (275–370), fasst W. sehr unterschiedliche missionstheologische Entwürfe und Phänomene zusammen: Neben der Missionstheologie der Befreiungstheologie am Beispiel J. Sobrinos stehen Entwürfe einer Theologie der Armen und der Propagierung eines Wohlstandsevangeliums, die missionarische Bedeutung von Heilung und Befreiungsdienst, das Verhältnis von Mission und Dialog oder von Mission und Versöhnung, Entwürfe feministischer Missionstheologien und das Problem der Konversion in missionstheologischer Sicht.

Der vierte Hauptteil, *IV. Missionstheologische Wahrnehmung deutscher Kontexte* (371–403), ist vor allem den Fragen eines missionarischen Gemeindeaufbaus, der Diskussion um die Rolle der Ortsgemeinde und die Bedeutung von Glaubenskursen in den deutschen Landeskirchen gewidmet. Dagegen bietet der letzte Hauptteil, *V. Mission als oikoumenische Doxologie – ein theologischer Neuansatz* (405–440), einen eigenen missionstheologischen Entwurf, der sich durch ökumenische Weite und integrative Kraft für ganz unterschiedliche missionarische Ansätze auszeichnet.

Dieser Band teilt in vielem die Vorzüge des ersten: Er bietet breite und zuverlässige Information sowohl über die klassischen Missionstheologien als auch über wichtige Ansätze und Bewegungen, die normalerweise nicht vom akademischen Interesse erreicht werden. So setzt er sich auch mit der Missionstheologie der Lausanner Bewegung und der charismatisch-pfingstlichen Betonung der Bedeutung von Heilung und *deliverance* auseinander, d. h. der Befreiung von dämonischen Mächten. Auch dort, wo er kritische Rückfragen hat, nimmt er das Anliegen der entsprechenden Bewegungen ernst. Nicht zuletzt ist sein doxologischer Zugang zu einer Theologie der Mission bemerkenswert und könnte helfen, Aporien gegenwärtiger missionstheologischer Kontroversen zu überwinden.

Natürlich gibt es auch Anfragen: Wäre nicht doch eine wenigstens vorläufige Definition von „Mission" hilfreich gewesen? Bei manchen theologischen Entwürfen oder praktischen Beispielen ist der Zusammenhang mit diesem Thema nicht unbedingt evident. Hätte bei der Darstellung der katholischen Missionstheologie nicht stärker die Spannung heraus gearbeitet werden können, die sich für den missionarischen Auftrag dadurch ergab, dass nach *Lumen gentium* 16 Heil auch außerhalb der Kirche zu finden ist? Unbefriedigend ist auch, dass der nordamerikanische Protestantismus fast ganz auf das *Church Growth Movement* beschränkt ist und die sehr viel reflektiertere missionarische Praxis vieler Mainline-Kirchen nicht erwähnt wird. Schwierig unter ökumenischen Gesichtspunkten ist weiter, dass die Darstellung der deutschen Diskussion so ausschließlich auf die Situation der evangelischen Landeskirchen fokussiert ist. (Und als kleines Monitum: Die Gedenkkonferenz in Edinburgh 2010 wird zwar auf S. 165 in der Überschrift aber nicht im folgenden Text erwähnt!)

Aber diese Anfragen sollen Dank und Anerkennung für diese breit angelegte und äußerst differenzierte Darstellung nicht mindern. Sie ist gerade unter ökumenischen Gesichtspunkten äußerst hilfreich und allen, die sich darüber orientieren wollen, was weltweit an missionarischem Engagement und Reflexion geschieht, uneingeschränkt zu empfehlen.

Walter Klaiber

CHRISTLICHE SPIRITUALITÄT

Corinna Dahlgrün, Christliche Spiritualität. Formen und Traditionen der Suche nach Gott. Mit einem Nachwort von Ludwig Mödl. Verlag Walter de Gruyter, Berlin/New York 2009. 694 Seiten. Pb. EUR 29,95.

Das empfehlens- und lesenswerte Studienbuch der Josuttis-Schülerin gliedert sich in sechs große Kapitel.

Das erste Kapitel versteht sich als phänomenologische Annäherung an den Spiritualitätsbegriff und ist zugleich historisch-systematisch ausgerichtet. Unter dem Oberaspekt „Gott suchen" werden sechs Wege der Gottsuche anhand exemplarischer Glaubenszeugen der Kirchengeschichte dargestellt, wobei diese Wege nicht exklusiv gelten wollen, weder für den Zugang zu Gott noch für die Deutung der gesamten spirituellen Biographie der jeweiligen Vertreter. Gott wurde gesucht in der Einsamkeit (Thomas Merton), in der Gemeinschaft (Shaker), in mir selbst (Tersteegen), vergebens (Heinrich Schütz) und im Alltag (Luther, Bonhoeffer).

Spiritualität wird sodann als zehnstelliger Begriff definiert, kurz gesagt: als von Gott gewirkte Beziehung des Menschen zu Gott und Welt in Lebensgestaltung und reflektierter Verantwortung.

Das größte Kapitel widmet sich der historischen Perspektive, die sich an Epochen der Kirchengeschichte orientiert. Interessant sind dabei so manche Systematisierungen, etwa die betonte Innerweltlichkeit mittelalterlicher Spiritualität. Schade, dass Luthers Spiritualität hinsichtlich seiner Lieder und seiner Hochschätzung des Abendmahls hier nicht vorkommt.

Im vierten Kapitel wird die *praxis pietatis* systematisch und mystagogisch reflektiert, angelehnt an Sprach- und Denkformen von Manfred Josuttis und Rudolf Otto. Das Heilige wird gesucht und kann gefunden werden, so eine für das ganze Werk zentrale These. Ob es sich dabei tatsächlich um das „Heilige" und damit um eine spirituelle Erfahrung handelt, kann jedoch nur durch sorgfältige methodisch-kriteriologische *discretio* erkannt werden und ist nie glatt und abschließend zu behandeln. Das Unterkapitel zur *discretio* ist wohl das theologisch spannendste des ganzen Buches. Wenn die *discretio* das Recht hat „etwas so zu zergliedern, dass nichts übrig bleibt, vielleicht ein schönes, ehrfürchtiges, erhobenes Gefühl zu zerreden, zu zerstören" (385), dann wäre gerade in diesem Kapitel statt der collageartigen Bibelzitate eine wissenschaftlich tiefergründige Fundierung der Kriterien wünschenswert gewesen. Die – gerade aus evangelischer Sicht – wichtige Frage, wer eigentlich das Subjekt solcher *discretio* in Bezug auf wessen spirituelle Erfahrungen sein soll, bleibt offen. Der Pfarrer als Führer in das Heilige? Besonders spirituell qualifizierte Menschen? Und wer oder was qualifiziert die qualifizierten Prüferinnen und Prüfer des Heiligen?

Im fünften Kapitel zu Medien und Methodik der Spiritualität wird der Doppelcharakter des Werkes als Studienbuch deutlich, dem es auch um Einführung und Einübung in die *praxis spiritualitatis* geht. D. führt in gegenwärtige Spiritualität ein (Kirchenjahr, Andacht, Beichte, Meditation, Kunst, Wallfahrt, Bibliodrama, Heiligenverehrung). Die Vorgangsweise der Darstellung der Medien und Methode variiert zwischen eher andeutungsweisen Beschreibungen (Gebetswürfel, 467; Stille Zeit, 475) bis hin zu sehr engagierten Abschnitten wie dem zur Beichte.

Das Nachwort von Ludwig Mödl hebt in Grundzügen Besonderheiten der römisch-katholischen Spiritualität hervor (Kirche, rituelle Dominanz, Orden, Volksfrömmigkeit).

Der Horizont des Werkes ist weit. Spannend sind die vielen, zum Teil erfrischend ungewohnten Blicke auf Vertreter und Gehalte, Themen und Medien der Spiritualität. So gehören etwa Herrnhuter Losungen, Podcast-Andachten und das Rosenkranzgebet unter dem Aspekt „Andacht" zusammen. Man erfährt nebenbei immer wieder Interessantes und Erhellendes aus der Biographie und der Spiritualität der Verfasserin.

Hilfreich, besonders für Studierende, sind die Zeittafeln. Kirchliche, politische und gesellschaftliche Ereignisse werden darin nebeneinander notiert und erhellen somit vielseitig die historischen Kontexte christlicher Spiritualität. Die Erscheinungen von Lourdes (1858) stehen in der Neuzeit zwischen Krimkrieg und der Evolutionstheorie, der Zusammenschluss der Altkatholiken (1889) zwischen Nietzsches Antichristen und der Einführung der gesetzlichen Sonntagsruhe in Deutschland.

Erstaunlich ist, dass Gottesdienst und Musik keine eigenen Wege der Gottsuche darstellen. Vielleicht, weil die Verfasserin den Gottesdienst als – gar nicht so selbstverständliche – Mitte protestantischer Frömmigkeit ansieht (456 f). Dies ist ein m. E. beachtlicher Ansatz, der im Gesamtkonzept des Werkes wesentlich breiter entfaltet werden müsste als im Kleingedruckten im Andachtskapitel.

Wünschenswert wäre m. E. auch eine vertieftere Berücksichtigung der bürgerlich-kulturprotestantischen („liberalen") Linie evangelischer Spiritualität, die sicher zu Dahlgrüns Spiritualitätsbegriff in Spannung steht, aber als Spiritualitätskritik durchaus selbst ein Moment von Spiritualität im Sinne dieses Studienbuchs darstellt, etwa als discretio der Geister bzw. Moment der Reflexion. Statt der diversen verfallstheoretischen Randbemerkungen wünscht man sich gelegentlich zu einem adäquateren Verständnis der gegenwärtigen religiösen Lage mehr religionssoziologische Einsichten. Der langsame Abschied von der traditionellen Volkskirche ist auch eine Chance für Spiritualität.

An Dahlgrüns Werk wird deutlich, wie weit der Horizont christlicher Spiritualität aus lutherischer Perspektive ist und sein kann. Insofern ist das Werk wirklich ökumenisch aus lutherischer Überzeugung. Es geht nicht um eine enggeführte konfessionelle Traditionskultur, sondern um eine lutherisch offene Wahrnehmung und Reflexion dessen, was zur Suche nach Gott diente, dient und dienen könnte.

Florian Ihsen

JUDENVERFOLGUNG
IM DRITTEN REICH

Brigitte Gensch, *Sonja Grabowski* (Hg.), Der halbe Stern. Verfolgungsgeschichte und Identitätsproblematik von Personen und Familien teiljüdischer Herkunft. Psychosozial-Verlag, Gießen 2010. 299 Seiten. Pb. EUR 29,90.

Dieses Buch dokumentiert Ergebnisse der Tagung „Sag bloß nicht, daß du jüdisch bist", die der Verein „Der halbe Stern" im Jahr 2009 in Berlin veranstaltet hat. „Der halbe Stern" – dieses sprechende Bild verweist auf das Schicksal von Menschen, die im Dritten Reich als „Halbjuden" bezeichnet worden sind. Der Begriff „Halbjuden" wird in dem vorliegenden Buch kritisch beleuchtet, denn er entstammt der Nazi-Rassenideologie und ist eine Zuschreibung, die den Betroffenen von außen aufgezwungen worden ist. Auch die sogenannten „Halbjuden" wurden (wie

ihre Schicksalsgenossen, die „Volljuden") massenhaft ermordet. Nur wer als sogenannter „Vierteljude" eingestuft worden ist (von dessen vier Großeltern also nur eine Person jüdisch war) hatte höhere Überlebenschancen, ohne vor Verfolgung geschützt zu sein.

Für Menschen mit teiljüdischer Herkunft bedeutete dies, dass sie ihre jüdische Identität verstecken mussten. „Sag bloß nicht, daß du jüdisch bist". War diese Überlebensstrategie erfolgreich, so hat sie sich den Betroffenen als Grundhaltung zutiefst eingeprägt. Unbewusst wurde sie als generationenübergreifendes Muster weitergegeben: Weder die Überlebenden noch ihre Nachkommen konnten sich selbst als Juden verstehen – auch dann nicht, wenn die jüdische Abstammung mütterlicherseits gegeben war, die Nachkommen also nach jüdischem Selbstverständnis im vollen Sinn als Juden anzusehen sind.

Alle Überlebenden der Shoah teilen ein Trauma, nämlich das Schuldgefühl, dass sie die Katastrophe überlebt haben, während Millionen andere daran zugrunde gegangen sind. Bei den Menschen, von deren Lebensschicksalen dieses Buch erzählt, kommt zu diesem Trauma noch eine tiefgreifende Identitätskrise hinzu. Die seelische Belastung durch diese Herausforderung ist so groß, dass sie zumeist erst im zeitlichen Abstand von Jahrzehnten bearbeitet werden kann – von den Betroffenen selbst oder von ihren Kindern und

Enkelkindern. Sie machen sich heute auf die Suche nach ihren jüdischen Wurzeln und finden dabei zu individuell sehr unterschiedlichen Lösungen. Eine der Mitautorinnen hat dies so ausgedrückt: „Mein Erkenntnisprozess geht weiter. Ich komme mir langsam auf die Spur" (259).

Um diesen Menschen die Möglichkeit zum Austausch zu bieten, hat sich der Verein „Der halbe Stern" gegründet und die Tagung in Berlin veranstaltet, auf der erstmals im deutschsprachigen Raum Betroffene einander begegnen konnten. Es gibt noch fast keine Untersuchungen und Veröffentlichungen zu der hier behandelten Problematik; deshalb ist dieses Buch eine wichtige Publikation. Nach einer Einleitung der beiden Herausgeberinnen und zwei programmatischen Beiträgen von Johannes Heil und Beate Meyer folgen mehrere Artikel, die sich mit bestimmten Aspekten beschäftigen (u. a. über die Verfolgung von „Mischehepartnern" in der Rhein-Main-Region, über die wirtschaftliche Beeinträchtigung durch die Rassenverfolgung, über die Verfolgung von Christen jüdischer Herkunft im Raum Berlin, über Geschichte und Aufgabe der Evangelischen Hilfsstelle für ehemals Rasseverfolgte, über die Identitätsproblematik bei (teil-)jüdischer Herkunft und über die Fortdauer von Nazi-Konstrukten wie „Halbjude").

Von zentraler Bedeutung für dieses Buch ist der Text von Gerd Sebald, der unter dem Titel „Die familiale Tradierung von nationalsozialistischen Identitätszuschreibungen" die verschiedenen Erkenntnisse zusammenträgt und anhand eines aufschlussreichen Fallbeispiels erläutert. Die generationsübergreifenden Auswirkungen der Verfolgungsgeschichte und Identitätsproblematik werden dabei deutlich. Hieran schließen sich mehrere biographisch geprägte Beiträge an, worin Betroffene Einblick in ihre Lebensgeschichte geben und von der mühsamen Suche nach ihrer Identität erzählen (von Dani Kranz, Wolfgang Kotek, David Landgrebe und Ilona Zeuch-Wiese). Barbara Innecken berichtet von ihrer Ausstellungsarbeit mit Menschen aus teiljüdischen Familien, die sie im Rahmen eines Workshops auf der Tagung angeboten hat. Abgerundet wird der Band durch die beiden Andachten, die in Berlin gehalten worden sind (zu den Themen „Sachor – Erinnere Dich!" und „Von göttlichem und menschlichem Gedenken"). Außerdem enthält das Buch noch eine DVD, auf der fünf Betroffene im Rahmen eines ZeitzeugInnen-Plenums zu hören sind, das zum Auftakt der Tagung durchgeführt worden war.

Insgesamt ist dies ein bewegendes Buch, das die Vielfalt der Aspekte aus biographischer, historischer, kirchengeschichtlicher, theologischer und psychotherapeutischer Perspektive beleuchtet und das unbedingt lesenswert ist.

Jutta Koslowski

Superintendent Helmut Aßmann, Klosterstraße 7, 31134 Hildesheim; Dr. Athanasios Basdekis, Bachstraße 5, 65830 Kriftel; Dr. Jeremy Bergen, Conrad Grebel University College, 140 Westmount Road North, Waterloo, Ontario, Canada, N2L 3G6; Bischof Franz-Josef Bode, Bistum Osnabrück, Hasestraße 40a, 49074 Osnabrück; Erzpriester Dr. Daniel Buda, Ökumenischer Rat der Kirchen, 150 route de Ferney, CH-1211 Genf; Dr. Julia Enxing, Exzellenzcluster „Religion und Politik", Westfälische Wilhelms-Universität Münster, Johannisstraße 1–4, 48143 Münster; Pfarrer Dr. Engelbert Felten, Banthusstraße 3, 54290 Trier; Dr. Rudolf Hinz, Brammerhörn 1, 24626 Groß Kummerfeld; Pfarrer Dr. Florian Ihsen, Erlöserkirche München-Schwabing, Germaniastraße 4, 80802 München; Bischof i. R. Dr. Walter Klaiber, Albrechtstraße 23, 72072 Tübingen; Dr. Jutta Koslowski, Gnadenthal 7, 65597 Hünfelden; Father Michael Lapsley, Institute for Healing of Memories (IHOM), 5 Eastry Road, Claremont, Kapstadt 7708, Südafrika; Prof. Dr. Ulrike Link-Wieczorek, Institut für Evangelische Theologie und Religionspädagogik, Fakultät IV, 26111 Oldenburg; Bente Petersen, Erikastraße 69, 20251 Hamburg; Matías Omar Ruz, Sankt-Mauritz-Freiheit 44, 48145 Münster; Pfarrer Curt Stauss, Evangelische Akademie Sachsen-Anhalt e. V., Schlossplatz 1d, 06886 Lutherstadt Wittenberg; Mag. Florian Tuder, Eggenberger Gürtel 78/11/67, A-8020 Graz; Landesbischof Prof. Dr. Friedrich Weber, Ev.-Luth. Landeskirche in Braunschweig, Dietrich-Bonhoeffer-Straße 1, 38300 Wolfenbüttel.

Titelbild: OKR Dr. Oliver Schuegraf

Thema des nächsten Heftes 3/2014:

Die Kirchen und der Erste Weltkrieg

mit Beiträgen von André Encrevé, Hugh Boudin, Heinz-Gerhard Justenhoven, Friedrich Weber u. a.

Korrigenda von Heft 1/2014:

Im Inhaltsverzeichnis, letzte Zeile, und auf Seite 124 muss es richtig heißen:
Nadja Heimlicher (nicht Nadine Heimlicher).

Auf Seite 118 muss es richtig heißen:
der mennonitische Delegierte Fernando Enns (nicht EKD-Delegierter).

312 ÖKUMENISCHE RUNDSCHAU – Eine Vierteljahreszeitschrift

In Verbindung mit dem Deutschen Ökumenischen Studienausschuss (vertreten durch Uwe Swarat, Elstal) herausgegeben von Angela Berlis, Bern; Daniel Buda, Genf; Amelé Ekué, Genf/Bossey; Fernando Enns, Amsterdam und Hamburg (Redaktion); Dagmar Heller, Genf; Martin Illert, Hannover (Redaktion); Heinz-Gerhard Justenhoven, Hamburg; Ulrike Link-Wieczorek, Oldenburg/Mannheim (Redaktion); Viola Raheb, Wien; Johanna Rahner, Kassel (Redaktion); Barbara Rudolph, Düsseldorf (Redaktion); Dorothea Sattler, Münster; Stefanie Schardien, Hildesheim (Redaktion); Oliver Schuegraf, Hannover (Redaktion); Athanasios Vletsis, München; Friedrich Weber, Wolfenbüttel; Rosemarie Wenner, Frankfurt am Main, Marc Witzenbacher, Frankfurt am Main (Redaktion).

ISSN 0029-8654   ISBN 978-3-374-03785-8
www.oekumenische-rundschau.de

Redaktion: Marc Witzenbacher, Frankfurt a. M. (presserechtlich verantwortlich)
Redaktionssekretärin: Gisela Sahm
Ludolfusstraße 2–4, 60487 Frankfurt am Main
Tel. (069) 247027-0 · Fax (069) 247027-30 · e-mail: info@ack-oec.de

Verlag: Evangelische Verlagsanstalt GmbH
Blumenstraße 76 · 04155 Leipzig · www.eva-leipzig.de
Geschäftsführung: Arnd Brummer, Sebastian Knöfel

Satz und Druck: Druckerei Böhlau · Ranftsche Gasse 14 · 04103 Leipzig

Abo-Service und Vertrieb: Christine Herrmann
Evangelisches Medienhaus GmbH · Blumenstraße 76 · 04155 Leipzig
Gläubiger-Identifikationsnummer: DE03EMH00000022516

Tel. (0341) 71141-22 · Fax (0341) 71141-50
E-Mail: herrmann@emh-leipzig.de

Anzeigen-Service: Rainer Ott · Media Buch + Werbe Service
Postfach 1224 · 76758 Rülzheim
www.ottmedia.com· ott@ottmedia.com

Bezugsbedingungen: Die Ökumenische Rundschau erscheint viermal jährlich, jeweils im ersten Monat des Quartals. Das Abonnement ist jeweils zum Ende des Kalenderjahres mit einer Frist von einem Monat beim Abo-Service kündbar.
Bitte Abo-Anschrift prüfen und jede Änderung dem Abo-Service mitteilen.
Die Post sendet Zeitschriften nicht nach.
Preise (Stand 1. Januar 2013, Preisänderungen vorbehalten):
Jahresabonnement (inkl. Versandkosten): Inland: € 42,00 (inkl. MWSt.),
Ausland: EU: € 48,00, Nicht-EU: € 52,00 (exkl. MWSt.)
Rabatt (gegen Nachweis): Studenten 35 %.
Einzelheft: € 12,00 (inkl. MWSt., zzgl. Versand)

Die nächste Ausgabe erscheint Juli 2014.